CCTV10 百家讲坛 LECTURE ROOM

宋徽宗之谜

丁牧 著

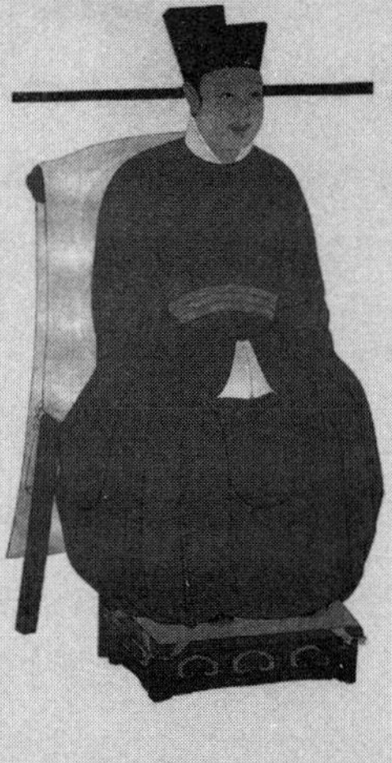

中国出版集团
现代出版社

图书在版编目（C I P）数据

宋徽宗之谜 / 丁牧著. -- 北京 : 现代出版社，2016.1
ISBN 978-7-5143-3376-3

Ⅰ. ①宋… Ⅱ. ①丁… Ⅲ. ①宋徽宗（1082～1130）—人物研究 Ⅳ. ①K827=441

中国版本图书馆 CIP 数据核字（2015）第 293449 号

宋徽宗之谜

作　　者　丁　牧
责任编辑　李　鹏
出版发行　现代出版社
地　　址　北京市安定门外安华里 504 号
邮政编码　100011
电　　话　010-64267325　010-64245264（兼传真）
网　　址　www.1980xd.com
电子信箱　xiandai@vip.sina.com
印　　刷　三河市金泰源印务有限公司
开　　本　700×1000　1/16
字　　数　248 千字
印　　张　14
版　　次　2016 年 1 月第 1 版　2016 年 1 月第 1 次印刷
书　　号　ISBN 978-7-5143-3376-3
定　　价　35.00 元

序　言

本书是中央电视台百家讲坛栏目制作的一个系列讲座的讲稿。这个系列讲座的选题，是中国北宋王朝的宋徽宗。

在中国历史上曾产生的四百多个帝王中，宋徽宗是知名度较高者之一。曾有一位留学西方的学者说，据其之亲身感受，西方人对中国皇帝知之最多者有两人，一为清朝的乾隆，再一个便是宋徽宗。此说虽只是一家之言，却不失为某种可供参考的实况。

宋徽宗之所以能够名扬四海，当然不仅仅因为他是个皇帝，更因为他同时也是一位杰出的艺术家。宋徽宗生来艺术禀赋过人，琴棋书画、诗词歌赋无一不精。尤其是他的书法与绘画艺术，造诣极高。其书画作品之成就，不仅在中国历史上的数百名帝王中鲜有可匹敌者，就是与历代的专业名家作品并列，亦毫不逊色。这是宋徽宗所拥有的一道在人类历史长河中永远不会褪色的绚丽光环。

然而可惜的是，就是这样一位出类拔萃、才华横溢的艺术天才，却终于落得了一个国破家亡、魂断异乡的凄惶下场。“亡国之君”这个耻辱印记，同样也会伴随着“宋徽宗”这三个字永载史册。流芳千古与遗臭万年集于一身，这种奇特现象，使得宋徽宗这个人物，成为一个极具鲜明特色的历史人物。

宋徽宗的历史身份是奇特的，他的人生经历也是非常奇特。从其之出生、登基到被俘、病殁，在他身上曾发生过许多使人津津乐道的传奇故事，也留下过许多扑朔迷离的费解之谜。并且，从宋徽宗那跌宕起伏的命运遭际中，还折射出了许多颇为耐人寻味的关于人生成败乃至国家兴亡的问题。因而，无论从大众文化传播角度，还是从社科文史研究角度，宋徽宗都是一个很值得琢磨的人物，和一个很有意思的话题。这就是宋徽宗这个系列讲座的选题缘由。

宋徽宗的一生经历相当丰富，各类史册载其事迹十分庞杂，本书难于一一尽述，只能择其要者而叙之。但在整体内容上，本书是力求涵盖了宋徽宗一生中的主要方面的。各位读者朋友读过本书，应当是可以获得对宋徽宗的一个较为全面的印象。

下面，便请读者朋友们随同着本书的文字，走进充满着传奇色彩的艺术皇帝宋徽宗那悲喜交加的人生画廊。

目　录

意外登基之谜

YI WAI DENG JI ZHI MI

第一章

“沙岩古寺树苍苍，塔势崚嶒大道旁。北狩至尊犹出塞，西流浭水自还乡。看花古驿愁春雨，驻马危桥泣晓霜，五国城中寒月白，魂归艮岳总荒凉。”①

上面一首七律咏叹的是一个历史人物，这个历史人物，就是我们现在要讲的中国北宋王朝第八个皇帝——宋徽宗。

在中国的历史上，曾经产生过数百名帝王，宋徽宗是比较著名的一个，他的知名度比较高。为什么知名度高？有的皇帝知名度高，是因为他是开国之君，这个情况比较普遍。但是宋徽宗的情况却恰恰相反，他不是一个开国之君，而是一个亡国之君，他是因为成为一个亡国之君而知名的。不过，单纯是一个亡国之君，还不足以使他在后世享有盛名。除了亡国之君之外，他还有一个身份。普通的亡国之君多了，由于中国历史上的政权的频繁更迭，亡国之君曾出现过不少，但都没有这么高的知名度。那么宋徽宗的另外一个身份是什么？是著名的艺术家，尤其是他的书画艺术。时至今日，流传下来的为数不多的宋徽宗书画作品，已经成为稀世珍宝。

他的作品曾经在数次拍卖会上亮过相。比如说在2009年的一次拍卖会上，他的一幅《写生珍禽图》，拍卖出了6000多万人民币的价格，这在当时就属于天价了。如果现在再拿出来拍卖，那肯定就远非这个价格了。就在当时有人推算，认为宋徽宗的书画作品，能够平均到每平方尺500多万人民币。他是一个皇帝，不是一个专业画家，但是他的书画作品却竟然达到了这么高的价格。

---

① 张藉诗。见《丰润县志》。

还有他的书法，他的书法最著名的就是瘦金体。瘦金体是由宋徽宗独创的，后世有很多人想模仿，但是能模仿得形似加神似的很少。我们现在的印刷品中的仿宋体，就是由瘦金体演变发展而来的。

由此可见，宋徽宗在艺术上的造诣是非常之高的。他在书画艺术以及其他艺术领域的造诣，我们在下面还要详细介绍，这里暂且点到为止。

一个在政治上极端失败的皇帝，却在艺术创作领域获得了极大成功，这个现象非常矛盾也非常奇特。这说明了一个什么问题？说明在宋徽宗的禀赋和人生角色之间，产生了极大的错位。就是说他能干的事情，和他所干的不一样，不一致。这种情况，实际上在很多人的一生当中都出现过。比如说有一个当代著名的电影导演，其实从事实上来看，他的禀赋就是一个优秀的摄影师。可是由于种种条件的促成，使得他成了一个电影导演，而且成了一个世界级的电影导演，这就是错了位了。可是这个错位，后果并不严重，顶多就是我们看他的电影作品时，感到他作为一个摄影师来讲，从造型艺术上，无可挑剔，非常完美。但是在叙事方面，却往往留有缺憾。没有别的严重后果。如果你觉得他的作品好，你就点一个赞；你觉得不好，你就吐个槽，仅此而已。

但是宋徽宗的错位，一错就把他错到皇帝位上去了，这个后果就十分严重了。因为这不仅影响到了宋徽宗本人的命运，而且影响到了整个王朝、整个国家的命运。

宋徽宗是怎么度过他的错位人生的呢？在下面的讲座当中，我们将逐步地讲来。现在，我们先从他的登基讲起。

说到宋徽宗的登基，其中的曲折不小。为什么？因为假如按照正常的情况发展，宋徽宗基本上是没有希望当皇帝的。他当皇帝的希望很小，机会也很少，几乎是没有的。为什么？因为在他之前的宋朝皇帝宋哲宗，不是他的父亲，而是他的哥哥，他与宋哲宗是同一辈的人。宋徽宗这个哥哥比宋徽宗大多少呢？只大六岁。在这种情况下，按通常的规律来讲，哲宗不用活很久，如果能活到 40 多岁，他的儿子也快 20 岁了，那就完全有能力来料理国政了。所以宋徽宗这个机会本来是没有的。

但是世界上的事物发展，往往会有一些意外，有时不是按照常规的轨迹来发展，而是会发生一些变化的。这种情况的变化，就给宋徽宗带来了机会。哲宗这个人，他 9 岁登基，16 岁亲政，亲政 8 年，时间不长。他没有能够活到 40 来岁，甚至没有能够活到 30 岁，他只活了 24 岁，就因病去世了。这样一来，情况就不一样了。

还有第二个情况。宋哲宗在去世的时候，别说太子了，就连一个儿子都没有。他倒是曾经有过一个儿子，封邓王，叫赵茂，但在出生不到三个月时就夭折了。

宋哲宗为什么会这么年轻轻的就去世，而且自赵茂夭折后再也没有得到过儿子？原因就是纵欲过度。宋哲宗去世的原因，当时对外来讲说是因为他患重感冒，引起了并发症，其实不是。他是由于纵欲过度，精泄不止，元气丧尽，才导致过早地离世的。也正是由于这个原因，他也没能够再有个儿子。

由于情况发生了这种变化，便使没有机会得到皇位的宋徽宗有了希望。

但是，虽然有了希望，却还不见得皇位就一定能归他。因为这个希望并不仅仅是留给他的，当时拥有皇位继承权的人并不止一个。那么当时的情况是怎么样的？神宗皇帝，也就是哲宗和宋徽宗的父亲，共有十四子，其中有八子已早殇，当时除哲宗赵煦外，尚余五子，九子赵佖、十一子赵佶、十二子赵俣、十三子赵似、十四子赵偲。这个赵佶就是后来的宋徽宗，当时是端王。

在这个地方我简单解释一下，神宗儿子的名字中全都有一个单立人，而哲宗赵煦是没有的，这是为什么？是不是因为当时就感觉到赵煦就是天子的命，所以连起名字都不一样了？不是这样。其实赵煦原来的名字也有单立人，叫赵佣。这名字不但有单立人，而且很不高贵。盖因在他前边的五个哥哥全都早殇，到了他生下来之后，为了让他好养活，活得皮实一点，就起了一个不太高贵的名字，叫赵佣。后来立太子的时候，感觉到那个名字确实是有点不太相称，所以宋神宗把赵佣立为太子之后，又另外赐给了他一个名字，这才改叫赵煦。

赵煦能够当上皇帝，其实也是由于情况的变化。他是老六，也是由于前边的五个哥哥都早夭了，他才有了机会。所以说机会有时候是由偶然因素来促成的。

当时就是这样一种情况，五个皇子都有继承皇位的资格。但在这五个皇子中，总还是有个先后次序的。这个先后怎么排？是这样，当时的皇族，立太子都是首先立皇帝的儿子这一辈的。有嫡立嫡，也就是有皇后生的立皇后生的，没有皇后生的再立其他的嫔妃生的。无嫡立长，就是按照年龄来排队。如果没有子嗣怎么办？像哲宗因没有子嗣，那就要在兄弟当中来寻找，看谁合适。

在兄弟当中的排序原则是什么？也是基本上是有嫡立嫡，无嫡立长。那么没有嫡，也就是说没有太皇太后生的，怎么办？那就要以血缘的远近来论。什么叫血缘的远近？就是谁跟上一个皇帝是一母所生的，这个就近一些，就有优先权。

根据这个排序原则来看，端王赵佶是排不到第一位的，因为第九子赵佖，按年龄来论比他大，依长序而论应该排在他前边。而第十三子赵似与哲宗是同母，都是朱太妃生的。所以呢，无论怎么排，端王赵佶也只能排在第三位。后边的两个皇子，十二子赵俁和十四子赵偲，倒是没有什么竞争力。

朱太妃是非常希望自己的另外一个儿子再当皇帝的，因此在拥立新皇之前，她就预先与内廷和外朝的一些亲信做了谋划，甚至她还预先在哲宗的病榻前就要求过，就当面提出过这个事情。她说皇上能不能明确地说一句话，就让你的十二弟赵似继承了皇位。为什么叫十二弟呢？赵似不是第十三子吗？乃是因为神宗的第十子死得很早，所以别的人都往前排了，十一子赵佶当时叫十大王。朱太妃都已经把这个话明说出来了，只是哲宗听了这话之后始终未置可否。为什么未置可否，史料上没有记载，只能我们自己去猜测。总之，他没有明确地说明要让哪个人继承皇位，这就给其他人都留下了机会。当然在这个机会中，显然端王赵佶并不占很大的优势。

本来不占优势的端王，为什么后来竟然成为皇帝？成为宋徽宗？是因为在这个过程当中，有一个人起到了关键性的作用。这个人是谁？是向太后。

向太后何许人也？向太后是神宗皇帝的正宫皇后。向太后出身名门，她的曾祖是真宗朝代的著名宰相叫向敏中。她嫁到宫里来以后，做事非常正派公允，各个方面都表现得非常得体，因此得到了宫廷内外的普遍好评。她的名声很好，声望很高，所以历来在大臣当中说话很有分量。而且这个时候在后宫当中，唯有她的地位最高。所以，拥立新帝这件事，理所当然地是应当由她来召集主持。

向太后在内心里是倾向于让端王赵佶当皇帝的。为什么她倾向于端王赵佶？其原因我们在后面要解释，现在先把这个过程说完。

向太后虽然是位高权重，可是让谁当皇帝，还不能就她一个人说了算。因为在这件事上是有制度的。一个国家总是要有一个政治制度做保障，否则就乱了。当时关于这件事的制度怎么规定的？当时的制度是，如果没有预先立太子，在这种情况下，就要举行朝议。不管立谁当皇帝，不管是谁提出来的，一定要召集主要的大臣来开一个会研究，大家都公认，都同意某个人当皇帝，那才能够确定。它必须要经过这样一个朝议。所以这时候向太后想让谁当皇帝，在朝议上能否得到通过还不一定。当然有时候朝议也不过只是一种形式，可在这种形式过程中，有人提出来实质性的反对意见，也很棘手。

在这个朝议上肯定会有不同声音的，因为朱太妃本身就想让她的儿子简王赵偲来继承皇位。朱太妃虽然是地位不如向太后，实际上她在后宫当中的待遇、规格已经是太后级的了，跟向太后的待遇没有什么两样，只是在政治地位上比向太后要低一格。拥立新帝的会议朱太妃是不能参加的，只能由向太后去垂帘。可是，朱太妃有她的优势，她有她的同伙，多年来她培植了很多的亲信，在后宫有，在朝廷上也有。在朝廷上的亲信尤其重要，因为在议立新帝的时候，朝臣是可以发言的。

朱太妃在朝臣当中的一个重要的联盟者首领，就是首相章惇。

首相章惇是怎样一个人？这个人很有些来头。章惇这个人，神宗时期就在朝廷里当官，并且是王安石变法派的一个骨干成员。后来因为变法派一度失势，他曾被贬出朝廷。哲宗亲政之后，又把他从外地召回，重新任命重职。在哲宗亲政的八年当中，有六年是由他来担任首席宰相。这六年的时间不可小觑，他可以网罗很多的党羽。在决定让他当首席宰相这件事上，朱太妃是为他说过话的。因此，他和朱太妃的关系非同一般。

这个人的人品如何，在历史上的褒贬不一，这些我们可以不去说他。我们在这里就说一点，就说他的性格，这个因素，对于与向太后来争论立谁为新皇，是有关系的。

章惇的性格有什么特点？他的性格特点是：强硬、大胆，而且办事不计后果。

有一个例子可以说明这一点。章惇与苏东坡是年轻时候的朋友。有一次，他和苏东坡一块儿出去郊游，看到山谷对面的景色很好，他就提出来要到对面去看一看。苏东坡一看，要过面前的山涧，只有一条独木桥可通，过去十分危险。他就说算了，不去了。而章惇就说，那这样，苏兄在这边等一等，我自己过去溜达溜达。于是，他就抓着藤蔓，自己沿着独木桥过了山涧，在对面的山壁上挥笔写下了“章惇、苏轼到此一游”几个字，然后又面不改色地抓着藤蔓溜达回来了。当时苏东坡就说，“子厚日后必可杀人！”① 子厚就是章惇的字。章惇说何以见得？苏东坡说，你连自己的命都不顾惜，难道还会顾惜别人的性命吗？这句话果然被言中了，章惇在迫害、打击他的政敌的时候，果然是无所不用其极，甚至连生拔活人舌头那样的刑罚都用出来了。章惇就是这样一个人。他是朱太妃的坚决支持者，他与朱太妃是一荣共荣，一损俱损的关系。

所以，从两边的势力对比状况来看，当时是势均力敌，还不能说向太后让谁当皇帝就是谁，阻力还是较大的。所幸向太后是个很有政治经验的女人，她经历过宫中的大事，当年立哲宗的时候，就是她帮着宣仁太后确立了哲宗的皇位，对此类大

① 《宋史·章惇传》。

事她有经验，经历过。她也察觉到了朱太妃的意图及所作所为，这些她都知道。所以，她行动得很快。

向太后首先是从朱太妃的亲信宦官梁从政那里探知了情况。这梁从政的职位是入内内侍省都知，在后庭中官职不小。向太后就先找他来聊了一聊，实际上是投石问路。向太后问他，现在先帝驾崩了，我们应当立谁为皇帝合适？大家有没有什么想法，你听说了没有？梁从政给向太后的回答是，微臣以为这个事情别人不要乱说了，我们都听宰相的就行。说得很肯定。从梁从政的这个口气上来看，向太后感到，他们已经同章惇有了谋划。为了防止他们这个联盟和声势的扩大，为了防止夜长梦多，向太后就果断地做了两个决断，什么决断？

一个决断，是命令她自己的亲信部队，她能掌握的将领，马上进行皇城警备。把皇城保卫起来，以防不测。

再一个决断，就是立即召集朝议。朝议的最后决定不能只由她一个人说了算，还得有个大臣的表决。但是，什么时候召集，什么时候开这个事，向太后可以说了算。她在哲宗逝世的第二天凌晨，就决定要召开这个会，就是要不给对方以更多的准备时间。章惇感觉到这个会议开得很突然的，但是没有办法，向太后说要开，那就只能去开。所以在次日凌晨，就召开了朝议。

在朝议上，就要对谁当皇帝这个问题一锤定音了，所以大家的意见必然要公开亮相。有什么意见不能遮着掩着了，谁不明确表态，他的意见就不能付诸实施了。所以在这个朝议上，便免不了要有向太后和章惇的当面交锋了。当时向太后是有准备的，章惇也是有准备的。因为朱太妃那边的意见，首先就是要由章惇在朝议上来表达。所以，当向太后把召集朝议的意图一说，说今天我们要议的就是一件事，就是决定谁当新皇帝，就是这一个议题，把这个议题说明之后，章惇便首先出班启奏了。他作为首席宰相，第一个发言也是应当的。他知道，在这个时候是必须要旗帜鲜明，否则的话，一旦别人提出来其他的人选，那就被动了。所以他一开口就说，新皇帝应当立谁，这是有祖制的，有律例可循的。这个祖制和律例规定，以血缘关系近者为先，是不是？所以这没有什么可讨论的，就应当是简王赵似，因为简王的血缘最近。其态度非常强硬。

向太后知道他就要拿血缘关系作为理由，所以也很强硬地把他顶回去了。她说，老身无子。向太后曾经生过一个女儿，在 12 岁的时候夭折了，此后再没生育过。她是从来没生过儿子，所以她说老身无子。她接着说，既然所有的皇子都是庶出，也就不要再论什么血缘不血缘了，再论这个就没有什么意思了，所以不要拿这个作为理由。

章惇就顶撞道，为什么不能拿这个做理由，有嫡立嫡嘛，这是祖制。但是他这个话是有问题的，这句话就让向太后抓住了。她说章宰相，你说有嫡立嫡，那么谁是嫡？如果你说简王是嫡的话，本宫是什么人？你想把本宫置于何地？章惇一听，坏了，这话说漏了。因为你要说朱太妃的儿子是嫡的话，那等于说朱太妃是正宫了。他敢这么说吗？这是绝对不敢的。他一听这话，知道漏洞严重，没法在这个方面再继续争下去，只好迂回了。

于是他只好说，老臣言语不当，那么按照无嫡立长的原则，咱们可以立申王赵佖，以申王赵佖为帝。这个总说得通了吧？大家都是庶出，庶出以长幼为序嘛。向太后说，无嫡立长是不错，这个说法是对的。可是申王有个问题，他有病。什么病呢？他有目疾，“眇一目”，① 就是有一只眼是看不见的，是瞎的。他小时候得病，右眼失明了，所以向太后说不是太合适。但章惇坚持说，没什么不合适。

这时候章惇为申王争，和刚才为简王争是不一样。他为简王争，是因为他和简王是一伙儿的，是一个政治集团的；他为申王争，则是因为简王上不去了，他要利用申王压住端王赵佶。为什么要压住端王赵佶？就是因为他看着端王就不顺眼。而他看着端王不顺眼，端王看着他会不会顺眼？一般来讲也不会。因为人际间的感觉都是双向的。那么一个亲王，一个宰相，互相看着不顺眼，无所谓，你当你的亲王，我当我的宰相。但是如果一个是皇帝、一个是宰相，皇帝看着宰相不顺眼，那个问题就严重了，这个宰相恐怕也当不长了。所以他想借着抬出申王赵佖，把端王这条路给堵死，因此他这会儿又要积极地推申王了。

他说申王虽然是有目疾，可是不影响看奏章，不影响理政，这没关系，对当皇帝来说，这不是大问题。向太后说，是不影响看奏折，也不影响理政。但是我们大宋是一个泱泱大国，这样一个泱泱大国，就实在找不出人来了吗？就非得让一个有目疾的人来当皇帝吗？这有失国体啊。说到这里，向太后就把她心目当中的人选顺势推出了。她说那我看啊，还是端王合适。而且，先帝也说过，说端王有福寿之相，又非常仁孝，是诸王所不及的，与诸王很不相同，所以，可以由端王来继承皇位。

哲宗真说过这话吗？在我们所见的史料《元符遗制》当中，确实是有这样一段话，这段话是这么说的：“皇弟端王某，先帝之子，朕之爱弟也，仁孝恭俭，闻于

① 《宋史·卷二百四十六·列传第五》。

天下，宜授神器，以昭前人之光，可于柩前即皇帝位。”这是我们在史料当中可以看到的哲宗的遗言。可是这个遗言是怎么形成的？其实是向太后指令大臣编写下来的，执笔者就是后来的一个大奸臣，此人叫蔡京。而这句话的原话是谁听见过？向太后说，我听见过，是我在病床前听见的。可是这个事有谁能作证？没有，那就是向太后一个人说，当时皇帝说了什么就是什么了，根本没法对证。

章惇一听，向太后这一招可是有点损，明摆着我不可能去对证先帝说没说过这个话，你把它拿来堵我。这样一来他就急了。而且这时候他再不奋力争辩也没有别的办法了，所以就说出了一句对他命运具有很大作用的一句话，他后来倒霉就倒霉在这句话上了。他说：“端王轻佻，不可以君天下。”① 这话说得太重了，他后来为此付出了沉重的代价。

章惇咆哮朝殿这样一个态度亮出来之后，向太后同样也是感觉到压力很大。因为她知道，章惇既然是敢于这样对她来强硬地反对，肯定有他的理由、是有他的支持者的。这时候向太后表面上很镇静，实际上内心里也感觉到很吃力，她也希望有人这时候能够支持她。同时，她认为自己应当不会没有人支持，会有的。所以这时候她避开了与章惇正面交锋，把眼光扫向了其他的大臣。问诸位臣工有什么看法？有什么意见？她希望在其他大臣中得到支持。而她的这个问话也正问到了章惇的心里，章惇也想得到其他大臣的支持，而且他认为，一定能够得到。起码，那个尚书左丞蔡卞是他的同伙，他们的关系扭得很紧，而且在事先也沟通过。那个蔡卞表过态，说只要你支持谁我就支持谁。所以章惇一听向太后要征求大臣们的意见，还是心下窃喜的，他想只要大臣们一窝蜂地来支持我，这向太后的意见再坚持也白搭。

可惜，事情并没有按照他想象的样子发展。第一个站出来的人不是蔡卞，蔡卞不说话。第一个站出来的是知枢密院事曾布。这个曾布与章惇的关系不如蔡卞那么亲密，他们两个是有时候有合作，有时候又有争斗。可是章惇认为，曾布起码不会拆他的台。岂料，这曾布不但拆了他的台，而且在这个时候还狠狠地捅了他一刀。

当时曾布是怎么说的？曾布说臣下方才没有说话，就是因为事先没有跟其他人议论过谁当皇帝合适，章宰相事先也没有跟我们议论过这个事。可是到了朝殿之上，他突发议论，态度强硬，令人惊骇，真不知是何居心。

章惇一听，这老小子居然来这手，真是阴啊，恨得咬牙切齿，心里说日后我再跟你算账。当然日后他也没法算账了，因为他没有机会了。而向太后一听曾布是这

---

① 《续资治通鉴·卷八十六》。

样一个口气，心里马上就有底了。因为曾布的地位是比较高的，仅次于章惇。于是她就把目光往曾布的身边一扫，那边正站着蔡卞，还有一个中书侍郎许将，这都是重量级大臣，问你们是怎么看？

蔡卞本来是在这个时候不想说话的，因为说出来倾向于谁就得罪另一方。可是现在不说不行了，向太后逼上来了，你必须得表态了。于是他就衡量了面前的局势和双方的分量，盘算着是支持章惇还是支持向太后。如果曾布还没说话，他现在支持章惇也许还有可能，但是曾布已经明确表示了支持向太后。这时候他觉得，再说支持章惇恐怕不太可能得胜，就在脑子里经过迅速盘算之后马上表示，臣觉得太后所言极是，臣愿意拥立端王为帝。中书侍郎许将听蔡卞都这样说了，他再不表态，那就来不及了，就会被人误会他是支持章惇了，因此也就马上表态，说臣听了大家的意见，也觉得立端王最为合适，臣谨尊太后圣旨。

章惇一看这情形差点没气昏过去，什么死党，都靠不住，关键时刻是一个都靠不住啊。这时候太后则底气十足，已经完全掌控了局面，所以她就不再一个一个地问了。她现在改变了问法，就面对群臣问，诸位臣工，谁还有异议。章惇当然有异议，但是章惇看了看朝堂上的局面，他觉得自己再如何反对，恐怕也无济于事，并且也没有人敢跟着他发难了，所以只是张了张嘴，就把心里的异议硬压了下去。他觉得，再跳出来恐怕就是自找难看了。

章惇没有异议，其他人谁还敢再有异议？所以整个朝殿上这时候是鸦雀无声。没人再说一句话。于是向太后说那就这样定了，就是端王赵佶了，我们拥立他为下一任皇帝。接着就派人去迎接端王进殿。这就是史书上所说的向太后决策立端王。

讲到这里，就需要解释一下向太后决策立端王的理由了。向太后为什么这样坚决支持赵佶？是有这么几个理由：

第一个理由，是赵佶会讨好。由于赵佶生母的地位不高，而且很早就去世了，赵佶在后宫中感觉自己没有地位，他要找一个靠山，而他认准了向太后就是个靠山，所以从小就讨好向太后。后来他看出来哲宗有可能寿命不永，感到其他亲王有了当皇帝的机会。能够帮他继承皇位的人是谁呢？也还只能是向太后。如果向太后能够支持他的话，那么将来当皇帝他也就有较大的机会。所以他一直以来就对向太后非常恭敬，经常请安，而且对向太后周边的人也伺候得很好，使得那些人都说他的好话。简王赵似如果能有他这样一种表现的话，也不至于让向太后对其毫无考虑了。所以他会讨好这一条很重要。

第二，赵佶有天赋。端王赵佶这个人，跟其他的亲王一样，生活条件很优越，声色犬马，纸醉金迷，皇亲国戚都是这样的，他也是这样。但所不同的是，他有艺术天赋。他在玩乐的同时还钻研艺术，琴棋书画、诗词歌赋，他都钻研，而且都有成就。我们在这个讲座开端的时候就讲过这个问题，他在书法、绘画方面有很高的造诣。这一点就显示出他跟其他人不一样，他是有才华的。而关于理政的才华，政治才华行与不行，那个时候是看不出来的。

第三，简王与哲宗同母。这个原因，如果按照通常情况来说，应当是对当皇帝有利的，他们是一母同胞，血缘关系近嘛。可是恰恰在向太后这里，这个优势就变成了劣势。前一个皇帝哲宗是朱太妃的儿子，如果下一个皇帝赵似还是朱太妃的儿子，那么向太后在宫中的地位怎么办？

第四，朱太妃与章惇有勾结。后宫里的人，不管是宦官也好，还是嫔妃也好，如果与朝廷上的大臣有联系、有勾结、有阴谋，这是皇朝里最忌讳的事情，向太后对这件事情很痛恨、很反感。所以，章惇越是坚决支持朱太妃，越是坚决支持简王，她就越是要把他给否定掉。凡是你支持的我就要反对，单从这一条她也不能让简王上去。

凡此种种，这些理由加起来。就都成了向太后坚决支持端王赵佶的理由。在端王赵佶登基的过程当中，向太后的坚决支持确实是起到了至关重要的作用。

但是，除此之外，赵佶也没闲着，他还做了其他的一些努力来进行配合。什么努力？主要就是制造舆论。他制造舆论的方法是什么？就是制造所谓预兆传闻。这一点也很重要，什么预兆传闻？比如说哲宗的儿子夭折了，为了了解一下下边的继承人到底能不能有，是谁？哲宗就派了一个宦官到泰州的天庆观去问卦，结果得来的答案是“吉人”两个字。吉利的吉，人物的人。当时百官读了之后，不得其解。后来就有解释传出来了，说“吉人”二字合在一起就是赵佶的佶字，那就预示着赵佶将来要继承皇位。

再比如，在开封的大相国寺，有一个“谈禄命如神”的神相，叫陈彦，他曾经接到过一个八字，一看之下，大吃一惊，就不敢说。那个问卦的人说你说，不要紧，是什么说法？他就很小心地问这是谁的八字，说肯定不是你的。那个问卦的人说，确实不是我的，是端王的。他便小声说，千万不要给别人说，“天子命也”。①

再比如，大臣们上朝，手里都持着一个笏。有时候大臣们的精神不好，笏板拿得东倒西歪，就会有一个看班舍人在边上喊，端笏立。意思就是把笏捧端正了。到

① 《铁围山丛谈·卷三》。

后来就人解释了，说这个端笏立，就是端王持笏而被立为天子的意思。

还有一个传说，说是在宫廷里盖了一个新的大殿，哲宗要求大臣们给这个大殿起个名，大臣们起了半天名哲宗也不满意，于是哲宗就亲自起了个名叫迎端。这迎端什么意思？后来大家一琢磨，不就是迎接端王继承大统吗？

凡此种种不一而足，都是预示着天意如此，端王就应该当皇帝。这种舆论对人的心理是有暗示作用的。它出现一条不一定有作用，两条不一定有作用，出现得多了之后，就会有暗示作用。我们现在的商品广告就是这样，看一条广告你不在意，两条广告你还不在意，条条广告都说这个牌子的商品好，你进了商店便会不由自主地去挑选它，这就是心理诱导作用。当时在朝殿上，很多大臣没敢出声，对于立端王没有异议，除了慑于向太后的威严，就是出于这种心理诱导作用所产生的效果。其实包括向太后力挺端王，也不排除有这样一种心理诱导的作用。可见赵佶为了当上皇帝，可谓是做足了功课。他能当上皇帝，是一个偶然机会之中的必然结果。

由此就证明了一条老生常谈，就是努力加机遇等于成功。你不努力，机遇来了，不一定是你的。而你再努力，如果没有合适的机会的话，也不见得就能够如愿以偿，心想事成。这里指的是人生当中的大事。所以对待人生大事的态度，又有一句老生常谈，叫尽人事，听天命。这个天命指的是什么？就是客观条件和客观情况的变化。

赵佶是很幸运的，客观情况向着对他有利的方向去变化、发展了，再加上他个人的努力，因此他就如愿以偿了，他就成功了。但是，他的这个幸运，到头来却终究是转化成了极端的不幸。为什么？就是因为正是由于他的这个幸运，把他给送上了那条极端地人生错位的旅途。当然这时候是没人能够意识到这一点的。

皇帝赵佶是当上了，但是皇位这时还不能说是就坐稳了。因为这时候反对赵佶当皇帝的那个集团还存在，那些人还存在，摆在赵佶面前的很多隐患还存在，所以还不能说赵佶登了基，就算坐稳了皇位了。

就在赵佶登基以后不到四个月的时候，皇宫里面突然发生了一场火灾。这场火灾的起因是什么？与当时的宫廷斗争又有着什么关联？请看下一章。

巩固皇位之谜

GONG GU HUANG WEI ZHI MI

第二章

在元符三年四月的一天深夜里，也就是赵佶登基以后三个多月的一个夜晚，宫廷里面发生了一场火灾。这场火灾火势蔓延不大，并且很快就被扑灭了，但是它发生得很蹊跷。

一般来说，在汴京发生火灾不是稀罕事。因为汴京地处北方平原地区，气候比较干燥，而且在冬春季节，用火较多，不免会时常出现一些疏忽。过去在宫廷里面，也曾经发生过多次火灾。比如说真宗时期、仁宗时期，都发生过大规模的火灾。有一次仁宗在睡觉时，曾被大火封在了寝殿里。如果不是当时有太监把大门砸开，他就被烧死了。因此政府对于防火也是非常重视，在京城里建立了很多的防火楼和军巡铺，隶属于部队编制。可见，一般来说，发生火灾并不奇怪。

可是这一次的火灾，不寻常！它不寻常在哪儿？就在于它的起因。因为一般来说，不管是在宫廷里也好，在市民当中也好，发生火灾基本上都是由于用火不当，或者是不谨慎，意外失火。可是这一次火灾，不是意外失火，是有人故意纵火，这个性质就不一样了。

火灾发生之后，有司马上就进行了排查。发现是有人故意放的火。这一查很快就查出来了。放火的是个什么人？是一个十五六岁的女用人，而且还是一个私身。什么叫私身？私身就是皇宫里雇用来干活的，但不属于宫里的人员编制的雇工，也就是说是个临时工。这人年纪也不大。她为什么要放火？据她个人供认，就是因为跟别人吵了一架，由于气不忿，内心不舒服，郁闷，所以就想放把火来泄泄愤。

这个人是哪个部门的？有司查出是圣瑞宫的。圣瑞宫是谁的住处？或者换句话说，谁是圣瑞宫的主人？是朱太妃，也就是简王的生母。有司调查到这个地步之后，对于下一步该怎么进行调查，有点拿不准了。对于是不是要进圣瑞宫再继续去追查，没敢贸然行事，便把这个情况奏报给了徽宗，请徽宗来指示，下一步还查不查。宋徽宗一听是这样一种情况，再查的话就要进圣瑞宫，也就是说矛头要指向朱太妃。要不要这样做呢？他也觉得有点棘手了，一时拿不定主意。

为什么拿不定主意？在这里就需要回过头来把当时宋徽宗所面临的局面来介绍一下了。

徽宗继位之后，他面临的局面并不稳定，对立面还很强大。他的主要对立面就是简王赵似。这个简王赵似，当时在徽宗的对立面当中属于一个核心位置。在赵似的身后，有朱太妃作为后台在撑着。另外他们在皇宫里面和朝廷上都还有一帮人，皇宫里面的人以入内内侍省都知梁从政为首，朝廷上就是以首席宰相章惇为首。当然还包括蔡卞等人。那个蔡卞虽然在朝堂上是支持了宋徽宗，但实际上他是怎么想的，他将会怎么做，很难说。因为这个人，在历史上的评价是他比章惇还要阴险，他有一个外号叫作笑面夜叉。而在这些人周围又有很多的党羽。可以说这是一个集团，也可以说这是一个阵营，总之，这个集团或者阵营，就是当时皇帝赵佶的对立面，这个对立面是很强大的。

曾布后来在他的笔记当中，曾有过这样的记载：“陛下践祚，内外皆有异意之人。”这是曾布在他的《曾公遗录》中留下的记载。“内外异意之人”就指的是这一个集团，或者叫作阵营。

由于对立面这些人的势力很大，而他们想拥立简王又没如愿，这是存在着隐患的，所以曾布曾经提醒过向太后和宋徽宗，说他们拥立简王没成，则章惇和梁从政皆怀家族之忧。章惇是首席宰相，梁从政手握后宫亲兵，如果这两者勾结起来图谋不轨，是很不好办的，非常麻烦的。向太后当时是深以为然，说是一定要小心谨慎，绝对不可大意。而当时的宋徽宗还没有自己的班底，童贯、蔡京这些人都是后来才聚集在徽宗身边的，那时候他还没有自己的一套人马，他只是有一个向太后支持。身处在这种情况下，当时他的头脑也还是比较清醒的。他知道这个局面如果不处理好，就会产生乱子。因此，在他即位之初，就采取了三个措施。哪三项措施？

一个措施，就是恳请向太后听政。照说当时他已经 18 岁，虚岁 19 了，他自己亲自料理国家事务，应该是没有什么问题了。但是，他坚决要求向太后垂帘听政。这样做对他来说那是一箭双雕，一举两得，有两个好处：第一，显得知恩图报。向太后支持他当了皇帝，他反过来邀请向太后垂帘，这是一种报答。第二，更重要的，是他可以借向太后的威望压住阵脚。当时他的根基还浅，向太后往那儿一坐，有很多人就不敢乱说乱动。

第二条措施，派人打入蔡王府，观察动静，防止不测。蔡王是谁？蔡王就是简王赵似。根据惯例，每一次皇帝新登基，都要重新给亲王封赏，蔡王就是徽宗给简王的新的封号。

第三条措施，任命章惇为山陵使，而且明确指示，让章惇在今后的七个月之内，要把主要精力放在山陵使方面，至于朝政，交给其他的大臣去处理就行了。

在这个地方要解释一下，什么叫作山陵使，这个工作是做什么的。

所谓山陵使，就是指挥、调度先帝灵柩安放的一系列事务的总指挥。宋朝的皇陵和以前的皇陵是不一样的。宋之前的皇陵，是在皇帝去世之前就要修建的。这个修建有没有止期呢？没有，只要皇帝活着，就要永远修建下去。因为修建一停止，就意味着皇帝要入住了。这不是咒皇帝死吗？所以这是不行的，工程不能停。皇帝活 20 年，就要修 20 年，皇帝再活 30 年，就要继续再修 30 年，这样当然就劳民伤财，就要浪费很多的物力、财力。宋太祖鉴于这个情况，上台以后就规定，只有在皇帝身后，才可以修皇陵。而且把皇陵的修建时间规定为七个月，七个月必须修好，然后皇帝的灵柩就入皇陵。山陵使就是管这个事的。

按照惯例，也就是宋朝祖制，山陵使必须由首席宰相担任。不过担任和担任是不一样的，你可以只是挂个名，具体工作交由其他大臣去办，你也可以是事必躬亲。徽宗就要求章惇事必躬亲，亲自去抓，把主要精力放在这个事上面。什么意思？就是要调虎离山，架空章惇。你主要管那个事，朝政的事必然有人还得要来处理，那就让别人管了。章惇明知道这事就是这么个用意，可是他没法推托，他说不出来。因为这事你不能不管，你稍有推托就是对先帝的大不敬。

后来的事实证明，这三条措施对稳定局面非常管用。宋徽宗即位之后，整个朝政的局面没有发生大的变化与大的波动。可是没有大的变化和波动，不等于毫无意外。这个故意纵火案，就是一个十分耐人寻味的意外。

现在话说回来，这个纵火案，查到这个地步之后怎么办？还要不要再往下查？徽宗当时很年轻，没有经验，只好把曾布叫来商量。他现在能商量的人，也就一个曾布，一个向太后。他把曾布叫来了，就问曾布，咱们往下查不往下查？曾布考虑了半天，说不查了吧，这个事不宜往圣瑞宫追究。为什么呢？因为这个私身，她如果是故意放火的话，有人挑唆她这是没问题的，否则她没有这么大胆子。可是到底是谁挑唆她？她就是供出来了，你去查那个人，他也不会承认。他不承认你怎么处理他？你若硬到圣瑞宫去抓人，那么马上就会有谣言传出来，说你要对圣瑞宫下手了。这样的谣言一出来，对立面的那个阵营就人人自危了，因为他们皆怀家族之忧啊。这一人人自危他们就会铤而走险，事情就麻烦了，就乱了。他们挑唆那个私身放火的目的就是这个，就是想让你把事情搞乱。一搞乱了，你这皇帝能当稳吗？徽宗想了想，觉得有道理。是，现在从大局出发，不宜深究，稳定压倒一切。于是就采纳了曾布的建议，这事就到此为止，不再深究了。就说是这个私身不懂事，冒犯后宫里的条例，犯下了杀头之罪，就把这个私身处以了极刑。这个人是不能宽容的，这是要以儆效尤。可是不再往圣瑞宫追究，不使事态扩大。这样处理之后，果然没有引起任何的连锁反应，没有搞得人人自危。而后宫里面，从此也没有再发生类似的事情。这件事情就这样过去了，处理得比较妥帖。

可是意外是防不胜防的，有时候你再谨小慎微，它还是会冒出来。就在这个纵火案过去一个月左右的时候，又出了一个意外。这事也跟当时的政治形势有关。这个意外是什么事呢？这事叫作白谔奏事。

白谔是谁？白谔是个宦官，他的职务是内侍高品，在宦官里边官不算大。但是他这个人有一定的资历，而且还当过过去的简王，也就是现在的蔡王的师傅。自然又是圣瑞宫那边的人。

白谔奏事，就是白谔给朝廷上了一个奏章。上奏章没什么，但是这个奏章的内容有问题，比较严重。这个奏章的内容是什么？中心内容就是“乞皇太后不候升祔还政。”①

升祔是什么意思？就是把先帝的灵柩葬入祖陵，把先帝的牌位供于太庙。我们在前面讲了，先帝要下葬到祖陵，是需要七个月来修好祖陵。当还没有葬进祖陵的时候，是暂存在汴京。那么徽宗要求向太后垂帘听政的时候，向太后是怎么表示的呢？是这样的，她说既然是皇上要求我帮助他理一段政，我就理一段，但是时间不会太长，等先帝的灵柩葬到祖陵之后，我就会还政的。根据这个意思，那就是她要听政七个月，从正月到七月，正好是七月份她要还政。白谔奏事是在什么时间？是五月份，也就是说离向太后承诺还政的时间还差两个月，白谔就提出来让向太后还政了。

这个事又是很蹊跷，很可疑，这里面的疑点很多。什么疑点？比如说这个白谔，他在宫里做事不止一年，他不是不知道宦官不可干政。那么他为什么要冒着受处罚的危险去上疏提这个事？

---

① 《曾公遗录》。

还有，向太后说七月份还政，他早不提晚不提，到了五月份了，他提出来了。就差两个月了。他为什么这么迫不及待？这是他自己的主意，还是背后有人在指使？这件事在历史上是一个疑案，因为在史料上没有记载，没有说明这是怎么回事，只是记录了这个事实。

现在我们分析一下这个史实。假如说这事真是有人指使的话，应当说这一招玩儿得挺高明。通过这一招，就使得向太后和宋徽宗之间发生了裂痕，使得他们不再是铁板一块了。因为白谔奏事往上所指的矛头，不是向太后和宋徽宗两个人，而是仅指向太后，这是有离间的作用的。向太后说她是无意过问政治，不愿意垂帘听政，她垂帘听政纯属帮忙，纯属于帮宋徽宗过渡，让他坐稳皇位。但是，话虽如此，既然把她请到这个位置上来了，不到约定的时间又想把她给轰下去，这是谁也不会高兴的。就比如一个演员，他本来到这个地方来没打算唱歌，你硬让他上去唱，结果唱到一半的时候又把他轰下去，谁高兴？所以这个时候催促她提前还政，她就很不高兴，很恼火，很没面子。她就说这个宦官是很不懂规矩的，应该把他斩了。

但是向太后的这个主张到了徽宗那里，没有得到响应。为什么没有得到响应？因为宋徽宗在内心里是赞成白谔这样说的。虽然当时是他亲自请的向太后来垂帘听政，那是出于他刚刚登上皇位的政治需要。而五个月以来他有个深切的体会，就是向太后垂帘听政，对他掣肘掣得很厉害。向太后提拔了一些人，不见得是他愿意提拔的，向太后提出来的主张，也不见得是他愿意推行的。可是你既然请太后在这儿坐着了，就不能不听她的，不能不征求她的意见。所以他感觉到，要是太后能够早点还政，对他来说是一个解脱。所以从他内心里边，觉得白谔说得没错。曾布也是这个意思，因为向太后重用了一些大臣，和曾布不是一个战线上的，不是一个团伙的，向太后对曾布并没有格外地重用。所以曾布和徽宗这时候是主张不严惩白谔的，提出训斥一下就得了。而向太后和她提拔起来的大臣韩忠彦等人，则认为这个人得斩。这样一来裂痕就大了。

不过无论向太后也好，宋徽宗也好，这时候都还不愿意把矛盾闹得很大，更不愿意公开翻脸，那样的话对他们谁都没有好处。因此双方便都妥协了一步。向太后表示可以不杀，宋徽宗表示可以严惩。那么最后的处罚，就是把白谔编管五百里，流放到唐州。这个事看上去就算是圆满解决了。

但是实际上，由此徽宗和向太后之间产生的裂痕并没消失，原来是一个阵营里边的人已经分裂成了两派。如果事情再发展下去，很难说是一种什么局面。向太后到了七月份是遵守诺言还政了，可是还政之后，她还通过她提拔起来的那些大臣，不断地去干政，不断地去做指示，弄得徽宗很挠头。这样时间一长，矛盾必然会激化。所幸的是，过了不到一年，向太后就去世了，因此这方面的矛盾才没有进一步激化。宋徽宗这一关算是又过去了。

过去这一关之后，又一件很棘手的事，摆在了宋徽宗面前。这件事处理不好又有问题。什么事？灵柩西行。

所谓灵柩西行，就是把宋哲宗的灵柩摆放到祖陵里面去。北宋的祖陵在河南的巩县一带，当年是宋太祖亲自勘察的地形，说那个地方风水好，因而确定了那是祖陵的安放位置。那个地方离洛阳不远，在开封的西边，所以说把灵柩运到皇陵那边去安葬，叫作灵柩西行。著名的北宋八陵，就在河南巩县，在那里安葬了北宋从宋太祖到宋哲宗七个皇帝。

北宋八陵安葬了七个皇帝，那另外一个陵是谁的？是宋太祖他父亲的。北宋最后的两个皇帝钦宗和徽宗去世时，由于中原已经沦陷，就没有再安放在那个祖陵。

当时七个月的时间到了，陵墓修好了，要安葬了。这件事里面有什么问题？问题就在于，如果按照惯例来做，通过灵柩西行，宋徽宗的对立面就可以名正言顺地聚集在一起了。

前面我们讲到，章惇是这个活动的总指挥，他是山陵使。而陵墓修建工程的负责人是谁呢？就是宦官梁从政，这也是朱太妃身边的人。同时按照惯例，各个亲王都要护送灵柩前往，那么当然就要有蔡王，也就是原来的简王赵似。这样一来，这些人就都聚集在一起了。

徽宗即位之后，为了避嫌，这些人一般来讲是不敢公开聚集在一起的，谈话、拜访等都没有，都要尽量避免。可是，有了灵柩西行这件事，这些人就可以名正言顺地聚在一起了，而且时间很长，往返需要一两个月。在这一两个月当中，他们会说些什么？计划些什么？做些什么？很难掌握。

徽宗想，能不能派人跟着他们密切监视他们的行动？用这样一个办法防止发生意外？但是这个想法后来被否决了。为什么？因为这几个人的地位都很高，你派去的人根本接近不了他们身边。一般的宦官，一般的官员是接近不了他们的。他们要商量什么事，把官员们支开很容易。这怎么办？万一出现问题，怎么解决？这件事非常棘手。于是他找来了曾布，曾布说这事还得跟太后一块儿商量才好，于是他们又会同了向太后商量这个事。

向太后虽然与徽宗已经有了裂痕，可是在这件事情上，他们的利益是一致的，都不愿意朝廷出现内乱，发生变故，所以在这个问题上，又结成了统一战线。

想来想去，他们认识到，这个事情不管谁去都不要紧，只要有一个人不去就可以了。这个人是谁？就是蔡王赵似。因为他是他们那个集团的核心，是一个灵魂式的人物。他们不管有什么举动，一定要打着蔡王的旗号才行，否则成不了大事。那么只要把蔡王留在汴京，其实就等于扣在汴京，其他人在外边干什么都不怕。于是这个原则就定了，就是蔡王不能去。

用什么理由不让蔡王去？想了半天，什么理由都想不出来。最后向太后说，就说他年幼吧，年纪太小了，别折腾了。曾布说也只能这么说了，可是后边那个定王，比他年龄还小，定王如果去了，这个年龄小说不通啊。向太后说，那要不定王也不去了。俩亲王都不去，好吗？不好。没办法，只能这么说。只让赵偲和赵俣这两个人去，只能这样了。

这个说法实际上一听就有漏洞。什么漏洞？那个魏王赵俣可以去，难道他年龄不小吗？他和蔡王差多少呢？差三个月。就三个月的年龄差距，他就可以去，简王就小就不可以去了？这个漏洞非常明显。可是除此之外，实在没有别的借口，于是就这样定了。向太后说，如果朱太妃那边有什么说法，由我去解释。章惇是不敢明着说的，他只能暗地里嘀咕，让他嘀咕去，没关系。再者，让他知道我们有防备，也不见得是坏事。

没想到这么一宣布，情况出奇地顺利。朱太妃并没提出异议。因为当时恰逢她身体不好，正不希望儿子远行，一听说蔡王可以不去了，正中下怀。所以朱太妃这边没事。而章惇那边，正如向太后所料，由于这显然就是个借口，有破绽在里面摆着，反而使得他们知道徽宗就是有防备，就是在盯着他们，就没敢有丝毫的轻举妄动。他和梁从政都谨小慎微，使得整个灵柩的安葬活动是一帆风顺。这件事由于宋徽宗处理得比较妥帖，又安然地度过了。

不仅如此，通过这次灵柩西行，宋徽宗还有一个意外的收获。什么收获？就是顺势拿下了章惇。

这个很不容易。因为章惇在朝廷的势力比较大，宋徽宗如果没有正当理由的话，随随便便地拿他，会有很多人上疏提出抗辩，所以宋徽宗如果没有理由，很难把章惇拿掉。而通过灵柩西行，恰恰宋徽宗就抓住了一个把柄，找到了一个理由，就此便把章惇给拿掉了。

宋徽宗抓住了什么把柄？就是章惇在灵柩西行当中所犯的一个过错。章惇在这次灵柩西行当中不是谨小慎微吗？他怎么会犯过错呢？其实，他根本就没犯过错。

那个事说是错就是错，说不是错就不是错。

事情是这样的：在灵柩西行的过程当中，由于天下大雨，使得道路泥泞，走到某个地方的时候，车就陷到泥潭里去了。那天正是黄昏，押车的这些士兵差役费了很大的劲，一直弄到半夜，也没把灵车给抬出来。大家是又渴又饿，又累又困，天又黑，实在是折腾不出来了。他们就去请示山陵使，请示章宰相，是不是能让大家休息一下，吃点东西。现在都没劲儿了，又困又饿，咱们休息一下，到明天天亮了，能看得见了，再搬石头搬木头来，把泥潭给填起来，再把灵车给抬出来，行不行？章惇一看，这时再折腾下去，黑灯瞎火的也确实是弄不出来了，就同意了。到了第二天一大早，他赶紧把大家给轰起来，鼓捣灵车，总算是鼓捣出来了。

在这件事上，章惇有什么错？他没有错。当时谁在那个地方主事，恐怕也得这么做。但是，这个事传回朝廷之后，就有人上疏弹劾了。说章惇当时你让先帝的灵柩睡在冰凉的泥水里过夜，你自己在暖暖和和的帐篷里睡了，你这对先帝是什么感情，什么态度？这样的人还能作为大臣的表率吗？史书上没有记载，这个弹劾的人到底是由于受过章惇的迫害，而对章惇来进行攻击，还是宋徽宗授意他这样弹劾的。这两种可能性都有。但是不管怎么说，宋徽宗看到这个弹劾之后，也是表现得义愤填膺，认为章惇犯下的这个错误确实是不可饶恕，就此把他的宰相职务拿掉，贬到了岳州。

后来章惇又被贬到潭州。再后来，由于很多人一看他不当宰相了，便把他过去做的坏事全都兜出来了，他就又被贬到雷州，就是现在的海南岛。后来他就死在那儿了。章惇是不支持徽宗当皇帝的反对派的重要首领，把他拿掉，是宋徽宗巩固皇位的一个重大胜利。从此以后，宋徽宗对朝政局面的控制就非常有效，就大大有利了。

就是在这个背景之下，蔡王府狱案发。

蔡王府狱是怎么回事？蔡王府狱是宋徽宗上台之后朝廷督办的第一大案。这个案子的主要案情，就是在蔡王府当差的一个小使臣，在一份文件的署名的位置上写了一句话，这句话有严重的政治问题。这句话是怎么写的？是这样写的："随龙人，三班借职邓铎。"①

这句话的问题在哪儿？邓铎，是这个小使臣的姓名，三班借职是他的职务。三班借职是武臣寄禄官的从九品第五十二阶，是最低等的一个官职。比三班借职高一

① 《九朝编年备要·卷二十六》。

点的职务叫三班奉职，再往上是左右殿直，再往上是侍禁，等等。这几个字没有问题。问题就在于“随龙人”三个字。更具体地说，问题就在于那个“龙”字。龙指的是什么？那是有特定含义的。龙指的是皇帝，皇帝穿的衣服叫作龙袍，皇帝坐的椅子叫作龙椅，皇帝所乘的车驾叫作龙辇。那么“随龙人”，就是在皇帝身边伺候的人，当差的人。而这个邓铎是给谁当差，是伺候谁的？是伺候蔡王赵似的。这样一推论，这个意思就很明显了，就说是他认为蔡王就应该是皇帝。

在这个事件上，也是有疑点的。告发邓铎的人也是蔡王府的一个当差，这个人叫刘况，他的职位是殿直，比邓铎职位稍高一点。其疑点如下：

第一，刘况告发邓铎是出于什么原因？一个原因可能是他与邓铎不和。知道了这个事，他要报复他。另外也可能他本身就是被徽宗这边派去的卧底。这个情况史书上记录得不清楚，我们只能猜测。

还有一个疑点，就是这一行字所写下来的时间比较早，而这个刘况是时隔了将近八九个月之后，才把这事告发了。这是为什么？

所以关于此事我们就可以联想，这跟徽宗的故意安排有没有关系？当然对此我们不能断定，因为没有史料做支持。但是我们可以看到的是什么呢？是宋徽宗在这个时候得到了刘况的告发，正是时机。在这个时候，宋徽宗已经可以无所顾忌地放开手来收拾邓铎，实际上也就是收拾蔡王，时机成熟了。这个我们是可以看得到的。所以当时宋徽宗得到了这个告发之后，马上就派人包围蔡王府，把邓铎给拿下了。然后，就亲自指令开封府推官吴师礼审讯这个案子。他给吴师礼的命令就是，此案不管牵扯到谁，你给我一审到底。这个用意很明显，矛头就是直指蔡王。

吴师礼得旨，就把邓铎拉上公堂，一审再审，大刑伺候。可是不管他怎么审，怎么用酷刑，邓铎一口咬定，这个事就是我一时糊涂，跟别人任何关系也没有，没有人给我背后指使，也没有人教唆我。而且时隔半年多了，那话怎么写的我都忘了。

吴师礼开始还是一心一意地想把幕后的真相给追出来，但后来他看出来一点门道。这个邓铎为什么宁肯自己死，也不肯招供跟其他人的关系，恐怕就是他招了之后，比不招后果还要严重。他招了，可能牵扯的人就相当多；他不招，只是他一个人死就是了。吴师礼就想，我不能再追了。再追下去，要真把蔡王追出来，是好还是不好很难说。我追不出来顶多是落个自己办案不力、无能，追出来以后可不知道要得罪多少人。而且皇帝这会儿说让我一查到底，过后他反悔了怎么办？蔡王毕竟是他的亲兄弟。这么一想，他赶紧停止审讯，不追了，就把案卷呈到皇上面前去了，说是卑职无能，现在审来审去，邓铎就是这么一个口供，所以卑职只能这样交差。

徽宗本来是想借这个机会打蔡府一个措手不及，痛快淋漓地把蔡府摧毁。听到这样一番结案的话，感觉到不满意，说我看看再说吧。但是当吴师礼退下之后，他也琢磨这个事，那吴师礼是真审不出来？还是不想再审下去了？他为什么不想再审下去？他越往深里琢磨，越觉得吴师礼做得还真有点道理。你说要是真审出来，审到蔡王身上去，蔡王会不会承认？肯定不会。他不承认，我还能把他抓来严加审讯毒刑拷打吗？再者说，我如果真把蔡王抓起来，那朱太妃过来求情怎么办？我给不给面子？不给面子，说不过去，恐怕连向太后那边都过不去。给面子，我审出来又有什么用？还把自己弄个骑虎难下。所以他这一想，便觉得就此就坡下驴很有道理。

恰恰在这时候，蔡王上表请罪。他说什么？就是自责用人失察，缺乏调教。这个说法表面上是请罪，实际上是为自己开脱。宋徽宗就借着他的请罪，他的自我开脱，也就顺水推舟把这个案子结了。就说这个事是邓铎一个人所为，与其他任何人都无关，与蔡王更无关了。蔡王是我的亲兄弟嘛，他怎么可能有这样的想法呢？不可能。这事与蔡王府的其他人都没关系，朝廷斩了邓铎就是了。

这样做完之后，连徽宗自己也没想到，效果是非常之好。因为朝廷上的很多人当时都看出门道来，徽宗是要狠狠地收拾蔡王，觉得蔡王这次是在劫难逃。没想到徽宗处理得很宽厚，很仁慈，对蔡王并没有多加指责，把邓铎给处置了就算了。所以徽宗因而威望大增。在后世的一些史书上，包括一些名人的评论上，都因此而认为徽宗这个人真是很仁义。他就因此落得了一个很好的名声。对蔡王府狱这样处理，后来证明是对了。

其实，宋徽宗表面上宽容，实质上并没有宽容。从此以后，他对蔡王，从经济上是要怎么享受给他什么享受，可是在其他方面却是加紧了监控。随时随地都可能有官府的人上蔡王府去搜查盘问，借口是保卫他的安全。

蔡王也看出来自己已经不行了，在政治上没有什么希望了，从此就抑郁寡欢，沉溺于酒色之中不可自拔。他的集团一看他沦落成这个样，也知道没什么希望了，就纷纷地改换门庭。后来蔡王集团里有很多官员在朝廷当中又重新任职了，此前被贬的一些人也被重新召回了，但已不是那个集团的人了。所以他的这个集团，在蔡王府狱发生之后，就急剧衰落了下去。

转过年来，雪上加霜，蔡王集团又遇上了一件非常不幸的事情。这件不幸的事情，就是蔡王的后台朱太妃去世。于是乎，整个蔡王阵营彻底瓦解。

与此同时，朝廷还破获了另外一桩谋反大案，这个谋反大案跟章惇、跟蔡王集团都没有联系，是另外一桩独立的谋反大案。这个谋反大案的首脑，是一个叫作赵谂的太学博士。这赵谂素有反心，他就想趁着哲宗去世，徽宗上台这个政权交接时间，纠集一部分人，打着恢复后蜀政权的名义，到四川去发动民众举行暴动。这个集团在图谋的过程中被朝廷探知了。有司将此事汇报给宋徽宗，徽宗要求彻底歼灭，一网打尽。于是乎朝廷禁军迅速出击，赵谂和他的骨干还没来得及离开汴京，就被全部抓获。赵谂及其骨干成员被斩首，其余成员被流放湖广。

至此，朝廷内外所有的反对势力，已被宋徽宗全部肃清。这个时间，距离宋徽宗登基之日算起，是两年有余。

当然，宋徽宗作为一个皇帝，在这两年多的时间里，他不可能就只做与政敌较量这一件事情，他主要的精力还得放在治国理政上。而且治国理政与巩固皇权也是一个相辅相成的关系。治国理政做得好，对巩固他的皇权同样是有利的。那么宋徽宗在这两年的时间里，于治国理政方面推出了哪些举措？这些举措又获得了怎样的效果？维持了多长的时间？请看下一章。

新政短命之谜

XINZHENG DUANMING ZHIMI

第三章

一提到宋徽宗，大家的印象首先就是两个字——昏君，是他把北宋给弄得亡了国嘛。所以提到宋徽宗，人们就是这样一个印象。但是宋徽宗是不是从头到尾就是个昏君呢？其实不然。在徽宗当政之初，他其实并不昏，而是表现得非常地开明、清明、英明的。清代的学者王夫之在《宋论》中就这样评价过：“徽宗之初政。粲然可观。”就是说徽宗刚当政的时候，是把国家治理得非常出色的。那么徽宗即位之初，都是推出了哪些新政、哪些值得称道的治国措施呢？下面扼要地介绍一下。

第一条 ，唯才是举，重用贤良。就是把过去那些很有执政能力，为人正直，口碑很好的大臣重新加以起用。在这里面，他分门别类处理了不同的情况。像对文彦博、司马光、苏轼、范纯仁、韩忠彦、李清臣等这些大臣，都予以了平反。但是在这些人中有的人是已经去世了，那么对已经去世了的人，就只能是恢复名誉。有一些人是年老体弱的，对这些人给予了优厚的待遇。还有一些像韩忠彦这些人是年富力强的，那么就逐步地把这一部分人提拔到重要的工作岗位上来了。

第二条，广开言路，查纳忠言。就是要求各位大臣，只要是对朝廷有好的意见，有好的建议，都尽可能地提出来。不管职位高低，不管这意见刺耳不刺耳，一概可以原原本本地对皇上来提。提得对了，马上有赏，说得不对，也不予追究，不去处罚。在哲宗的时候，也曾经让大臣提过意见，可是那个时候大家都不敢提。为什么？因为当时有一个机构，叫作编类臣僚章疏局。这个机构是管干什么的？就是把大臣上奏的意见条款，从中摘录出来几条送给皇上阅览。负责这项工作的人是章惇，章惇看着哪个大臣不顺眼，就从他上奏的条款里面，摘出来一些对这个大臣不利的言论送到皇上那儿去，说这个人在讥讽朝政，在诽谤朝廷，于是那个大臣肯定就要倒霉。这样一来，谁还敢提意见？你一编类，一摘要，不知道原来那话什么意思，全给你曲解了。徽宗鉴于这种情况，就下诏撤销了编类臣僚章疏局。他要求把大臣的意见给我原原本本地送到手边，朕要亲自御览，不要搞什么摘抄。这样一来，大臣们就放了心。不会有人给他断章取义了，他们就敢提了。

第三条，贬谪奸佞，革除陋规。贬谪奸佞，就是把过去一些把持大权、占据着重要岗位、但是心术不正，结党营私、贪污受贿的官员，分别情况，有的予以罢官，有的给予降职，有的调出京城。把执政的空间给留出来，让位给贤良去做。革除陋规，就是把过去一些不合理的规章制度，凡是有人提出来的，提得有理的，便命令有司重新去制定规章。比如说机构重叠、官员太多太滥，升迁不合理等。这些弊端提出来以后，他觉得提得非常好，就让有司重新制订制度法规。

在这一方面，曾经有一个决定，使徽宗得到了广大大臣的称赞。这个决定就是废除一座仓库。

此事发生在徽宗视察大内的时候。大内后边有一些库房，存着很多物品。徽宗登基以后，要逐一地去察看一下。这一天察看到后园东门一带，就看到那个地方有一个库房和别的库房不太一样。怎么个不一样法呢？它与其他的库房互不相连，孤零零的坐落在那个地方。周围是树木枯萎，寸草不生，那个环境气氛看着十分荒凉。并且不仅仅是荒凉，还有点诡异。

这是个什么库房？这里边装的是什么物品？徽宗就叫来管理人员询问。不问不知道，一问吓一跳。这是什么库房？是毒药库，里面存放的是什么东西？全都是剧毒药材。大内里边怎么会有这么一座毒药库？徽宗就问这个官员。这一问才知道，原来这个毒药库是在太祖的时候建立的，当时规定的是由两广、川蜀一带的官员，每三年进贡一次各地的剧毒药品。这些药品里边，有的是沾到就死人，有的甚至是闻到就死人，有的是搀到食物里面一点就足以致命。这是干什么用的？是为了毒杀不轨之臣储备的。每三年一进贡，延续到徽宗时代，一百五六十年了，可想而知，里面得储存积攒了多少剧毒的药材！

徽宗了解过以后，就说原来还有这么个事，以前朕还真没听说过。这个毒药库以前启用过吗？对此大臣们就不敢说了，谁知道哪个大臣是怎么死的？徽宗说，我看这个毒药库没有什么必要。因为如果大臣犯了法，若不是死罪，我没有必要拿毒药把他毒死。如果是死罪，朝廷可以公开审理、明正典刑，也没有必要用毒药把他偷偷摸摸地毒死，那太不光明正大了。那么它还有什么用呢？所以当时他就决定，罢其贡，废其库。也就是说，从此以后，把上贡毒药这个事，三年一贡这个事给罢掉，不要再上贡了。这个仓库要马上毁掉，把里面所有的毒药严密包装起来以后，运到郊外，挖坑深埋。而且要树上标识，防止人畜不慎中毒。

这个决定出来以后，大臣们觉得那是太英明了。因为历代有许多大臣，早就觉得有个毒药库在这个地方不是个事儿，不像话。可是皇帝不说，谁敢说？徽宗前面有七个皇帝，就没有人提出过重视过这个事。没想到，徽宗上台以后，没有别人说，没人给他提，他自己把这事给提出来解决了。大臣们觉得，这个皇帝想得是太周到了。

第四条，是不搞门派之争，保持中正、公允。在政坛之上，在朝廷之上，经常是有一些门派之间的争斗的。宋朝自庆历新政、熙宁变法以后，这种门派之争是愈演愈烈。各门派之间不是今天你把我打下去，就是明天他把你打下去。争来争去，两败俱伤。徽宗觉得这样很不好，这样争来打去，精力都放在这些方面了，还能来治国吗？还能来搞经济建设吗？所以他就公开表示，说我登基以后，诸位臣工就不再搞门派了，不管是哪一派的，只要是对国家有利的意见我都听，只要你这个人对国家有利我都用，保持中正公允。为此，他即位的第二年，在改年号的时候，就特地拟定了一个年号，叫作建中靖国。建中就是要提倡保持中正，靖国就是要求保持安定团结，不主张搞那些无谓的派别之争。

提出这些措施之后，朝臣们感觉到非常振奋，大家情绪高涨，对国政怎么样建设、怎么样改革热情很高，就积极踊跃地提出了很多想法。徽宗是一概虚心接纳、虚心倾听。就在这个纳谏的过程当中，当时是出现了不少的佳话，在史册上流传下来。

比如有一件事情，是关于整修宫殿的。有一个大臣张商英对徽宗提出，说我们现在需要提倡节俭。虽然我们大宋国力雄厚，资源很多，但是不节俭也是不行的。咱们现在的宫殿都很豪华了，所以不需要动土木的地方我们就不应当动了。徽宗表示接受。但是过了一段时间，他觉得有一个宫殿太破旧了，就想整修一下，用咱们现在的话说就是想进行一下装修。可大臣张商英的话他接纳过了，他已经表示过不再进行无谓的装修。那怎么办呢？他就对施工人员交代，说你们施工的时候注意一点，如果张商英张大人路过，你们就停工，等着张大人路过之后再施工，不要让张大人察觉，显得不好。于是施工人员就这样躲着张商英，干一干，停一停，停一停，干一干，才把这个宫殿给装修好了。一个皇帝，想装修一座宫殿，还要躲着大臣，这种例子在历史上是不多的。

再一件，是驱珍禽。珍禽就是奇异的鸟。宋徽宗这个人是个风流王子，在当端王的时候就很喜欢养鸟。而且他还喜欢画画，他的画有80%是花鸟画。画花鸟画，他需要观察鸟的行为动态、生活习性，所以在当端王的时候，他的端王府里就养了很多珍贵的鸟。后来他当了皇帝，这些鸟就随着他搬进了皇宫。每天退了朝他就去看鸟，跟这些鸟玩儿，很愉快。有一个大臣，叫作江公望，听说了这件事，就上奏了，说皇上啊，听说您宫里养了不少珍奇的鸟儿，这个事情不太好。如果这个事情传出去，让天下的臣民百姓知道皇上退朝之后的主要事情就是看鸟、养鸟、喂鸟、斗鸟，觉得咱们这个皇帝是玩物丧志，有损皇上的崇高形象。徽宗说那你说该怎么办呢？他说那就把这些鸟全放了得了，不要养了。徽宗说，你容朕考虑一下。徽宗考虑来考虑去，非常舍不得，那些鸟太好了，都是全国各地送的，进贡的珍稀品种，非常地舍不得。可是他想江公望说得也不错，如果人家觉得你这个皇帝主要的兴趣都在养鸟上，成何体统？最后还是决定忍痛割爱把这些鸟轰走，就让太监们一遍一遍地轰这些鸟。这些鸟在宫中生活习惯了，不愿意走，徽宗就与太监一起亲自驱赶，一直赶得一只都不剩。这是驱珍禽，忍痛放弃自己的心爱之物。

还有一件事情，那就更为出名了，这件事情叫扯龙袍。说的是有一个叫陈禾的大臣，职位是右正言。左右正言这个官职的主要职责，就是给皇上提建议、提意见，帮助皇上正确意识到自己的作为。这个陈禾作为右正言工作得不错，皇上准备给他升官了，升为给事中。但是升为给事中之后，给皇上提意见这个事就不是他分内的事了。他想我有很多的意见还没来得及给皇上说，所以要趁着我还没有去履新，没有上任，得赶紧地把应该对皇上说的话全都说了。于是，在一次退朝之后他就把徽宗留下了。他有这个权力，他这个官的职责就这样。

请徽宗留下之后，他就开始进言，哪些宦官贪赃枉法，如何对这个国家造成了巨大损害，说了很多。这时候皇上看着已经到了快开晚膳的时候了，他工作时间长了他也累，他也饿，就有些不耐烦，就想走。但是陈禾想着把意见今天非说完不可，就老是没有停止的意思。皇上几次起身，他几次劝阻。最后皇上是有点真烦了，真是听烦了，就猛地起了一下身，说今天时间不早了，就谈到这儿吧。你有什么话，咱再找个时间另说，行不行？这个陈禾一看就急了，最重要的话还没说呢，皇上这就要走，再找时间，什么时候啊？就一把抓住皇上的衣袖，说请陛下留步，容臣把话说完。皇上起身起得是猛了一点，陈禾抓他的力气又大了一点，就这一起一抓，便把皇上的袖子给抓下来了。

这一抓下来不要紧，旁边站立的内侍们，包括陈禾自己，全都愣住了。大家都知道一句话，那句话怎么说的？“叫作扯了龙袍也是死，打死太子也是死”。这意思就是说，扯了龙袍和打死太子是同一罪名，都是死罪。陈禾这个祸可闯大了，你再怎么提意见，你也不能扯龙袍啊。内侍们一看大事不好，已经都做好了准备了，待到皇上雷霆一震怒，要马上都跪下替陈禾求情。

那么这时徽宗是如何反应的？徽宗当时一见自己的龙袍被扯破了，也是一愣。但是，愣过之后，他并未动怒，他只是用埋怨的口吻说，哎呀，你看你使这么大的劲儿干什么，把朕的衣服都扯坏了，这还怎么穿？没法穿了嘛。陈禾一看皇上没有动怒，胆儿就大了，当时就一抱拳对皇上说，如果陛下为了听臣下的意见不惜扯坏一件衣服，那么臣下为了报效陛下，就不惜肝脑涂地，粉身碎骨。徽宗一听，龙颜大悦，开口赞道你说得好，非常好。卿有此言，朕复何忧。来啊，赐坐。陈禾说臣下不敢。徽宗说没有什么不敢的，让你坐你就坐。现在朕倒不觉得饿了，你把你要说的话都给朕说出来，朕今天是要洗耳恭听。

这件事传出去之后，朝野是一片赞扬之声，盛赞这真是有古之明君风范啊。像这样的例子，龙袍被扯了之后，不但不动怒，还要求把意见听完，古往今来有几个皇帝能够做到？太少了。所以，在徽宗的这种开明、清明、英明的政治态度之下，使得整个朝纲为之一振，开创了一派大宋中兴的新气象。

既然徽宗这样开明，为什么后世会说徽宗是昏君呢？原因就是这样开明、英明、清明的政治局面维持的时间太短了。如果从徽宗即位开始算，大约是有两年时间，如果从改元建中靖国开始算，也就是一年左右，就大不一样了，这种开明的局面就不存在了。那是一种什么情况？是风云突变，一切都俨然地倒了一个个儿，180 度的大转弯。具体地说，是出现了下面一系列的剧变。

第一条，撤换大臣，另起炉灶。徽宗即位之初不是重用了一些过去口碑很好的大臣吗？像韩忠彦，李清臣等。这时候，这些大臣都被以种种的罪名给罢免了，撤职了，调出了。甚至连曾布后来也被调出了朝廷，而另外起用了一批官员。后来这批官员一直跟随着徽宗基本上是执政了二十多年，宋朝后来坏事就坏在了另起炉灶重用的这批官员身上了。当然徽宗不这么认为，他认为是起用了一批能臣。

第二条，改元崇宁，决意绍述。什么意思？崇宁，宁指的是熙宁，熙宁是神宗年间的一个年号。在熙宁年间最著名的一件事情，就是王安石变法。改元崇宁就是崇尚熙宁，也就是说要推崇变法了。决意绍述，绍是继承的意思，述是宣扬，他继承、宣扬什么？就是要继承、宣扬神宗时期开创的新法。开创那个新法当时是有不同意见的，是有争议的。起初徽宗的意思是不搞争议，也不偏袒某一方，建中靖国嘛。现在不是了，现在他就要站在变法派一边，来排斥所谓的保守派了。这样一弄，门派之争就又要起来了。

第三条，出尔反尔，言者获罪。想当初，徽宗亲自发出号召，向全体臣民发出诏令，要求大家给国家、给他来提意见，共同把国家搞好。不管提什么，他全不怪罪。现在不是这样了，两年之后，他曾经说的那个话他自己全给忘了。当时提意见的人，是提得少的有轻罪，提得多的有重罪，提得越多罪越多，成了引蛇出洞了。当时他引着你提意见，现在他拿这些意见来治你，言者获罪。本来是好意给国家提意见，要不是皇上倡议的话，很多人还懒得提呢。所以有一个官员写了一首词，开始两句是这样写的，“当年亲下求言诏，引得来胡道。”是皇上你亲自下诏让我们提意见，引得我们胡说八道的。下面有几句，“误人多是，误人多是，误人多少。”①就是因为这个事儿，耽误了、毁灭了多少人的前程乃至身家性命。

第四条，残酷打击异己，焚毁大量经典。残酷打击异己，就是不搞公正中允了，对于不是变法派的那一方，就要把它打下去，要治罪。只要是得势的那一派看着不顺眼，就把你打倒，不管你是哪一派的。像曾布等人，其实本来是变法派的，后来也被打成异己了。反正看着你现在不顺眼，你现在不得势，就迫害你。连那些官员的家属亲属，都受到株连。为什么要焚毁大量经典？就是因为受到打击、迫害的这些人，有很多人都是大人物。像司马光、苏轼、秦观、黄庭坚等，都是著作等身，在文学上、政治上、哲学上都有很高的造诣。你把他贬官了，你把他治罪了，但是他们在民间、在朝野之间的影响非常之大，他们有很多的著作，这些著作在民间流传着，影响就消除不了。怎么办？徽宗就下令，这些人的所有著作一律连书带原版销毁！在这些要被销毁的典籍中，就包括一部非常重要的著作，叫作《资治通鉴》。

这部《资治通鉴》，是司马光花费半生心血编撰而成的。它是从历代的史料当中，爬梳将近3500多万字，最后浓缩成300多万字的一部史书。这部巨著记载了历代朝廷君臣的行为和得失，对后世非常有启迪意义。而且单纯从文学上来讲，它的成就也很高。

这部书由于是司马光编撰的，因之必须消除影响，不能留存，就也被列入了焚毁之列。然而我们现在还能看到一部《资治通鉴》，这一部《资治通鉴》还是司马光写的那一部吗？不是说这部书被焚毁了吗？为什么现在我们还能看到？这件事情就全有赖于一个人，对此书机智地加以了保护。

---

① 《清波别志・卷下》。

这个人是谁？是一个太学博士，叫陈莹中。他知道这部书凝聚了司马光的毕生心血。司马光从壮年写到老年，眼睛写到高度近视，牙齿写得全都松动了，才留下这么一部很珍贵的经典著作。假如焚毁了，恐怕以后再成书是很难了。他觉得太可惜，就想着把它保护下来。可是怎么保护？他明着说这书不能烧，那根本挡不住。于是他就研究书稿，他这一研究就发现，里边是有空子可钻的。这个空子在什么地方？就在这部书的序言上。

这部书的序言是什么人写的？是神宗皇帝。也就是说，从神宗当政时开始，司马光便开始写作这部书，而且当时已经成稿了。神宗肯为这部书做序意味着什么？意味着他对这部著作是持肯定态度的。那么神宗皇帝对此书持肯定态度，你却说要把它烧掉，要焚毁，你对先帝是什么态度？你们不是要绍述吗？要崇宁吗？连神宗皇帝肯定下来的著作你都要烧毁了，这算绍述吗？陈莹中看到这点之后，就有意识地要引起其他官员的注意。于是，他就在科考的时候，把神宗皇帝为这部书写的序言作为考题给出出来了。这一出出来不要紧，果然大家就注意到了。哦，神宗皇帝为《资治通鉴》写过序啊。这就传到了负责焚毁经典的官员那儿去了。

负责焚毁经典的官员又是谁？是老奸巨猾的蔡卞，及其手下的两位官员。蔡卞一听这个事，马上引起重视。神宗皇帝写过序，这书烧不烧？不烧，徽宗皇帝怪罪下来怎么办？烧，将来徽宗变了卦，我吃不了兜着走。这事怎么弄呢？把这事汇报给徽宗皇帝？不妥，这点事都办不好，这不是明摆着把难题端到皇帝面前去了吗？皇帝要是觉得也不好办，我给皇帝出难题，将来我还要不要升迁了？这样做不太好，还是得自己处理。怎么处理？他想就封存吧。封存起来有两个好处：第一，虽然没有焚毁，但是我没让它流传，市面上见不到了。第二，假如将来有变化，这本书又可以读了，我可以拿出来给你看，这是我保存下来的。

采取这个办法比较妥当。于是蔡卞命令，把这部书的成书雕版全都封起来，任何人不许动，什么时候让动什么时候再说。于是这部书才没有被焚毁。后来残酷打击异己的风潮过去之后，苏轼、黄庭坚等人的著作又都可以读了，这部《资治通鉴》才又重见天日。

这便是当时的政局剧变情况，徽宗在两年不到的时间之内，来了个 180 度的大转弯。人们都意想不到，徽宗怎么会变得这么快？这个原因在史学界现在还存在着不同的见解。其实这也不难解释，产生这种现象的主要原因，就是两个因素。一个是外在的影响。一个是徽宗内在的性格。这两个因素融合在一起，就造成了徽宗如此之快改弦更张的做法。具体来说，主要的原因有这么几个：

一个是徽宗在政治上很不成熟。他登基的时候，由于年轻，对政治上没有经验，是不成熟的，是容易受别人左右的。而他登基 20 多年之后，一直到他的中年、老年，他成熟了没有？还是没有成熟。他这个人可以说是一辈子就没在政治上成熟过，他根本就不适合搞政治。

再一个原因，是由于政坛上的门户之争、门派之争由来已久，宿怨很深，徽宗曾经想调解、调和，但是不可能做到真正的调和。当时韩忠彦那一派的势力是比较弱的，又不善于搞权术，因此后来慢慢地就被另一派的力量压倒了，使得徽宗逐渐地受另一派的影响越来越深，终于就倒向了所谓的变法派。

还有一个原因，就是徽宗在性格上有缺陷。他是典型的艺术家的性格。章惇当初阻挠他登基的一个重要理由，就是端王轻佻。这句话确实是说得准确的，他确实是轻佻。他好大喜功，他急于建功立业。而变法派的某些主张正好迎合了他的心理，所以他变得就很快。

最后一个原因也很重要。就是当时徽宗的对立面蔡王集团已经土崩瓦解。向太后曾经是对他有所制约的，但是后来向太后也已经去世。对立面和约束者都不存在了，他就可以为所欲为了，他再做事就不会那么谨小慎微、三思而后行了。

所以，过了不到两年，他就产生了这么巨大的变化。在宋徽宗看来，这个变化，这种改弦更张的做法，是他大展宏图的开端，殊不知，这正是他走向深渊的起点。

在宋徽宗改弦更张使新政夭折的过程中，有一个大臣起到了相当大的推波助澜的作用？这个人叫蔡京。蔡京是个什么样的人？请看下一章。

在徽宗开明新政夭折的过程中，有一个叫蔡京的大臣起到了极大的推波助澜的作用。后来徽宗的倒行逆施，在很大程度上也是受了蔡京的影响。这个蔡京是何许人也？他为什么能够对徽宗造成那么大的影响？现在我们就来揭示一下这个谜团。

为了让大家对蔡京这个人有一个概括的认识，我们先介绍一下他的简历。

蔡京是兴化仙游人氏。兴化仙游是在现今的福建省。他是熙宁三年中的进士，这一年他 23 岁。按现在的情况来说，这就是大学本科毕业参加工作的年龄，没有耽误。他入仕的时间很正常，很顺利。这个正常和顺利，一方面是他的机遇运气不错；另一方面也是由于他的天赋。

蔡京这个人，在小的时候是被人誉为神童的。他认字很早，在四岁的时候就能够整篇地背诵《岳阳楼记》，就是范仲淹的那篇名作。其中的名句大家都知道，“先天下之忧而忧，后天下之乐而乐。”后来人们发现，他还有一个特殊的禀赋。当然这个禀赋与他的才能没多大关系，但由此感觉这个人非同一般。什么禀赋？他能够长时间地对着正午的阳光看很久，眼睛一眨不眨。一般人不可能做到这一点，这大概是属于一种生理上的特殊功能。有人根据这一点就预言，此人将来必有大造化。果然言中，后来他的官做到宰相，位极人臣。

蔡京入仕之后，先后做过舒州推官、钱塘县尉、中书舍人、翰林学士，并且曾经权知过开封府，也就是做过大宋首都的主官。从这个行政经历来看，他是地方政府的官员和中央机关的官员都做过，从政经历比较丰富。

徽宗当政之初，他因为遭到其他大臣的弹劾而被罢职。当时徽宗曾经号召大臣们上疏提意见，有很多遭受过他打击的官员，对他不满的官员纷纷上疏来弹劾他，告他的状，所以他就被贬到杭州去闲居了，什么官职都没有了。但是这段时间不长。后来经过童贯的推荐，他又重新被起用。他先是知定州，很快，还没有上任就转为知大名，任职的城市级别马上上升了。然后没过多长时间，就被调到朝廷里边，任尚书左丞，此后一步一步地升到首席宰相的位置。不到一年，非常之快。从此，就开始了他长达十七八年的首席宰相生涯。这个执政时间是相当长的。在宋朝的时候，能够做到首席宰相的位置，而且在这个位置上超过五六年的人不多。徽宗当政后，在蔡京之前的宰相，像曾布、张商英、赵挺之等人，都是只任过一两年、两三年就被罢职了。蔡京任职十七八年，时间之长确实很罕见。而且，蔡京还由此成为宋徽宗赵佶的密友。两个人的关系非常亲密。亲密到什么程度？用一句通俗的话来说，后来这两个人的关系就亲密到了一种哥们儿的程度，超越了君臣。另外这两个人之间后来还又增加了一层关系，姻亲关系。就是徽宗的一个女儿叫茂德帝姬的，嫁给了蔡京的一个叫蔡鞗的儿子，所以徽宗和蔡京后来又成了儿女亲家。

在这么一种关系之下，这一对君臣那就亲密得不得了。一般情况下，皇帝是不经常到大臣的府上去的，一去必定是有很重要的事情，那很隆重。但对于蔡京来说，徽宗就很随便，经常是轻车小辇到蔡府去串门。不用皇帝的仪仗，随便叫上几个随从，叫几个太监跟着就去了。到了那里之后，是以亲家的礼数相称相待，不行君臣之礼。蔡京见了皇上不用下跪。有时候徽宗高兴了，也会把蔡京请到宫里来，在宫里摆下宴席，宴请蔡京及其家人。席间，还频频地亲自给蔡京夹菜，完全是以家人之礼来对待蔡京。

对待蔡京的子女和亲属，徽宗也是大为破例。在宋朝有这么一条规定，如果有人做到了宰相，特别是首席宰相的话，他的子女亲属是不能在朝中再安排重要职务的，以防止他们结成帮派。前任宰相曾布，就是因为想要推荐自己的一个亲属，到朝中来担任比较重要的一个职务，结果引起了徽宗的反感，连他本人也被免职了。可是对于蔡京，徽宗就大开方便之门，就不按那个规定办事了。据《文献通考》记载，“蔡京拜相数年，子六人孙四人同时为执政、侍从。”执政和侍从都是在皇上身边办事的重要职位。子六人、孙四人，加起来十个人，加上蔡京就是十一个了，都在皇上的身边办事，担任重要职务，几乎就把皇上给包围了。但是徽宗不以为意，就能够允许他这样安排自己的家人做官。由此可见，他对蔡京重用到了什么程度。

后来蔡京都八十岁了，还在当宰相。那时候虽然是没有严格的退休制度，可是到了八十岁还做官的人不多，尤其是做宰相。结果到了八十岁了，徽宗还又一次把蔡京请出来当宰相，还给他题了四个大字，表扬他为国家作出的贡献，叫作“忠贯金石，志安社稷”。对他这一生为国家做出的贡献，给予了高度的赞扬。甚至在徽宗的绘画作品中，还形象地去描绘了他跟蔡京之间的这种哥们儿关系。

有一幅画叫作《听琴图》，是宋徽宗亲自作的。画面有一个人在那里弹琴，这个弹琴的人是宋徽宗本人。下面，画面的左方和右方各有一个听琴者。从画面设色和构图的位置上来看，画面右方穿红衣服的听琴者是主要的听琴者，这个听琴者就是蔡京。这幅画的意思显然是不同寻常的。我们都知道伯牙和钟子期的故事，一个善弹琴，一个善听琴这样一个典故，叫作高山流水。也就是当伯牙弹琴弹到高山那个曲子的时候，钟子期知道他志在高山；弹到流水的时候，知道他志在流水。比喻两个人心心相印。徽宗这样画他和蔡京的这种关系，其用意一目了然，就说这是高山流水，得遇知音。这是在当年留下的我们能够看到的很形象地体现这两个人关系的一个史料。

蔡京能够得到皇上这么特别的宠信和垂青，他的专横跋扈那就不用提了，那真是一人之下，万人之上。他专横跋扈到了什么程度？一言以蔽之，就是呼风唤雨，目空一切。

蔡京得势之后，首先办的第一件事，就是清除异己，把与自己有不同政见的人统统地罢官、免职、流放。并且在清洗异己的同时，拼命地扶植亲信，把听从自己的，跟在自己身后跑的人都一一安插到了重要的岗位上。当时任命提拔大臣是吏部的工作，它是有一整套的提拔措施、提拔规定与提拔程序的。但蔡京利用他是宰相，他主管政事堂，他有破例直接任命官员的权力，叫作堂除，经常不经过吏部去直接任用官员。今天随便任命一个，明天再任命一个，比吏部任命的快多了。吏部任命要考察，他不考察，他认为这个人应该当这个官，直接就让他当了。这样一来他的权势那就相当之大了。有很多官员就不去找别的途径，马上就转而直接找蔡京了。因此他就扶植起来很多亲信。

除了在政界呼风唤雨，蔡京还想染指军界。在宋朝的时候，宰相的权力再大也是不能掌兵的，这是皇帝为了制约大臣所采用的一种手段。可是蔡京他非常希望自己也能掌握一定的军权。那怎么办呢？他想了个办法。他就把首都汴京周围的四个州建立成了辅州。① 什么意思呢？这四个州是保卫京城的。既然保卫京城，就要有军队驻扎。所以在这四个辅州都要驻扎有重兵。然后，他又把自己的亲属安插在这四个州作为郡首，这也就相当于间接地掌握了兵权。蔡京做到这些之后，曾经有一

① 四辅州为襄邑、郑州、澶州、颍昌。

度在朝野上下流传着这样一句话，说现在的大宋是只知有蔡京，不知有朝廷。蔡京专权程度，由此可见一斑。

下面我们再来看一下他的生活。蔡京权势熏天，那生活的腐化也是非常地极端了。据史料记载，蔡京在汴京内外通过各种方式拥有的土地有几十万亩，光在汴京城里的豪宅就有好几处，每一处的建筑都不逊于皇宫里的建筑。其楼层之高之华丽，都与皇宫里的宫殿别无二致。别的不说，仅举饮食一例，我们就可以看出他的生活奢华腐化程度有多么严重。

比如说他很喜欢吃一种东西，叫作盐豉。盐是我们做菜用的那个盐，豉是豆豉的豉，是用咸盐腌的一种豉。可是这种豉不是豆子做的，是用什么东西做的？是用黄雀之胗。胗是什么？胗就是胃。盐豉就是用黄雀的胃做成的小粒。经过腌制，形成了一个小豆粒那么大的东西。一个黄雀很小，它的胃就更小了，一只黄雀只能出这么一个小豆粒，一个盐豉。他一道菜则至少需要300只黄雀。

当然，那时我们的生态环境比现在要好得多，黄雀可能比现在要多。可是再多，这300只黄雀也不是轻易就能捉来的，他一顿饭就吃掉。

蔡京还喜欢吃一种包子，叫作蟹黄包。吃这一顿蟹黄包，花费相当于多少呢？相当于当时40户中等生活水平的人一年的生活费。这是史料上记载的。也许有人觉得这可能有点夸张了，他能用多少只螃蟹呢？100只、200只，螃蟹再贵能多贵啊？40户中等生活水平的人一年的生活费，他能够吃掉？其实这并不夸张。我讲一个小故事大家就会知道，它的成本在什么地方了。

话说当时在汴京有一个人买了一个小妾，这个小妾是曾经在蔡府的厨房里工作过的，她的工作就是专门给蔡府做包子。这个官员买到这个小妾之后，就对这个小妾说，你给我做一顿蔡京吃过的包子，让我尝尝蔡京吃的包子是一种什么样的味道，据说是鲜美极了，我也尝尝。这个小妾说，启禀老爷，奴婢不会包包子。这官员就说，你在蔡府不是包子组的吗？你怎么不会包包子呢？不可能啊。这个小妾说，奴婢确实是包子组的，但是奴婢又确实不会包包子，不会包蔡府那种包子。这是什么原因？老爷听奴婢解释一下就清楚了。于是她就给老爷解释了各中的原因，这个官员一听才知道，原来如此。

这到底是怎么回事呢？原来，在蔡府的包子组，这专门做包子的厨房里，下边还分若干组呢。这个小妾是在制馅儿组的。制馅儿组下面又分若干组，这个小妾是在配料组的。配料组下面又分若干专业，这个小妾是在葱丝专业。也就是说，这个小妾在包子里面的专业技术是切葱丝，至于姜丝、蒜末那是归别人管，她不管，她就是专管所有的包子里的葱丝。这葱丝她切的是出神入化，要多长有多长，要多细有多细，可是其他的工序她不知道。所以，这一个包子，是需要若干个的专业技术人员共同来完成的，那么这个成本有多大？大家便可想而知了。

这个官员听了以后才恍然大悟，没想到蔡京的生活是奢华到这个地步，这种生活看来我这一辈子是享受不到了。不过，这个小妾我也没有白买，虽然她不能让我吃上蔡府水平的包子，但是起码能让我尝到蔡府水平的葱丝了。那也不是随便什么人都能尝到的，这是高级专业技术人员切的呀。

所以说蔡京这个人，得势之后无论是在朝野上还是在家庭中，那都是非常地奢侈、非常地跋扈。就是这样一个品行不端、心术不正、权欲极重，生活上又是极其腐化的人，为什么就能够得到宋徽宗的高度宠信、高度倚重？这当然是有原因的。其主要原因有以下四点：

第一点，艺术天分。这点非常重要，而且是蔡京得天独厚。徽宗是一个艺术家，他非常喜欢艺术作品，也非常地看重有艺术天分的大臣。而蔡京在这一方面确实是禀赋不俗。他最高的一个艺术天分体现在什么地方？就是书法。蔡京的书法在当时乃至后世都是非常有名的。北宋有四个有名的书法家，苏黄米蔡。苏：苏轼；黄：黄庭坚；米：米芾；蔡：蔡京。蔡京的字自成一体，豪放雄浑，间架稳重。所以徽宗在当端王的时候就很喜欢蔡京的字，曾经出高价买过两把扇子，就因为这两把扇子上有蔡京题写的杜甫的诗句。直到当了皇上之后，他还将这两把扇子珍藏在自己的后宫里。

除了书法之外，蔡京对其他艺术领域也有涉猎和研究。比如说园林艺术。这些东西都是相通的，书法艺术讲究间架结构，园林艺术也讲究构图营造。后来在营造人工园林艮岳的时候，就是徽宗很看重的一个大型人工园林，蔡京就是主要的设计者。这个园林占地 750 多亩，可惜现在已经不存在了，已经毁于战火。如果这个园林留存到今天，绝对是世界上的第一旅游胜地。为建造这个园林，蔡京花费了许多心血，那是他很重要的一个设计。就是由于这种艺术天分，徽宗首先就对他产生了一种亲近感，这是别的大臣比不了的。

第二点，善于逢迎。善于逢迎是每一个想讨好皇帝的大臣都需要去做的。对于徽宗，当时那些得宠的大臣都在这方面做了很多事情。皇上喜欢什么，他就奉送什么，搜罗什么。但是蔡京的独特逢迎的本领还不仅在于此，而在于他能够从理论的高度给徽宗的享乐提供根据和理由。这就超过了一般人的逢迎水平。

蔡京为宋徽宗提供的一个享乐理论，叫作丰亨豫大。丰亨豫大这四个字是摘自

《周易》。丰：丰盛；亨：亨通；豫：安乐；大：阔绰。这是蔡京的解释。意思就是说，在这个物产富足，国家平安的时代，作为一个皇上，是要学会享乐，善于享乐的，否则就要违背天意，反而对国家不利。

另外他还提出了一个理论，叫作为王不会。会是会计的会。什么意思呢？就是说天下的人花钱都是需要算计的，要量入为出，要有计划性，只有皇上花钱不需要算计，皇上是想要什么就要什么，想花多少就花多少才行。如果皇上花钱还需要算计，那天下的百姓岂不就更贫穷了吗？而且皇上是代表国家的，皇上如果是不能为所欲为，花钱如流水，那国家岂不就显得不富足就很没体面吗？所以皇上要舍得花钱，要善于花钱，要大肆花钱。你花钱不是为了你自己，是为了国家。

这样一说，徽宗在举办各种奢侈活动的时候，那就非常地心安理得了。我不是为自己，我是为了国家、为了百姓才这样的，是为了国家的荣耀。蔡京这样一种逢迎的本领，那真是其他大臣没法比的，他给你上升到理论高度了，你作为皇上不想享乐都不行。

第三点，门徒众多。前面说过，蔡京上台之后做的第一件事是打击异己；第二件事便是扶植亲信，在各个部门里面扶植了大量的亲信。那些亲信扶植起来，起码有两个作用：一个作用是每个部门里都有说他好话的人。作为首席宰相，他的对立面不少，得罪的人肯定也是不少的，那么必定有很多人要弹劾他。但是每一个部门既有说他不好的人，同时又有很多说他好的人，这就把弹劾他的人的意见抵消了，这是一个作用。第二个作用是在每个部门里都有他的亲信，他说的话，他发的政令就很容易通行。所以皇上就感觉到，有事让别的官员去办不一定顺利，让蔡京布置下去就能办成，就觉得用着蔡京很方便。

第四点，确有能力。蔡京这个人，除了他的艺术天分、能够逢迎、结党营私之外，在行政能力上他还真有一套。否则的话，他可以被徽宗喜欢、宠信、重用一两年、两三年，但是被重用长达十七八年，如果没有实在能力，那是做不到的。当时的政治制度是君主专制，中央集权，从理论上来说，是万事都由皇上一个人做主。但是实际上，是不可能的。皇上没有那么大的能力，也没有那么多精力，所以需要有一个办事机构，而宰相就是这个办事机构的首脑。如果宰相没有能力的话，皇上就掌握不了全盘，就要把皇上给累坏了。所以宰相没有能力是不行的，单纯的逢迎拍马很难被皇上真正倚重。

蔡京的能力是怎么体现出来的？我举一个例子。在蔡京还没有当宰相的时候，就体现出了这样一种行政能力。王安石变法失败之后，司马光重新上台，就要把王安石变法的很多法律废掉。其中有一个法律叫作免役法，司马光要求在五天之内，把这个免役法全部改过来，改成原来的差役法。很多官员认为，这恐怕不行，五天太急了，做不到，起码这底下的政治思想工作就做不通。只有蔡京一个人说，五天，我能做到。结果五天之后，他所管理的区域，就是开封府及其周边的地区，全部改过来了。而且改得非常彻底，没有人说三道四。为什么？因为他把思想工作做通了。当他命令改的时候，底下的官员就问他，说当初变法的时候你不是变法派吗？你是同意免役法的，现在你又让改，你这不是两面三刀吗？他说不是，我给你说说这个道理，你听听。当初我认为改成免役法，这个改革是对社会有帮助的，我认为它好，所以我同意改。但是在实行的过程中，我们看到了它有种种的弊病，不是像我们理想当中的那么完善，所以现在要把它改回来，避免这个弊病的扩大，难道有什么不对吗？这么一说，底下官员觉得也是，知错就改这是好事，这不能说是两面三刀。这样就把思想工作给做通了。从这一点来看，他的工作能力以及他的魄力都是很强的，他是确有能力，才保证他能够执政十七八年之久。

当时有一个叫作侯蒙的大臣，就对蔡京有过这样的评价："使京正其心术，虽古贤相何以加?"① 意思就是说，假如蔡京能够端正他的心术的话，虽然是古代的那些优秀的、有名的宰相，哪个能够超过他？这个侯蒙并不是蔡京的人，如果是蔡京的人，他不会说他心术不正。一个不是蔡京帮派的大臣，一个认为蔡京心术不正的大臣，能够对蔡京的执政能力做出这样的评价，可以想见，蔡京的执政能力不是虚夸的，确实是有，因则徽宗才会对他宠信得那么重，那么久。

说到这儿，就又产生了一个疑问，既然徽宗对蔡京那么宠信，他那么有能力，他又扶植了那么多亲信，为什么他还被屡次地罢过官、罢过相呢？蔡京十七八年的执政过程是有过中断的，不是一干就是十七八年，而是中间中断过四次，四次罢相。那是为什么？

这四次罢相的原因，对外说是这样，有的时候是因为天空出现了彗星，掠过地球了，有的时候是出现了太阳黑子了，这都是天象预警，说是有不吉祥的征兆了。还有的时候，是说有很多的大臣弹劾他，说他办了很多事贪赃枉法。也有的时候，是蔡京自己说我年老体迈不胜任工作了，等等。这四次罢相的原因，从表面上来说就是这些。

为什么说是从表面上来说呢？就是说实质上的原因其实并不是上述原因。因为

① 《续资治通鉴·宋征九十》。

上述这些原因，大家一听就知道，并不足以使蔡京从相位上退下来。当然古代的人都是迷信的，感觉到天上有异常，会认为跟人间的事有联系。但是这也没说是就非得跟蔡京联系在一起，你硬往蔡京身上拉，那就是人为的了。至于大臣的弹劾，几乎是天天有，徽宗愿意当个事就当个事，不愿意当事就不当事，那无所谓的。至于他年老体衰了，更不是理由。他最后都 80 岁了，还让他当宰相，当时他年老体衰什么？所以说这些理由，说它是理由就是理由，说它不是就不是。

真正的理由是什么？其实蔡京四次被罢相的真正理由，是徽宗认为这时候应该让他退一退了。为什么应该让他退一退？是因为他的权势膨胀到一定的程度的时候，徽宗认为应该限制一下了。这样一种驭臣的法术、权术，是从有宋以来的皇帝，从太祖、太宗那里传下来的。在宋朝建立之前的王朝中，经常出现君弱臣强的局面。如果大臣的势力过大，过于强，压过了君王的势力，这个政权是不稳定的。历史上别的教训徽宗没有真正地记取，但是这一条他记得是很牢的。所以宋朝的皇帝非常注重对于大臣的权力的限制，不管这个大臣他多么宠信，到了一定的程度，一定要掌控一下。皇上觉得需要掌控了，这时候又有人一弹劾，正好，我就借着这个弹劾把你拿下，不让你再发展，让别的势力发展一下，与你形成抗衡。这是一个主要的原因。

另外还有一点，就是要通过这样一种罢相又拜相，拜相再罢相的几个会合，也让蔡京明白，你怎么得势，也不过是我皇上的一条狗。我让你得势你就得势，我不让你得势，你就狗屁不是。

上述原因，才是蔡京屡次被罢相的真正的、实质的原因。

但是，尽管蔡京也要受到徽宗这样、那样的控制，毕竟徽宗在其执政的 20 多年的过程中，觉得蔡京用起来是非常顺手的，没有蔡京的时候有很多事情不好办，他对蔡京还是倚重的、喜欢的，所以每次罢过相之后，过一两年、两三年，他还是要把蔡京请回来，重新坐在相位上。所以，总体来说，在徽宗当皇帝的时候，一直是蔡京在掌握着实权。即便是在罢相期间，蔡京也有着很大的权力。

这样一个权力极大的宰相，他的下场是怎么样的？是非常地悲哀、非常地凄惨。像这样一种深受某个皇帝宠信的大臣，他们的命运都有一个规律。什么规律？就是当这个皇帝在位的时候，他是得势的，他是可以为所欲为的。而一旦这个皇帝不在位了，退位了，他的权势也就马上不复存在了。这就是所谓的“万里江山万里尘，一朝天子一朝臣。”

宣和末年，金兵进犯，汴京危急，徽宗禅位、钦宗即位。徽宗退位后的第四天，由太学生陈东带头，就发起了声讨六贼的运动。这个六贼，就是徽宗在位的时候非常宠信的六个大臣，其中为首的就是蔡京。人们就开始对他们的控诉、揭发。钦宗当太子的时候就很不喜欢徽宗宠信的这些大臣，尽管蔡京当时还是保太子的，但是钦宗不喜欢他。所以他上台以后，就逐渐开始了清洗六贼的行动。

当时由于汴京危急，钦宗暂时没动六贼的官职。待到金兵撤去之后，就开始了对六贼的贬谪、流放。蔡京作为六贼之首，被一贬再贬，最后被贬至海南儋州。海南现在是非常美丽的旅游胜地，但在那时是一个雾瘴之区，那个地方的毒瘴、毒虫、潮湿很严重，是不适合于人类居住的，只有犯了重刑的人，有重罪的人才会被发配到海南去。因为到了那里之后，不适应那个地方气候的人很快地就会得病，甚至得重病。

蔡京就是被一次一次地贬谪，最后被贬往海南了。他去海南作为囚犯，不可能有什么豪华的车辆送他去，那得一步一步地走过去。实在走不动了，弄一辆破牛车拉他一段，颠颠簸簸的。就这样，一路颠簸着往海南走。他那时候已经80多岁了，一生享尽荣华富贵，哪里受得了这种折磨？所以没等到达海南，走到途中，就病饿而死了。他死去的地点是潭州，也就是现在的湖南长沙。

在蔡京死去之前，知道自己来日无多，当病倒在路上的时候，他做过一首词，词牌是《西江月》。这首词是这样写的：

“八十一年住世，四千里外无家。如今流落向天涯，梦到瑶池阙下。玉殿五回命相，彤庭几度宣麻。只因贪恋此荣华，便有如此事也。”①

这首词在流传的过程中是有过不同的版本的。比如说“八十一年住世”，有的版本是“八十一年往事”，“四千里外无家”，有的版本是“三千里外无家”，“如今流落向天涯”，有的版本是“孤身骨肉各天涯”，“梦到瑶池阙下”，有的版本是“遥望神州泣下”。这可能是由于在流传过程中的误传，或者是他本来就有修改造成的版本不一样。但是总体的意思是一样的，就是蔡京对自己这一生的回顾和追悔。最主要的，是对自己因为贪恋荣华富贵、没能在贪恋荣华富贵的道路上适可而止见好就收的一种哀叹和痛悔。这种哀叹和痛悔，是很多的落马贪官都有过的心境，到了这时候都会产生这样的哀叹。但是，往往是到了他们能够产生这种哀叹之时，一切已经不可挽回了。所以说，在蔡京这个人一生的遭遇，一生的沉浮，一生的命运

① 《宋人轶事汇编·卷十三》。

中，有很多教训很值得我们去记取。

蔡京这个人，他本来是有能力、有才华可以成为一代良相的，可惜就是因为品行不端，心术不正，权欲太重，私心太重，因而才落得了如此悲惨的下场，落得了一个千古骂名。而宋徽宗用人重才不重德，只因为趣味相投就加以重用，就为自己、也为国家埋下了致命的祸根。

在徽宗朝，除了蔡京之外，还有一些大臣，也是因为种种的原因，受到了徽宗的重用。其中有一个大臣甚至在风头上还超过了蔡京。蔡京已经是一人之下、万人之上了，那个人怎么还能超过蔡京呢？因为那个人封王了，这可是连蔡京都未曾获得的荣耀。那个封王的人物是谁？就是把蔡京推荐到徽宗面前的宦官童贯。一个宦官，如何就能够被封为大宋的王爷呢？我们在下一章便要揭示这个谜团。

第五章

根据宋朝的制度，一般是不封异姓为王的，宦官封王更是历代少有。但是，在徽宗执政期间，就有一个宦官被封了王，这个宦官就是把蔡京推荐给徽宗的那个童贯。一个太监为什么能够被封为王爷呢？下面我们就讲讲这个缘由。

童贯何许人也？我们先来简单地介绍一下他的发迹史。

童贯是汴梁人，也就是大宋京城人氏，字道夫。他初入宫的时候，是拜在了一个资深的太监的门下。这个太监叫作李宪，他起初是李宪的一个跟班。拜在李宪门下这个履历，对童贯的一生都非常重要。为什么？因为李宪不仅仅是个宦官，他还经常地作为监军上前线。监军是什么？监军就是当武将带兵出征的时候，作为皇帝的特使派到那个统帅身边，监督那个统帅的行为的人。他要随时把统帅的一举一动汇报给皇帝，这是宋朝皇帝监控武将的一种措施。武将领兵打仗，必须有一个人作为监军随同出行，随时报告他在前方的所作所为。这个人必须是皇帝信得过的人，必须是皇帝身边的人，所以通常都由太监担任这种职务。

李宪就经常地担任这种监军的职务。而且不仅仅是监军，他还能够帮助统帅指挥作战。因为李宪钻研过军事，他懂得兵法，所以他当监军的时候，一般都是参与指挥作战的。童贯跟随着李宪，就经常地要随李宪到军旅当中，出入于西北前线。这对他的一生都很重要，也奠定了他后来的发迹基础。当时宋朝的主要边患是在西北，东南地区受侵略的可能性比较小。童贯跟随着李宪经常出入西北前线，就对西北地区的风土人情、山川地理都逐渐熟悉起来，有了比较深入的了解。同时，也亲眼见到了李宪是怎样参与指挥部队作战，这便为他今后成为军事统帅打下了基础。李宪后来去世后，被追封为武泰军节度使。

但尽管是这样，如果没有一个恰当的机会，童贯还是不能出人头地。因而在宫中生活了 20 年左右，他的职位并没有得到大幅度的提升。

他的发迹是从什么时候开始的？是从徽宗即位之后。

宋徽宗即位，要派人到南方去搜集古玩、文物、字画，就在杭州成立了一个明金局负责这个事情。因为他是个艺术家，他喜欢艺术品。明金局要派宦官去主持，这个差事就落到了童贯的身上，叫作供奉官。童贯担任了供奉官之后，就开始了他人生的转折点，因为从此之后，他的工作就重要了，他就被纳入了皇上的视野。而这时，童贯已经是 48 岁了，无论从人生履历、处世经验到宦海沉浮，那都是很丰富了，他知道怎样利用这个机会讨得皇上的欢心。所以到了杭州之后，他尽心尽力地主持着明金局，搜罗了很多徽宗所喜欢的东西，这便引起了徽宗的注意。而且，由此他结交了蔡京。

结交蔡京，也是他人生中很重要的一件事情。后来就是由于蔡京的推荐，在崇宁二年，宋朝要征河湟的时候，他被任命为监军，也就是他的老师李宪的那个职务。由此，开始了他的军旅生涯，开始了他掌握军权的经历。此后他是一步一步步步高升，一直做到知枢密院事，掌握了整个大宋禁军的调动权，成为中国历史上掌握军权最重、掌握军权时间最长的宦官。他的大致的发迹经历，就是这么一个脉络。

说到这里，先要澄清一个问题。什么问题？就是童贯是不是一个真正的太监。这个问题从何而来？就是自从童贯领兵之后，便有人提出了这种疑问。因为他领兵之后，就不光在宫里了，他要见军队，他要到各个地区南征北战。人们说这就是那个监军，那个太监童公公么？人们看着这人似乎不像太监。为什么不像？因为我们印象当中的太监，他都是男人不像男人，女人不像女人。因为他阉割了嘛，他把男人的器官阉割了。阉割了之后生理上发生变化，所以从声音、形象上，都有些女性化了，不长胡子了，声音也变细了，动作也扭捏了，电视剧里都是那样演的。可是人们看到的童贯不是这样，童贯是仪表堂堂，声如洪钟。据《宋史》上讲，童贯的“颐下”，颐就是两腮，“颐下生须十数”，就是他的两腮长着十来根胡子。“皮骨劲如铁”，皮肤很硬。“不类阉人”，不像阉割过的人。这是《宋史》上的记载，也是当时人们的感觉。而且他生的是仪表堂堂，伟岸魁梧，颇有军人气度，很像个统帅。人们就产生怀疑了，他到底是不是个阉人呢？有人由此就进一步地打听、考察，哎，结果发现他还有老婆，而且老婆还不止一个，是妻妾成群。因此历史上就对童贯到底是不是真正的阉人，有了疑问。

那么童贯是不是一个真正的太监呢？答案是：就是。可是我们刚才所说的那些产生疑问的现象怎么解释？其实很好解释。

童贯保留有那些男性的特征，其原因就在于他阉割的时间晚了点，他是成年之后被阉割的。一般人当太监净身都是在成年之前，十几岁之前，那样的话比较彻底，男性的特征还没有发育就被阉割了，就被遏制了。这童贯不是，童贯他被阉割的时候快20岁了。他是因为感觉到考科举入仕当官这条路他走不通，没有前途，才想到了这条路，我就当太监去吧，从宫中这条路发展吧，因此才决定净身进宫。这个时候他快20岁了，一些男性的东西都已经发育了，已经成长了，成熟了，因此遗留了一些男性特征，那并不奇怪。而且，颐下长着十几根胡须，那并不多。你看哪个男人长着十几根胡须，那是很稀疏的了。

至于说他有妻子，那也不奇怪。宦官、太监虽然没有男性的功能，不能过夫妻生活，但他还是希望享受到家庭温暖，这个要求是跟正常人是一样的，所以他娶一个妻子组成家庭，这种情况历来都有，历朝历代都有，不算稀奇。至于妻妾成群，那就是一种权势的炫耀了。他得到了一定的权势之后，他要炫耀自己，是一种变态的心理满足。你不是看我不像个男人吗？我比你们正宗男人娶的老婆还要多，那就是一种变态的心理上的补偿，是这么一个原因。如果他不是真正的太监的话，那不可能几十年在宫里能够容得他，那时候的宫禁制度是很严格的。所以说这个童贯他确实就是一个太监，只不过是他遗留了部分的男人特征，而且长得身材比较高大而已。他得到徽宗的喜爱也是因为这一点。徽宗是个艺术家，他对属下的形象有要求，他重用的大臣，一般来讲没有长得獐头鼠目，畏畏缩缩的。蔡京长得也是一表人才。这是宋徽宗的一个特点。

这样一个真正的太监，一个缺斤少两的阉人，为什么就能够得到徽宗那样超乎寻常的宠信，那样的倚重，甚至在某些地方超过了蔡京？其原因主要有以下几点：

第一点，童贯会投宋徽宗所好。蔡京讨得徽宗的喜欢，是因为他有艺术天赋，在这一点上，童贯是不能望其项背的。他没有这个天赋，他不懂得艺术是个什么东西。但有一点，他知道徽宗喜欢什么东西，这就够了。不懂的事他可以去问。他到了杭州之后，他知道蔡京懂得这个东西，他可以去请教。他可以去问清楚，皇上喜欢这个，我就拿这个给皇上送去，皇上喜欢那个，我就拿那个给皇上送去。他投其所好的本领一点也不亚于蔡京。

第二点，与蔡京相互利用。与蔡京相互利用这一点，童贯做得非常到位，而且极有远见。当时他到了杭州之后，知道有个蔡京被贬谪到这个地方了，他一方面让蔡京帮着他给皇上挑选文物珍品；一方面还应蔡京的要求，向皇上不断地说蔡京的好话。可以说是不遗余力，很主动。当时他的手下很不解，就问他，童大人，我就不明白你这是什么意思了？如果说咱们要巴结权贵的话，也巴结不到这个姓蔡的头上啊。他现在什么都不是。京城里那么多大官咱们不巴结，巴结他干什么？童贯说这你们就不懂了，我现在还就是要巴结蔡京这样的人。京城里那些大官，那巴结他们的人太多了，我现在送什么上去人家都不看重。而蔡京现在是什么情况？他正需要雪里送炭。我现在雪里送炭，将来还愁他不投桃报李吗？那个手下就说了，你怎么就能够认定，将来这个蔡京一定能够东山再起？而他东山再起之后，一定能够再转过头来帮你呢？童贯说，那就要看我的眼力了，我认准了这两件事都会成为现实。后来的事实证明，就是这个样子。蔡京重新回到了朝廷，而且当上了首席宰相。当上首席宰相之后，就反过来把童贯推荐到了徽宗的面前，使他出任了军事要职。这是他的远见。

第三点，善于收买人心。童贯知道，在他没有权势的时候，要想取得权势，必须得到很多人的帮助。所以说他重视烧冷灶。帮助蔡京是一个方面，但他的工夫绝不只是下在蔡京一个人身上，他对宫中的人和朝野当中的很多大臣都极尽笼络之能事。所以他的口碑很好，在朝廷和后宫中的口碑都非常好，都说他这个人仗义疏财，性格豪爽，出手大方，很够哥们儿，很够朋友，很像个伟丈夫。他收买人心这一点，在徽宗面前也起到了很大的作用。

第四点，政治手腕高超。童贯自从进宫之后，就开始注意琢磨宦海沉浮的一些经验，到后来他发迹的时候，48 岁，他已经是对宦海之间的规律掌握得炉火纯青了。他的政治手段高超到什么程度？高超到连蔡京都不是他的对手。蔡京多年为宰相，在政治上、权谋上已经是非常老辣了，然而与童贯较量过一次，蔡京失败了。那是怎么回事？事情是这样的：蔡京把童贯推荐到徽宗面前，徽宗让童贯步步高升之后，蔡京觉得这个宦官这个阉人升得太快了，快要压倒自己的风头了，应该遏制一下。所以有一次，当徽宗准备再授予童贯一个头衔，叫作开府仪同三司时，这个地位就是使相的地位了，蔡京就觉得过了。蔡京就给徽宗进言，说这个头衔一般是不授给宦官的，是不是皇上能够再斟酌一下？不要急于授予他。皇上听了他的话，就把此事给搁下了，搁下以后，后来也就没再提。但这个事让童贯知道了，童贯就非常恼火，心想当年要不是我在皇上面前给你说好话，你能有今天吗？现在我弄个开府仪同三司你不愿意了，我得让你知道你童爷爷的厉害。他便动用他的政治手腕，采取了三管齐下的方式，就把蔡京给拉下马来了。三管齐下，是哪三管？

一管是在后宫里边。后宫里都是他的人，宦官、嫔妃，等等，童贯利用这些人在皇上面前造舆论。

再一管，利用朝臣当中那些与蔡京唱反调的大臣来弹劾蔡京。

第三管，利用道士。利用道士这一点谁也没想到，但是他想到了。他想到徽宗很崇尚道教，有时候一个道士说的话比一个大臣说的话还管用，便利用道士来说蔡京的坏话，说蔡京是个什么魔头转世。

这么“三管齐下”地一说，弄得徽宗也觉得蔡京现在有点太不像话，太跋扈了，就把蔡京给拿下了。

被拿下之后，蔡京心里很明白，谁捣的鬼？童贯捣的鬼。这才知道童贯这个人不好惹。他要是和童贯相斗，起内讧，那只能是两败俱伤。所以以后他就不再和童贯闹别扭了，于是便上门去赔礼道歉，请童贯再次为他说好话，使他复了相。两个人从此再没闹过别扭。由此可见童贯这个人政治手腕的高超。

第五点，具有一定的军事才干。童贯懂得一定的军事知识，也跟随李宪实地参加过一些战役，平时他还钻研兵法，所以说他不懂兵法，不会打仗，是个只会巴结皇帝的宦官，这是不确切的。当然，他的军事才能与前朝比，比不过杨家将和狄青，往后朝数，比不过岳飞、韩世忠。可是，在徽宗执政期间，没有什么特别出色的杰出将领，当时就是他能打仗能带兵，而且能够成为禁军的主要统帅，这已经不错了。因此，在徽宗执政时期，很多的军事行动是要依靠他的。就是由于这些原因，徽宗对他比较器重。因此当时宋朝的一文一武，文是蔡京；武是童贯。

童贯作为一员武将，禁军统帅，他建立没建立过战功？是建立过的。他都是建立过哪些战功？主要有四大战功。

第一战功，是征河湟吐蕃。河湟吐蕃在当时大宋王朝版图的西面，挨着宋朝的西部疆域。说到吐蕃，我们往往认为是与西藏有关。这个吐蕃不是西藏那个吐蕃，它是有点羌化了的，是青海一带的吐蕃，其势力不大，但是在边境造成的骚扰很严重，侵占了宋朝的一些地盘。童贯当上监军后，所面临的首要的一次战役，就是征河湟吐蕃。这一战役打胜后，拓疆三千余里。但是对于童贯的意义来说，并不在于这一次的胜利如何，而是在于通过这一仗，建立了他在禁军中的崇高威望。这个威望是怎么建立起来的？是由于一个事件。这个事件，就是隐匿皇上的手诏。

事情是这样的。当时童贯和统帅王厚，带领着部队到了前线，侦察了敌情，做好了战斗部署，马上就要进兵了，忽然接到了朝廷一道紧急的信件，就是皇上的一个亲笔写的手诏，命令停止进兵，不许出兵。原因是什么？非常荒唐。原因是京城里的一座太乙宫宫观失火了。根据这个兆头，宋徽宗认为出兵必败，由于有不祥之兆，预示着现在出兵打不赢，就紧急派人快马加鞭把这个手诏送到了军营。

接收手诏的人是监军，因为监军是直接和皇上发生联系的人。童贯看了这个手诏，为难了。怎么办？出兵还是不出兵？现在是箭在弦上，不得不发。可是，皇上的命令如果不执行，万一打败了，他就是杀头之罪。但依照皇上这个手诏，明明是要给敌人以可乘之机，如果反过头来错过时机再打，宋军就打不赢了。怎么办？在这个时候，他做了一个极其大胆的决定。当然也是根据当时前线的形势，他认为自己是能打胜的。他极其大胆地把那个手诏藏起来了。藏起来之后，就对王厚和众将士们说，皇上来手诏的意思就是，命令我们全力以赴把这一仗打赢，皇上在京城等着我们凯旋的消息。众将在出兵之前得到皇上的鼓励，士气极为高涨。再加上准备充分，时机把握得当，因之一战而获大胜。

获得胜利之后，在军营的庆功会上，童贯就对众将士说，多亏各位了，如果这一仗没打胜，打败了，我童贯的人头这会儿已经不在我的脖子上了。众将士就问，童大人，何出此言啊？童贯这时候才拿出了手诏，说众位将领请看，皇上当时的意思是这个。众将一看，都惊呆了。说童大人，为什么不早说啊？童贯说，我要说了以后怎么办？这一仗还打不打？不打，对我军不利，将来再打要多牺牲多少将士。打了万一打不赢，你们与我同罪。那么我不告诉你们，打胜了我们全体都有功，打败了我一个人被砍头也就是了。众将听完这话就齐刷刷地全部跪倒，感叹童大人真仗义。军人讲究的就是这种生死之交。从此以后，童贯的威信在西北军当中便牢牢地树立起来。西北军是整个宋朝的精锐和主力，他在西北军当中建立了威信，就等于在整个的宋朝军队当中建立了威信。这是童贯通过这一次战役所取得的最大的收获。

除此之外，童贯在这次战役之后还做了一件事情，也是深得军心。什么事？就是在这次战役中，有一个将领阵亡了。这个将领的家境非常贫寒，他阵亡之后，他的儿子就流落街头了。因为没有生活来源了，他家里没有其他人能够挣钱，他儿子就流落街头，成了乞丐。童贯知道这事后，就命令人把这个将领的儿子从街上找回来，收为义子。这件事在军中传开之后，又极大地提高了童贯在军队中的威信。

就是由于这两件事，后来有些军队非童贯指挥不动。这是他的第一件大功，这件大功是货真价实的。

第二战功是征西夏党项。西夏党项在吐蕃的西北，当时也是不断地骚扰宋朝。那是在征过吐蕃大约八九年之后，宋朝决定去教训一下西夏党项，又由童贯作为监军，会同大将刘法、刘仲武等人出兵了。这一次打了大概有四五年的时间，最后打得西夏罢兵求和，纳款谢罪，以宋朝的胜利而告终。这个胜利也是很有意义的。因为在此之前，宋朝与西北边境的一些邻国，尤其是辽朝的作战，最后的结局都是以宋朝请求议和，宋朝请求纳款才能够结束战事。而这一次是西夏要求纳款给宋朝，反过来了。这个胜利也是货真价实的。当然，经过这些连年的战争，宋朝付出了很多的财力物力，这是没法避免的情况。总体来讲，这算是一场胜利的战斗。

第三战功，征剿方腊。征剿方腊的战役是在征西夏党项之后不久发生的。这个时候，由于宋徽宗强征花石纲，要造艮岳，在东南地区搞得苛捐杂税十分严重，民不聊生，就激发了方腊起义。方腊起义一开始发起的时候，势头很猛，起义军有几十万人，当时整个东南震动，搞得徽宗慌了。在他执政期间从没发生过大的农民起义，这下子起来了，他很慌张。就决定任命童贯为江淮荆浙宣抚使，率西北劲旅十五万去征剿方腊。在这次战役中，童贯又显示出了他的胆魄和智慧。什么胆魄？当时徽宗让他去征剿，给了他一个特权，说在事情紧急的时候，你可以用朝廷的名义发布文告通告天下。所以童贯带兵到了前线之后先不打，先发文告，什么文告？徽宗的罪己诏。他命令他的一个属下，文笔很好的，叫董耘，这个大臣，用宋徽宗的口气，写了一个罪己诏。在罪已诏里表示，朕确实是对天下有些事情失察，造成了老百姓生活上的一些痛苦。征集花石纲这个事，做得确实有点过分了，但是朝廷是付了钱的。只不过到了下面，贪官污吏把这个钱给扣了，强征暴敛，所以搞得民不聊生。因此，朝廷要重办这些贪官污吏，所有被勒索的钱财，朝廷一定要都退还给百姓。劝告百姓不必起兵造反，造反是杀头的罪，还是回去等着朝廷补偿就是了。这么一说，一下就把起义军瓦解了一大部分。因为那些起义军，无非就是因为苛捐杂税太重活不下去，对官府有怨恨，所以才造反的。一听朝廷都认错了，而且还可以退赔，那么我冒这个杀头的风险去造反干什么啊？不造了不造了，回家等着朝廷退赔吧。一下子瓦解了一大批。那么剩下的那些方腊的骨干，他再派兵去打就好打多了。童贯打了一年半的时间，全歼方腊义军，斩首十几万，生擒匪首方腊。他们所谓的匪首，我们的说法是起义军领袖。就把这仗打赢了。

在这场战役中，童贯也是做得有勇有谋的。如果单纯地用武力去征剿，所耗费的军力财力就要大得多。因为那个罪己诏是用皇上自己的口气说的，非常地诚恳，老百姓相信了。但是徽宗其实很不高兴，后来找了个理由，把他罢免了一次，认为你利用我的口气说我罪己，把我说得太不堪了。童贯就敢于这样做。由此也能看出来，这个人是很有智谋的。

最后一件战功是收复燕云。这个功劳说起来就有点意思了，也有点矛盾了。这件功劳是假的。但是由于这件功劳，童贯所得的利益又是最大的。

为什么说它是假的？就是说收复燕云这场战争他是打了，参加而且指挥了作战了，征讨方腊之后，他立即提河朔之兵去与金朝去夹击辽朝，不过他没打赢，没有达到以此来索回燕云十六州的战略目的。后来燕云地区总算是从名义上被宋朝要回来了，是通过其他的外交途径要回来的。但是毕竟这一仗是他领兵去打的，所以这个功劳就算在他头上了。其实这次收复燕云，他是劳而无功。

但是，这一次他得到的利益又是最大的。就是因为有“收复燕云”之功，他被封为了王爷，广阳郡王。在整个宋朝历史上，恐怕除了他，还没有其他的宦官能够封为王爷。连蔡京这个宰相也没有被封为王爷。

那么这次战役没有真正打赢，徽宗知道不知道？知道。知道为什么还要封他王爷？这里面有个理由，这个理由就是神宗有个遗训。神宗也是非常希望收复燕云，但是他没有能力收复过来，所以他有个遗训，能复全燕之境者，虽异姓，亦可封王。宋徽宗说我是遵守了神宗的遗训，先帝的遗训，童贯收复了燕云，我就要封给他王，这是我要遵守祖宗的允诺。真是这样吗？不完全是。从表面上看，是。但从根本上说，不是。为什么这么说？因为其实先帝的很多遗训徽宗都没遵守。别的不说，就说后宫里的宫女，先帝在的时候规定是有多少人？数百人。到他这儿多少？一万多。他遵守了吗？没遵守。那么童贯又没真正收复燕云，徽宗遵守的哪门子遗训？所以说，这是一个对臣属对百姓的托词。真正的原因是什么？实际上是徽宗要通过给童贯封王，为自己树碑立传，要宣扬自己把祖宗没有办成的收复燕云地区的这个大功做成了，这个功劳实际上是摆在我身上的，我这一朝皇帝做的。大肆宣扬童贯的功劳，给童贯嘉奖，实际上是宋徽宗要间接地为自己树碑立传，他要做一个千古之帝，这才是童贯被封王的最根本的原因。童贯被封王，其实是沾了这个事情的光了。

童贯在得势之后，不可一世，封为王爷以后就更不用说了。他这个人的品性很不好，品性不好的人一旦得势，那是很猖獗的。由于他又是一个宦官，宦官的心理往往都是扭曲的，因为人间的一些正常的享受他是得不到的，所以宦官的心理极度扭曲。一个心理极度扭曲的人得到了这么大权势，必然是要有一种扭曲的报复心理，补偿心理。所以童贯得势之后，他的猖狂程度是比蔡京有过之而无不及。凡属生活奢侈、做事霸道，贪污勒索，卖官鬻爵，这一切坏事，蔡京做过的，他一样没落，只会做得更厉害，一点都不比蔡京差。而且连蔡京做不到的事情，有两件事情，他做到了。哪两件事情？都是跟他掌握军权有关联。

一件事情，是发战争财。因为他能去领兵打仗。他就喜欢去打仗，不是说他勇敢，是一打仗他就能发财了。每次打仗，那都是兵马未动，粮草先行，朝廷要拨给部队大量的军费和物资、粮草等。这些物资、金钱，前脚从国库里拨出，后脚就进了童家的仓库。每次打仗都是，拨出来之后，他不下发给军队，而是直接拉自己家去了。一次出征几十万人马，所需军费他全贪了。他的胆子非常之大。贪了以后怎么作战？他命令凡是部队经过的各州县，官府须按原数补足，谁敢不补，撤职查办。就这一条，出征一次，他发一次大财；出征两次，他发两次大财。

再一点，他还竟敢建立私人军队。在宋朝，这是违法的。别说是建立私人军队，就是真正的国家禁军，也不允许任何一个将领长时间地统领，都要定期轮换，形成将不知兵，兵不知将的局面，这样皇帝才能够驾驭得住。那么他怎么就能够建立起自己的私人武装呢？而且他这个武装，不是那种保安队似的，民团之类的，他这个私人武装的战斗力，在禁军当中是一流的。他怎么建立的呢？

童贯有一个办法，他说我作为一个禁军统帅，总得有几个警卫员是不是？也就是说总得有个亲兵队吧，这是允许的。那好，我建立一个亲兵队。他就建立起来一个亲兵队。但是这个亲兵队的兵员数量，朝廷没有明文规定是多少，是十几个人，是一百个人，还是一千个人。结果他一建立，后来当然又经过不断扩大，一万多人了。按现在军队的编制，一个军了。他这一个军，选取的全都是西北军中能征善战的将士，所以他这个所谓的亲兵队拉出去打仗，在大宋禁军当中绝对是精锐。在这种情况下，你想他的权势得有多大。可是没有人敢告。他建立了私人武装，有人告到皇上那儿去，敢不敢？不敢。别说告他这个，告他点小问题，只要让他知道了，他马上反奏一本，把告状的这个人先处以极刑，所以没人敢告。他就是这么嚣张的一个王爷，一个宦官。

童贯嚣张到这个地步，权力膨胀到这个地步，他最后的下场又是怎么样？比蔡京还惨。多行不义必自毙，蔡京是在流放的途中病死的，童贯是在流放途中被诛杀的。

童贯下台也是在徽宗退位之后，当时六贼均被贬谪，他属于六贼之一，也是一贬再贬，被贬往海南。在被贬往海南之后，他已经启程了，钦宗忽然感觉到，仅仅是把他贬往海南是不够的。因为他是一个武将，而且他长期统领大宋禁军，在禁军当中有很多的亲信。假如某些亲信和他勾结，要谋反的话，他还是很有影响力的。所以钦宗想来想去，觉得这个人不能留了，必须干掉。于是就命令有司选派一个人员，去执行诛杀童贯的任务，而且对于诛杀童贯这个事情，给予了很仔细的交代。当时钦宗的圣旨是这样下："贯素奸狡，须得熟识其面目者，衔命追路，即所在而行刑，庶免差误。"① 就是说，童贯素来奸诈狡猾，必须选择一个认识他的人，熟悉他的面目的人去执行这个任务，沿途去追。在哪儿追到，就在哪儿当场干掉，千万不要出现什么差错。有司经过研究，就选派了一个精明强干的人，时任监察御史的，叫张澄，去执行这个任务。

张澄接到任务之后，不敢怠慢。他知道这个事情是需要慎重对待，马上就带领着随从出发，去追赶童贯。这时候童贯已经快到广州了。当张澄追上童贯的时候，已经是在广东的南雄。打听到了童贯下榻的驿馆之后，张澄为了保险起见，决定先派自己的一个随从亲事官先去拜访一下童贯，把他稳住。那么用什么名义呢？就用朝廷想要再召童贯回去做官为名。张澄买了一些茶叶，一些药品，就命令亲事官先去找到童贯，去拜见童大人。

童贯一看朝廷来人了，很警觉，问是有什么事？这个亲事官就说，张澄张大人是奉皇上之命而来，明天要亲自来宣读圣旨，今天先命令在下来拜访一下童大人。宣读什么圣旨？说是现在朝廷危机，金军进犯十分频繁，朝廷已经任命童大人为两河宣抚使，就希望童大人能够带兵去镇守边关，抵御金寇。这个理由说得非常合理。因为当时童贯自己内心也很自信，认为大宋的禁军非我童某人统帅不了。现在国家危难之际，朝廷总有一天会想起我童某人来的，我还会回去的。只不过没想到这事来得这么快，我还没有到流放之地呢，就缺少不得我了。童贯就很高兴。说是辛苦了你们，我就在这个地方恭候张大人明天来宣旨。亲事官回去对张澄这么一说，张澄就放了心，看来童贯没有起疑。

第二天，张澄亲自登门，到了童贯下榻的驿馆。童贯果然没有防备，整冠迎到当庭。张澄说本官前来向童贯宣旨。童贯就按照礼仪来下跪，口称罪臣童贯接旨，动作上还有几分傲慢。跪下之后，他忽然听张澄说了一声，刀斧手安在？他当下一惊，抬头问张大人此言何意？张澄这时候冷笑一声，说这话的意思，就是本官奉了皇上的旨意，今天是特来取尔首级。童贯这时候是万没有料到的，完全蒙了。没等他再说什么，刀斧手闪身而出，手起刀落，就把童贯砍翻在地。行刑完毕之后，刀斧手擦拭他的鬼头刀的时候才发现，果然童贯是名不虚传，"皮骨劲如铁"，刚才这一刀下去，因为用力过猛，那刀刃都卷了。

---

① 《挥麈后录·卷三》。

随后，张澄命人把童贯的首级割下，用水银生油浸泡。当时没有别的保存方法，就用这个东西来保存。泡好后放到一个木匣子里，用牛皮缠了，迅速带回了京城。钦宗命令有司察看无误，就下旨把童贯的首级挂在开封府前示众若干天，然后扔到野外喂狗。这就是这个奇特的宦官的最后下场。

蔡京和童贯得到徽宗信任的原因不尽相同，但是有一点是共同的，就是他们在迎合徽宗享乐这一方面都极尽能事，都费尽了心思。徽宗即位之初曾经是崇尚节俭的，他从崇尚节俭很快地转变为极度奢华，与这些大臣的积极诱导具有密不可分的关系。极度的奢靡是导致宋徽宗失去天下的重要原因。宋徽宗后来的生活到底奢靡到了什么程度？请看下一章。

奢靡生活之谜

SHE MI SHENG HUO ZHI MI

第六章

在这一章里，我们要讲一讲宋徽宗的奢靡生活。

封建社会，皇帝的地位至高无上，生活必然奢靡。而宋徽宗的奢靡，是在皇帝之间比较起来也很突出的，那么就是极度地奢靡了。我们要讲的就是宋徽宗的奢靡程度，或者说，就是他的奢靡与其他皇帝比较起来，有一些什么特点。

说到宋徽宗奢靡生活的特点，首先要讲的一条，就是他的淫乐。淫乐是宋徽宗日常生活中最大的爱好。宋徽宗的爱好很多，比如说在艺术创作方面，最大的爱好是书画。在体育方面，最大爱好是蹴鞠，也就是踢足球。而在生活享乐方面，他最大的爱好，就是淫乐活动了。

读过《红楼梦》的观众都知道，《红楼梦》里面有个主要人物叫作贾宝玉，这贾宝玉有一个性格特征，叫作好色不淫。什么叫好色不淫？就是他很喜欢跟女孩子在一块儿厮磨，但是他与她们厮磨在一起，不一定是要和每一个女孩子都上床睡觉，他更注重的是精神层面的相互沟通和交流。

宋徽宗就不一样了，他是既好色，又好淫。下面我们先通过一组数字对比，来看一看他的后宫情况。

宋太祖建立了宋朝之后，曾经在后宫立下过一些规章制度。宋太祖当政时期，后宫里的宦官人数是多少？是五十人。后来到了仁宗时期，发展到了一百八十人。到了哲宗时期，也就是宋徽宗的哥哥当政时期，又裁减到 100 人。而宋徽宗即位之后，发展到了多少人呢？发展到了一千多人，这是宦官。宦官的数量为什么这样急剧地增加了呢？就是因为徽宗当政之后，进入皇宫之后，他的宫女数量大大地增加了。增加到了多少？由太祖时期的三百多名宫女，增加到了一万多名。

后来，徽宗禅位，钦宗即位，钦宗在这方面没有多大爱好，觉得后宫里有这么多宫女，乱哄哄的，要放出去一批。第一批就放出去了六千人。可见徽宗在位的时候，那个宫女数量之多。

宋徽宗要这么多宫女干什么？就是为了淫乐。他怎么个淫乐法呢？请看一下史料中的记载。

据《靖康稗史》记载：宋徽宗是“每五七日必御一处女，得御一次，即畀位号，续幸一次，进一阶。”什么意思？就是他每隔五七天必定要找一个处女，年轻的宫女睡觉。睡一次，“即畀位号”，畀就是给予，给一个位号。原来那个姑娘是普通宫女，皇上召你去侍寝了，去一次就升为才人。那么“继幸一次”，就是他觉得你伺候得他很舒服，再找你去伺候他一次，又伺候了一次，就再给你晋一阶，提升一个位置，晋为贵人。接下来再幸一次的话，晋为美人。就按照那个级别逐步提升。伺候皇上的次数越多，就升得位置越高。最后，直至升到贵妃。当然，通过这样伺候皇上能够升到贵妃的人并不是太多。因为从普通宫女升到贵妃，其中的级别层次很多。皇上每五七日要幸一次处女，中间还得续幸一些人，这个人不一定只是你一个人，还有其他的一些嫔妃。另外还得照顾皇后。给你留的时间并不会太多。所以这样下来，能够升到贵妃的人是不多的。

因此在皇宫当中，尽管是宋徽宗如此地好色，如此地贪图淫乐，有很多宫女还是很难得到这个机会，宫女的数量实在是太多了。后来建立了皇家园林艮岳，有些宫女就被转移到那边去了，供宋徽宗到那边休闲时淫乐。

这是宋徽宗享乐生活的一大特征。宋徽宗在这一方面是终其一生，乐此不疲。宋徽宗在位的时候，是每五七日御一处女，后来他禅位了，还是这样。他被俘以后，生活条件不行了，但是逮着机会，他还是该御就御，该幸的还是幸。因此他在被俘之后，到了五国城的冰天雪地里，还御出了六男八女，创立了历代皇帝生下子嗣的数量之最。历史上的皇帝多产的，多子嗣的人有不少，比如说唐明皇李隆基，有 60 个子女。康熙也是以多子女著称，他有 55 个。而宋徽宗有多少个？包括他在位的时候生下的孩子，和他被俘后又生下的孩子，一共有 80 个子女。所以在这一方面，他堪称皇帝当中之冠，是皇帝当中的超男。

再说一说他扩建宫苑的事情。扩建宫苑的事情本来并没什么可说的，因为，皇宫嘛，自然是豪华无比。但是，由于宋徽宗即位之后，曾经有一段时间是提倡节俭的。他曾经为了装修一座宫殿，到处躲着大臣，让工匠们看到大臣张商英路过的时候要躲起来，不要再施工了，免得惹得他提意见。那时候是何等的节俭，到后来又是何等的奢华，所以关于这个对比，我们还是应该说一说。

为什么宋徽宗到后来从节俭变得如此奢华了呢？是与某些大臣的鼓动分不开的。

在蔡京等人的鼓动之下，宋徽宗就觉得原来的皇宫太小了，太不体面了，太简陋了。那么怎么办？先增建，既然觉得皇宫里的宫殿不够用，先增建一个景灵宫。增建了景灵宫之后，他又要铸九鼎。什么叫九鼎？就是一个一个的大鼎，共铸九个。每一个大鼎象征着一州。中国不是古称九州吗？就铸了九个大鼎。铸完大鼎之后，要为每一个大鼎建一座宫殿，这样又建了九个宫殿，叫作九成宫。建了宫殿之后，大家要庆祝一番，一庆祝就到了延福宫去摆宴，徽宗一看，这个宫殿也显得小了，很寒酸，于是又命令，扩建延福宫。就这样一个宫殿一个宫殿地扩大起来，大内就几乎膨胀了一倍。

后来宫殿都扩大到了什么规模，我们可以举一个例子。这个例子就是画家苏叔党眼中的宫殿。苏叔党进了宫后，他看到的宫殿是什么样子？他进到宫殿里边的感受是，“始知为崇高莫大之居”。

这个苏叔党是什么人？是宋朝的著名画家，他的父亲是宋朝著名的文学家苏东坡。这一段话是他什么时候说的？是有一次，他旅居京城，住在一个寺庙里，被宋徽宗打听到了。宋徽宗本身也是一个书画家，很喜欢跟书画家交往。听说这个名流来了，就让太监去请苏叔党到宫殿里来作一幅画。某个便殿的一面墙上，是一片空白，宋徽宗希望苏叔党能留下他的画作，就把他请进去了。结果请进去之后，他看到的是这种情景。苏叔党说进去以后一看，才知道这个宫殿简直是高大无比。他去的时候是夏天，时值六月。农历的六月就是公历的七月，正是一年当中最炎热的时间。但是他进去之后，穿着夏天的衣服，不仅不感觉到热，而且还冷得身上有点发抖。为什么呢？那里面堆满了冰块。这个冰块，比现在我们空调的威力还要大。那都是冬天的时候用人工在河道里凿冰，运到地窖里储存起来之后，到第二年夏天再拿出来降温的。苏叔党说进去之后，浑身都寒不可忍。宫殿里还插满了灌着龙涎沉香的香烛。

就是在这样一个环境当中，让他来作画，苏叔党说那个环境是“俯仰之间，不可名状。”① 什么意思？意思就是他上下打量，感觉到没法用语言形容那个崇高、阔大和豪华程度。苏叔党并不是个村野之夫，他见的世面多了，他认识的达官贵族

① 《挥麈三录·卷二》。

很多，什么样的豪宅他都能进去，都见过。但是，在他的眼里，觉得这个大殿的气象，是不可形容的，就说明这个大殿的豪华程度太不一般了。然而，这个大殿只不过是徽宗请苏叔党来作画的一个便殿而已。徽宗自己的起居之所是什么样子，那当然是可想而知。

第三个方面，要讲一讲宋徽宗在节庆时的挥霍。每逢节庆的时候，宋徽宗的花销是不计其数。宋朝是一个节庆很多的朝代，除了传统的节日，比如元日、寒食、中秋、重阳等之外——这都是我们中华民族的传统节日，除了这些传统节日之外，宋朝还有很多皇家的、民间的、道家的、佛教的等的一些节日，五花八门。如果这些节都得过的话，那可以说是月月有节，甚至是天天有节都不过分。

节日一多，就需要分个主次。有的节日是普天同庆，当然是要好好地过一过，庆祝一番，纪念一番。有的节日，就一个纪念日而已，没有必要大张旗鼓地去过它。但是宋徽宗这个人，他非常喜欢这种享乐，他非常喜欢到了有一个由头的时候，就来热闹一番。于是不管是大节小节，只要是个节，他认为可过，想过，他就要大过一番。

比如说七月七，这叫作七巧节，是牛郎和织女相会的日子。七巧节，也叫乞巧节，乞讨的乞，就是向织女乞求教给我一些技术，教我心灵手巧。这个节，一般来说我们就是坐在一起吃吃瓜果、聊聊天，看看星星，也就可以了。但徽宗觉得，这个节应该是大过一番，很有意思嘛。

他怎么大过？他就想模仿南方五月端午的龙舟竞渡这样一种庆祝方式。七巧节是女儿节，咱不搞龙舟竞渡，搞个凤舟竞渡行不行？他认为这个创意很好，他的宫女又多，他那儿宫女有一万多人，就动员皇宫里的宫女扎彩船，搞凤船，然后就来竞赛。在这一天搞得热热闹闹的，动用了几千名宫女。他很高兴。但是花了多少钱，他就不管了。

再比如说，十月十日。十月十日是什么节？其实本来什么节也不是，但是宋徽宗的生日。其实本来也不是宋徽宗的生日，宋徽宗的真正生日是五月初五，就是端午节。但宋徽宗听人说，五月五日这个日期不太好，不吉利，因为这是屈原投江的日子。屈原在五月五日投了汨罗江了。你生在这个日子不太好，最好是改一改。他就硬把自己的生日，从五月五移到十月十去了。咱不知道生日还有能随便乱改的，但他就改了。改了以后，十月十日就变成节了，叫作天宁节，就是天下太平之意。天宁节就天宁节，你皇上自己庆祝一下就得了。不，宋徽宗命令，全国一定要共同给他祝寿，各州县必须要大办宴席，所有的费用应当从国库里支出。所以到了天宁节这一天，各地的州县就争相来举办庆寿活动。在京城里，那就搞得更大了。宋徽宗要大宴群臣，就为着他这个生日。他的庆典规模搞到什么程度？其他的花费我们就不多说了，就说他用的那个餐具。当大宴群臣的时候，官职高的，他要求进大殿，在大殿之上就位，这些人用的餐具全为纯金打造。级别稍低一点，在两侧的长廊上用餐，这些人的餐具全部是纯银打造。可想而知，这次宴会下来，其花销是多少，那是非常惊人的。

再比如说，正月十五元宵节。元宵节那确实是普天同庆的日子，黎民百姓也都要庆祝。而且，正月十五还不仅仅是元宵节，同时它又叫上元节。上元节是什么意思？就是道教的节日。道教把一年当中分成上元、中元、下元三部分。上元，正月十五，中元，七月十五，下元，十月十五。其中以上元为最重要。宋徽宗又是道教的虔诚教徒，所以到了正月十五上元节这个时候，那当然是要大肆庆祝一番，比刚才说的那几个节日就更要隆重了。而且民间也是很喜欢欢度这个节日的。节日开始的前十几天，就要大张旗鼓地做准备活动，要在宣德门前扎灯山，搭戏台。元宵节的主要庆祝活动，民间的习俗是观灯。而道教的主要庆祝活动是演出，就是演出百戏、杂技。所以要扎灯山，要请来全国各地的演出班子在这个地方集中演出。

到了正月十五这一天的晚上，宋徽宗要带着后宫人员，亲自登上宣德楼去观看演出，观赏花灯，一面观赏一面就在宣德楼上撒下大把的金银铜钱。他这样做一方面是要显示大宋财力富强，皇恩浩荡；另一方面，是要看着百姓们抢钱去取乐。这样撒出去多少钱财他不管，那是由大内负责，只要图个高兴就行。

如此挥霍下来，这一年的花费就不得了了，他的花费就膨胀出来了，要比前朝多出数倍。这样一年到头，光节庆活动，那个花费就相当惊人了。史料上曾有这样一个记载，左藏库支出，徽宗当政前，每月 36 万缗左右，徽宗当政后，每月 120 万缗左右。左藏库是政府专门管理税赋和经费支出的一个部门。左藏库所支出的这个数字是什么数字？是汴京这个城市每个月的消费，也就是它的经费。别的皇帝不奢侈吗？他也奢侈、也奢靡、也奢华。其他皇帝奢华、奢靡、奢侈，花费的是多少？是 30 多万缗。而到了徽宗这个地方，猛然地扩大了将近四倍。单从这个数字上我们就可以看出，徽宗的奢靡与其他皇帝相比，那是很不一般了，是要大得多的。

再讲一个方面，就是强征花石纲，这也是徽宗奢靡生活的特色之一，别的皇帝没有干过这个事。

什么叫花石纲？先说这个纲，纲，是当时的一个运货单位，一批货叫一纲。这个纲的说法，从唐朝的时候就开始了。比如说运马，是五十匹马为一纲，运米是一万担米为一纲。如果运金子，叫作金纲，运银叫作银纲，运茶叫作茶纲，运盐叫作盐纲。总之纲就是运货物的车船队，每一批叫一纲。

花石是什么东西？花石就是造型奇特的、具有观赏性的石头，这种石头多产于江南。徽宗喜欢艺术，他在当端王的时候就很喜欢花石，以及江南的奇异花草。当了皇帝之后，他就把这个嗜好带到皇宫里来了，就要求皇宫里的官员到南方去给他搜寻这些东西。搜寻这些东西，起初他是没有扰民的意思，皇帝我喜欢嘛，你给我搜罗点花石供我观赏、写生之用，这很平常，所以一开始并没有造成很大的动静和危害。

但是后来，这个事情就愈演愈烈了。为什么？因为底下的官员知道了皇上喜欢这个东西。既然皇上喜欢，就要千方百计地满足皇上的需要。因此，就有人开始专门来搜集这东西，往汴京进贡。那么你进贡，我不进贡，我不就落后了吗？那你升迁得就快，我升迁得就慢啊？于是我也想办法去弄这些东西，弄皇上喜欢的东西进贡。这样攀比起来，发展起来，事情就愈演愈烈了。这件事情一直持续了将近20年，后来就在全国造成了极大的动荡，极大的危害。

也许有人要问，不就是往汴京运几块石头吗？运几株花草吗？能给国家造成多大的危害？下面举几个例子，大家看了就明白了。

先从经济方面说一个例子，单纯的经济方面。曾经有一块石头，从江南运到汴京，它的整个搬运费用是多少？是三十万贯。三十万贯是什么概念？是当时一万户人家一年的生活费用，是平均水平的，不是太富的，也不是太穷的人，一万户人家的生活费用。当然，不是每运一块石头都需要这么高的花费，但是三万贯的花费总还是有的。因为它从开采出来到搬运到船上，然后再运到汴京，再安置下去，需要方方面面的人力的支持。那么假定就是运一块石头平均只有三万块钱的花费的话，那个财政支出也是相当不得了的。就在这二十年左右的时间里，从南方运往汴京的花石有数十万块。数十万块乘以三万贯，这个数目是多少？大家可以自己算一算。而当时的每年的国家的税收又是多少？这两者一比较，大家就可以发现，如果这样算来的话，可以说每年的税收基本上就都投入了这个运费之中。单从这一个例子就可以知道，强征花石纲的危害有多大了。

但是，这还不是此事祸国殃民的全部内容和方面。在强征花石纲期间还发生了很多极为荒唐的事情。我们再举几个例子，这几个例子是：拆城门、造巨船、走海路、挖祖坟。通过这些事例我们可以看到，在运送花石纲的过程中，如果有什么事情妨碍了运送，那就要采取强制措施，把障碍全部排除掉。

拆城门是怎么回事？就是在某地发现了一块石头，这块石头太好看了。那是灵璧石，就是在安徽灵璧那个地方发现的石头。那个地方出的石头瘦高，非常高。当地的官员一看，这个石头好，很奇特，我们一定要想办法，把这个石头原封不动地、原原本本地送到皇帝面前。一路上不知经历了多少艰辛，就把这一块瘦长的石头运到了汴京城。运到汴京一看，坏了，城门没有这么高，进不去，横着也进不去，竖着也进不去。怎么办？官府决定，把城门拆了。为了这块石头能运进京城里边去，就拆了一座城门。把它运进去之后，再花费巨大的人力重新把城门垒起来。荒唐不荒唐？相当荒唐。但是荒唐的事件不止是这一件。

再一件事，造巨船。这也是发现了一块石头，这个石头没那么高，但是它胖。胖到什么程度？一百个人拉起手来环绕，抱不过来。这么胖，是什么石头？这是太湖石。太湖石主要是储藏在湖水底下。所以我是很佩服当时的那些人，他们没有先进的起重工具，居然能够从湖底下把这个石头给起出来，抬上来。那是劳动人民的智慧。就这样，一块大石头从湖里一点一点地凿起来，就给弄上岸了。弄上岸一看，怎么运啊？发了愁了。因为车是没有这么大，一百多个人抱不过来，哪有这么大的车。只好还是用船。船也没有这么大的船，哪有这么大的船？没有不要紧，专为它造一个。就专门造了个大肚子船，把这块石头装到这船上，运往汴京。这个事说起来容易，做起来十分困难。因为这船是撑不动的，它不是这么撑着撑到汴京的，那得用多大劲儿啊？根本走不动。它是动用了上百上千的纤夫一步一步地拉到汴京去的。到了汴京之后，皇帝一看，那个高兴啊，这个东西象征我江山永固啊！这么大的石头，封它一个官吧，叫盘固侯，石头封了侯爷了。可是那个运石头的船呢？花费巨大造价造的那个船，没用了，再也没找到第二块这么大的石头，那船就扔在汴河边上被废弃了。

第三，走海路。这次走海路运的不是石头，是什么呢？是在上海附近发现的一棵巨树。这棵树起码是唐朝的，很古老，长得非常宏伟、奇特。这得运到皇上面前去让皇上看看。可是这怎么运输？车是不行的，得用船。船倒是能运，但是有一个问题，如果走内陆的航运，要经过无数的桥梁。城门可以拆，桥梁当然也可以拆，把那个桥拆了不就是了吗？可以。但是实在是路太远了，一路上需要拆多少桥？太费事了。怎么办呢？上海不是离着海比较近吗，港口嘛，干脆走海路，绕到登州，从登州上岸再走内航，路途就近多了。这个主意看起来是不错，但是没有想到，海上的风浪比内河的风浪不知要大多少倍，结果这艘船出去之后就遇见了大风浪。偏偏这个树它是枝繁叶茂，与桅杆、船帆纠缠在一起，使这个大船失去了平衡。因此，就连船带人、带树，整个都倾覆在海里，葬身鱼腹了。船也沉了，人也亡了，但是你找谁评理去，这是为皇上办的差，死了也就死了。

还有挖祖坟。什么意思？这是在南方惠山一带，发现了一棵柏树。这棵柏树也是长得非常奇特，堪称一绝。因此当地的官员也希望把这棵柏树运到汴京，献给皇上。可是不巧得很，这棵柏树生长的地点，正好是某一个百姓家的坟地，他家的祖坟就埋在柏树旁边。如果把这棵柏树挖了，也就伤到了人家的祖坟了。那么百姓的祖坟重要，还是献给皇上这棵树重要？官员一衡量，当然是献给皇上这棵树重要。于是，就不顾一切地把人家那个祖坟给刨了。为了这棵树的根须的完整，整个坟地都给人掘了。那百姓家里的人是悲痛欲绝，但是敢怒而不敢言。因为在当时，任何一样东西，如果说要献给皇上了，那么这个东西就已经是所谓的御用之物了。官府弄个黄条往上一贴，谁也不许动。假如谁损坏了一点，那就要抓起来治罪，就是对皇上的不敬。所以这一家人尽管是祖坟被挖了，但是没有人敢出来说话，你能找谁告状？找谁讲理？

因此，强征花石纲，虽然听起来只是往汴京运石头，但实际上造成的社会危害极大，最终终于激起了震惊东南的方腊起义。

我们再说一说修艮岳。艮岳是什么？艮岳，位于京城东北，又名寿岳、寿山、万岁山、华阳宫。它始建于政和七年，也就是公元1117年，历时6年竣工，为中国历史上的著名皇家园林。修建艮岳这件事情，与强征花石纲是有密切联系的，并且加重了对花石纲的征运活动。

这个事情是怎么一个由来呢？

这事是首先产生于一个叫刘混康的道士的建议。这个刘混康当时深得徽宗的信任，因为徽宗崇尚道教，就信任了一批道士。当时刘混康看了汴京的地势之后，就给徽宗说，汴京的东北地势有点偏低。这个地势在什么地方？就在八卦的艮位上。艮位是什么意思？八卦，是把整个的天地之间、宇宙之间分成了八个部位，八种卦相，每一个部位代表一种卦相。比如说乾就代表天，坤就代表地，艮就代表山，兑就代表泽。艮位就应该是在高的地位，代表山嘛。但是，刘混康说我一看，在汴京的东北这个地方是艮位，但是这个地方太低了。这个地方低有什么不利？就是会使皇家的子嗣不够兴旺，这对皇家延续江山很不利。徽宗一听，觉得有道理。当时正好他生儿子不多，怎么办呢？刘混康说，把这个地方垫高可能会起点作用。徽宗就派人在这个地方造了一座假山，垫高了一点。垫高了之后，果然接二连三地生了几个皇子，他就很相信这个说法。

实际上，这事本来也就是凑巧了。刘混康说那个地方是艮位，也就是那么一说。据我们看来，所谓艮位应该是在西北。在卦相上看，应该是位于西北，而与其相对应的兑是在东南。那怎么他就敢说在汴京的东北就是艮位呢？就是因为他有权威性，他说是哪儿就是哪儿了，徽宗就相信。他就说那个坐标不一定是汴京，据他来看汴京东北就是艮位。刘混康这么说，徽宗就这么信。结果这么一说，这么一信，从而生出几个儿子来，徽宗就更信了。更信了之后，刘混康就趁机建议，说咱们不如就在这个地方造一座园林，把它真正搞得漂漂亮亮的，很高大、很威武、很巍峨，这样皇家的香火就会很旺盛了。宋徽宗一听，觉得这个主意不错，就把蔡京给叫来了。说你看这个刘道士，有这么一个建议，我觉得可行，你看怎么样。蔡京一方面是很能够投徽宗所好，再者他对园林艺术也是很有兴趣，情有独钟，而且有研究。这么就一拍即合，便决定在这个地方造一个园林。于是就由蔡京作为总监制、总策划，命令下面一个户部侍郎叫孟揆的具体负责，就把这个事操办起来了。这一操办就是六年。在这六年之中，不知道有多少石头就运到了这里。也就是说，修建艮岳，正好给花石纲找了一个落脚点，同时反过来又加大了对花石纲的需求。

因此，这六年当中就源源不断地往这里运花石、运竹子，运各种各样的珍稀植物和动物。可以说是集江南之精华，就建起了这样一座皇家园林。可惜这座皇家园林我们现在是见不到了，如果它能够留存到今天，一定是享誉中外的第一流的旅游景点。因为这个园林中的一草一木、一花一石都是经过精心选择，花费巨额资金运到汴京的，它的一草一木都值数千缗，甚至数万缗。

为了建造这座皇家园林艮岳，宋徽宗可以说是耗尽了天下的资财。元朝有个叫郝经的人有一首诗感叹这个事。这首诗是这样写的："万岁山来穷九州，汴堤犹有万人愁。中原自古多亡国，亡宋谁知是石头。"① 就是说宋徽宗折腾来折腾去，就为了修建这样一座万岁山，把国库搞得十分空虚，以致造成了后来的亡国悲剧。虽然我们不能把所有的亡国原因都放在这座万岁山身上，但起码它是北宋的亡国原因之一。

下面一个问题该讲什么了？应当讲一讲宋徽宗为什么会由即位之初的提倡节俭到后来的极度奢华。因为这个反差非常之大，其中的原因很值得探讨。这个反差产生的原因，我们概括起来有这样四条。

① 《郝文忠公陵川文集》。

第一条，皇位坐稳了。皇位坐稳后，与他在政治上、政策上改弦更张的道理是一样的，就是没有了制约，没有了约束，他有了想自己随意干任何事的外部环境。前面没有了对立面，后面没有了制约者，因此，他可以放开手脚为所欲为了。

第二条，国库充盈。指的是什么？指的是他拥有这样一个经济力量，可以这样做。如果他真是穷得没有钱了，想这样做也做不来，想奢靡也奢靡不了。但是他有这个条件。

宋徽宗拥有多少钱呢？是这样：宋朝开国以来，到了真宗、仁宗时期，逐渐地出现了财政紧张。否则也不会有那个变法了，变法就是为了弥补这个事情。经过历次变法，尽管那些变法不一定很成功，有很多地方做得不如人意，但是，从民间往国库里敛财这一个目的是达到了。到了徽宗接手朝政的时候，国库恢复到了什么程度？蔡京盘点朝廷国库，汇报给徽宗说，国库里边还有 6000 万缗，也就相当于 6000 万两银子。6000 万两银子是一个什么概念？由于物价不是一个稳定的状态，货币的购买力是有波动的，确切的比值我们不好推断，但是一个大概的比值，可以估量出来。

大致估量一下，我们可以说，国库里的 6000 万贯，假如以当前的比率换算成人民币，可以是这样一个情况：每天花 100 万元人民币，不说利息，就这一笔本金，能连续花多长时间？一年？两年？三年？五年？都不是，每天花一百万元人民币，可以持续地花二十年以上，起码能花二十年以上。这样一个数目，如果放在国家的科技、军事、文化等方面的建设上，也许算不得多少钱，不算是多么大的一笔巨款。但是放到徽宗一个人的享受上，那就非常富裕了。他有了国库充盈的这个保障，就有了能够使他奢靡的条件，可以放手花了。一天花个百十万算什么？我能花二十年呢。

第三条，大臣诱导。蔡京、童贯、蔡攸、梁师成、李邦彦等这一帮大臣，都争先恐后地给他灌输那种丰亨豫大，为王不会，后天下之乐而乐这样一些享乐理论，就把宋徽宗哄高兴了。然后这些大臣自己也得利。

这前三条原因都是外因，后边还有一条，叫作纨绔本性，这就是内因了。

什么叫纨绔本性呢？就是说宋徽宗这个人，他从骨子里是个花花公子，他当端王的时候就是风流倜傥，非常注重享乐。而同时，他又是一个喜欢艺术的人，艺术家的本性又崇尚自由。因此，这个人是非常缺乏自律精神的。这就是一个纨绔子弟的本性。这样一个人掌握了国家大权，再没有有效的监督机制，不腐败才见了鬼。就是由于这样一些原因，使得徽宗在没有监督没有约束的情况下，很快地走向了奢靡、走向了腐败。

极度的奢靡、极度的享乐和极度的腐败，必然造就严重的恶果。如果宋徽宗仅仅是一个艺术家、一个画家的话，他这样做也只不过就是害了他自己。但他是一个皇帝，皇帝的责任那就牵扯到天下了。作为一个皇帝他这样做，就不仅仅是害了他，也害了大宋王朝，害了百姓。所以，有一位元朝的大臣，在谈到宋徽宗的时候，就曾抒发过这样一句深切地感叹：“徽宗多能，独不能为君耳!”① 意思就是说，宋徽宗是个人才，他干什么可能都能干得很好，他很多事情都能干得很成功，但他就是不能当皇帝，他就是不配当皇帝。这个评价是非常中肯的。可是历史就偏偏地让这样一个不能当皇帝、不配当皇帝的人当了皇帝，这对于赵佶本人，对于大宋王朝，甚至对于中华民族，都不能不说是一场大不幸、大悲剧。

在宋徽宗的奢靡生活之中，曾经有一段风流韵事流传极广，那是宋徽宗这一生当中最大的绯闻。那是一件什么绯闻？那件事的真相究竟是如何呢？请看下一章。

① 《元史·卷一四三》。

宠幸李师师之谜

CHONG XING LI SHI SHI ZHI MI

第七章

在宋徽宗的奢靡生活中，有一件风流韵事流传极广，那是宋徽宗一生中最大的绯闻，也是他一生中最浪漫的事。那是件什么事呢？就是他与歌伎李师师的交往。关于这件事情，历史上记载的传闻很多，也留下了不少的谜团。现在我们就来讲讲这件事。

说到宋徽宗和李师师的交往，需要先介绍一下李师师是个什么样的人。据史料记载，是这样的：李师师，汴京东二厢永庆坊染局工匠王寅之女。她的父母早亡，她为李姓歌伎收养，长大后色艺双绝，驰名京师。就是说这个李师师是汴京一个染匠的女儿。东二厢指的是那个染坊的地点。当时在汴京城里是分成了若干个行政区划，每一个行政区划叫作一厢，每一厢又分成若干坊。东二厢永庆坊，就是王寅，也就是李师师父亲工作的场所和地点。当然他们很可能也就是住在这个区域，那就是他们家的户口所在地。

师师这个孩子命比较苦，父母早亡，母亲亡得比父亲还要早。早到什么程度？在李师师生下来的时候，母亲就因难产死了。她生下来就没妈了，很可怜。是她的父亲用豆浆代替奶水，把她养活了。她父亲当然就对这个孩子非常地疼爱。当时汴京有一个风俗，如果对这个孩子很疼爱的话，就应该在她小的时候把她送到佛寺里去待一段时间，在形式上作为一个佛家子弟。这样的话，据说是能够给她祈祷未来的幸福，消除罪愆。把你以前的罪恶、罪业都消除了，以后生活就平顺了。因此其父就把她送到宝光寺里面去待了一段时间，名义上便成为佛家弟子了。佛家弟子俗称什么师什么师。这孩子当时没有名，大家就师师、师师地这么叫，因此她就叫师师了。但是这个时候的师师还不是李师师，是王师师，她的父亲姓王。

过了没几年，王寅，也就是师师的爹出事了。出了什么事？历史上没有确切记载，因为史书上对这样的小人物是不屑于去记的。据传说是两种原因，一种原因，是因为耽误了官府的工期；另一种原因，是牵扯到一件盗窃案。

由于这两种原因之一，王寅就被逮捕入狱了。本来这罪并不是太大，但他身体不好，到了监狱里没多长时间就病逝了。这样一来，师师便成了孤儿。

在这个时候，有一个李姓的歌伎，感觉这孩子很令人同情，真可怜，才四岁，没爹没妈了，成孤儿了；再一个，是看这孩子很招人喜欢，觉得将来她可能是个可造之才，就把她收养了过去。于是，师师就跟着这李姓歌伎姓了李，这就是李师师这个名字的由来。

这个李姓歌伎没有看错，没有看走眼，李师师长大成人之后，果然是色艺双绝。她越长越漂亮，并且对所有歌伎所需要学习的一切技艺一学就会。才情色艺，哪一样都很精通，都很出色。所以她长大之后，一经在歌伎界亮相，也就相当于进入了我们现在的娱乐圈，就成为一颗骤然升起的新星，马上就火了。与当时已经成名的一些歌伎，像崔念奴、封宜奴、徐婆惜、孙三四等齐名，甚至很快地超越了她们，挂了头牌。所以当时有很多的文人墨客、风流才子是争相与她交朋友。在宋朝那个时候，文士和歌伎、妓女交往，那是一种风气。当时著名的词人，像张先、秦观、晁冲之、晏几道等，都跟她有过交往。而且，都曾经写过诗词，赞美过师师的才情容貌。

这样一个著名的歌伎，跟皇上是怎么挂上的钩呢？宋徽宗是怎么与她交往上的呢？这事在正史中没有记载，在正史当中找不着。是不是因为正史上没有这个记载，我们就可以认为这桩事就纯属是捏造呢？恐怕还不能这样认为。为什么呢？因为所谓正史，就是官方、官府组织人撰写的史书，或者是经过官府认可的一些史书。在这种史书中，凡是对皇帝不利的记载，往往是做了修饰、改动，或者是直接删除的。所以在正史上找不到的事情，未必历史上没有发生过；在正史上写得言之凿凿的，亦未必在历史上真正发生过。

比如很多正史上都写过，某个皇帝在降生的时候天有异象，有征兆，说明他就是真龙天子。那是真的吗？那才是捏造的。所以说，我们研读历史不能完全以正史为准。当然有些正史所依据的史料比较确切、比较详实，但不能说只有正史才能够代表历史的本来面目。

在正史上没有，后人是在哪儿看到的这些事？是在野史上。在一些传奇、话本、小说、笔记等的书中有不少相关的记载。比如说，在《宣和遗事》《李师师外传》《东京梦华录》《贵耳集》《浩然斋雅谈》《墨庄漫录》《青泥莲花记》《汴都平康记》等这些书籍中。在此列举的相关书目并不完全，此外还有不少的书，对李师师和宋徽宗的故事都有过记载。

这些记载是怎么说的？具体的情节，各本书里所描写得不尽相同，但大体的脉络，也就是所谓的故事梗概是一致的。这个故事梗概是这样：政和年间，天下升平，百姓乐业。宋徽宗闲极无聊，吃饱了撑的，就在高俅、杨戬等那么几个鸟人的挑动下，要出去寻求点刺激，要寻欢作乐，就决定去微服出游，实际上就是到宫外找淫乐去了。他宫内有一万多宫女，每五七日都御一处女了，怎么还要到宫外去找刺激呢？因为家花不如野花香，它另有风味。徽宗曾经有一首诗，把这个心态表达得非常坦白。这首诗后两句是一位大臣续的，但其意是徽宗的诗意。这首诗是这么写的，"选饭朝来不喜餐，御厨空费八珍盘。人间有味俱尝遍，只许江南一点酸。"① 就是说这山珍海味我都吃腻了，我就想拿江梅来开开胃口了。宋徽宗就是这种心态，就到宫外微服出游，去猎艳去了。

出去之后，宋徽宗就在一个茶水铺掌柜的叫作周秀的推荐下，到了金钱巷镇安坊，认识了李师师。他一见李师师，就被李师师的色艺所迷倒。李师师知道了这是皇上，也很殷勤地来逢迎。于是乎，两个人的关系马上就缠绵在一起，如胶似漆，以致宋徽宗因为留宿在镇安坊耽误了上朝，引起了朝臣们的不满。有一个官职为秘书省正字叫作曹辅的官员上了一本，指责宋徽宗这种行为太不检点了，太有失皇家的礼仪、皇帝的尊严了。秘书省正字官职是从九品，在朝臣当中的品级是最低的一个，其职务就是来矫正典籍当中的错别字，但他很大胆地指责了皇帝。结果惹得徽宗是勃然大怒，你管得着吗？大臣们都不管，你这个从九品多什么嘴？就把他给发配湖南郴州了。此后为了掩人耳目，为了避免大臣们的说三道四，宋徽宗便命人挖了一条地道，从大内里头一直挖到镇安坊，以后他去见李师师，就钻地道去。至于钻地道这个事到底有没有，下面再分析，有些野史中就是这么写的。后来宋徽宗还想把李师师正式接到宫里，给她一个名位，但是被李师师拒绝了。后来金军进犯，攻陷汴京，徽宗被擒，李师师下落不明就是这个故事的基本脉络。

这个故事，很显然，里边有的情节大家一听就可以听出来，那是虚构的，是演绎了，这个不用多说，肯定是有演绎的成分。但是这个事在历史上到底有没有？通过对比这些野史，以及拿这些野史与正史相对照，我们可以认定，确有其事。最起

---

① 《藏一话腴》。

码，曹辅上疏劝谏皇上，不要去微服出游，不要到外边去嫖娼，这件事是铁案一件，板上钉钉，是抹煞不掉的。这件事情在正史当中也可以找到记载。因此，徽宗出宫微服嫖娼这件事，是不可否认的。

至于他嫖的是谁？是不是李师师，正史上虽然没有记载，但是很多的野史都认定就是她，而且也有很多的历史文学证据，比如诗词等，可以佐证是李师师。那么我们认为，是李师师的可能性也是很大的。不然这些野史为什么不说是封宜奴，是崔念奴呢？那也都是当红的歌伎。所以综合种种传说，我们认为，宋徽宗和李师师的交往这件事，应当是曾经有过的，尽管里面有很多情节被编造了、演绎了。

这件事情一传开，皇帝和妓女交往，极富传奇色彩、多么值得一说啊，那在街头巷尾这坊间段子就多了。当时虽然是没有微信、没有微博，但经过口口相传，段子传播的速度也是非常之快的。都有些什么段子呢？我们举几个例子：

一个段子，是牵扯到了贾奕。贾奕，什么人？贾奕是李师师的一个老相好，官职是汴京右厢的巡官，也就是汴京某个地区管理治安的一个小官。官不大，但小伙子长得英俊，个头很高，帅小伙儿嘛，姑娘们当然是很喜欢。但是自从师师被徽宗看上了之后，师师怕惹麻烦，觉得再跟贾奕来往得过于亲密就不好了，对自己不好，对贾奕也不好，就疏远了贾奕。贾奕心里就憋气，但又不敢发作，对方是皇上，他是一个低级军官，怎么抗衡？没法抗衡。没法抗衡，他有牢骚，有牢骚总得发一发吧？他就发了。

他的牢骚是怎么发的呢？那时候的人，文学水平都不低，贾奕虽然不是著名的词人，但是他也会写词。他就写了一首词，调寄《南乡子》。这词是这么写的：

"闲步小楼前，见个佳人貌似仙，暗想圣情浑似梦，追欢。执手兰房恣意怜。一夜说盟言，满掬沉檀喷瑞烟，报道早朝归去晚，回銮。留下鲛绡当宿钱。"①

也就是说，贾奕把他看到的和他想象的，徽宗如何去跟李师师纠缠的那个情景，都描写出来了。说徽宗闲着没事，出来微服私访，出游猎艳，看见李师师就迷得不得了，于是就上前去搭腔，两个人就缠绵上了。缠绵上以后，两人就在点着很香的香烛的房间里睡着了。第二天早上起来一看，不好了，起晚了，要上朝了，得赶紧走。宋徽宗想给师师留点报酬，可是这出来什么都没带，钱、珠宝都没带，怎么办呢？宋徽宗就把身上系着的一条丝巾拿下来，说这个就暂且做一个酬劳吧，反

① 《宣和遗事》。

正来日方长，来日方长。就把这个事给描述了一番，说得是活灵活现，惟妙惟肖，就好像他真见了似的。

这个词一传出去，很快在街头巷尾到处传遍。三传两传就传到徽宗的耳朵里去了。徽宗一听，这不是说的朕吗？这不是在诽谤朕吗？岂有此理嘛，是不是？我去找李师师轮得着你说三道四了吗？轮得到你讥讽我吗？这是谁写的？马上把这人抓起来，斩了，诛灭九族。就下了这样一道旨。谏官们一看这事不好，赶紧地劝皇上，说皇上不能这样处理。为什么不能这样处理？因为这个事已经是闹得沸沸扬扬了，对皇上的脸面并不好。如果朝廷低调处理，事情就可以压下去，没人再说了。你把这个人给杀了，还要诛灭他的九族，这就闹大了。你能杀掉他，但挡不住百姓的嘴啊，民间会怎么传怎么说还不一定呢，那对皇上的影响太不好了。你是皇上，他是一个巡官，没必要跟他较真儿，你就没必要亲自处理这件事，你交给下边处理就行了。徽宗考虑了一番说行，那就交给下边处理。但是我有一条，就是要求他从此不能见李师师了。于是有司就把贾奕贬到琼州，也就是现在的海南岛，当了一个管理户籍的司户参军，勒令他永生不得再回汴京。这件事这样就算是平息下去了。这是关于贾奕的一个段子。

再有一个段子，牵扯到燕青了。燕青是谁？梁山好汉啊，在《水浒传》里是天罡星第 36 位。这个燕青年轻英俊，跟贾奕一样，风流倜傥，也是李师师的老相好。据说，梁山义军的被招安，就是由燕青通过李师师与徽宗先建立了联系，搭上的线，牵线搭桥，从而促成了招安大计。这件事情后来被收进了《水浒传》，事见《水浒传》第八十一回。

再比如，还有一个段子，牵扯到周邦彦了。周邦彦又是谁？周邦彦是当时的大词人、大文学家，他的词被收录在《宋词选》里的很多。周邦彦也是李师师的一个老相好。说到这里，不得不评论一句，这李师师的老相好也太多了，怪不得宋徽宗生气。你说有这么多绿帽子，一顶一顶地放那地方，指不定什么时候就给他扣上一顶，谁高兴啊，确实是怨不得他吃醋。

那么周邦彦是不是也年轻英俊呢？不是，他既不年轻，又不英俊。他基本上就是一个老人，当时他 56 岁左右，比徽宗大了 25 岁。56 岁怎么还能和李师师这么要好，成为老相好呢？因为他有才华。男人吸引女人有很多外在因素，也有很多内在因素。年轻英俊是外在因素，而周邦彦的才华是内在因素。他的内在因素强，和李师师很谈得来。因为师师这个人，她的文化素养并不低，别看她是歌伎，她在那个李姓歌伎的教导之下，于诗词歌赋方面都很有造诣。当时有很多的歌伎、妓女，在诗词创作方面水平都是很高的，都会这个东西。周邦彦这个人他写词写得好，所以跟师师很能谈得来。

周邦彦在徽宗跟师师交往之后，还没有跟师师断了来往。而师师也没有像与贾奕一样地去刻意地疏远他，为什么？就因为他是个老头了，她和周邦彦之间确实只是诗词唱和，谈谈艺术，没别的，所以她觉得与其交往也无所谓。

但没想到有一天就出事儿了。出了什么事？周邦彦这天有兴致，闲来无事，就到师师这个地方来玩儿，兴致很高。聊着聊着，一个丫鬟慌忙跑来，说不好了小姐，皇上到了。周邦彦一听，哟，那可不行，我得赶紧走。如果这个时候让皇上碰上，那有多尴尬。但是那个丫鬟说，周大人走不了了，皇上马上就要进屋了。那走后门行不行？没有后门。怎么办？师师说，只能赶紧藏床底下，待会儿见机行事，瞅着皇上不注意的时候，周大人再悄悄地溜出去。行行行，周邦彦这老头就只好依计藏床底下了。

周邦彦藏到床底下之后，徽宗就进来了。徽宗怎么会突然驾到呢？乃是因为江南给皇宫里进贡了一批新摘下来的橙子，徽宗一看，这东西好吃，想让李师师尝尝，就亲自给她送橙子来了。徽宗进屋以后，师师就赶紧地热情迎接。一看皇上送来了橙子，她就拿出了并州生产的水果刀去切。当时并州生产刀剪是最有名的，被称为并刀。并州是哪儿？就是山西太原。她切好了之后，泡在盐水里。盐是用的上好的盐，也是徽宗曾经给她送来的浙江一带的细盐。泡好了以后，师师把橙子捞出来，亲手剥了给徽宗吃。两人一块儿吃，你喂我，我喂你。

吃完橙子，还得有点娱乐啊，李师师就拿下来她的琴、她的笙，吹笙、弹琴、奏乐、唱曲，打发徽宗高兴，一直就消磨到深夜。一看，时间很晚了，怎么办呢？李师师惦记着床底下还有一位呢。可是你不能撵皇上啊，不仅不能撵，还得表示出要挽留才行，否则你是怎么回事，你对皇上为何这么不热情？师师就问皇上，今晚天这么晚了还回去吗？你看路也不好走，天还冷。这么一问，皇上就说，我本来就没打算回去，本来就打算咱们玩儿完了就住这儿了。李师师一看皇上是这意思，也不敢说不行，连声说好好好，那臣妾就伺候皇上来就寝吧。于是就伺候皇上洗了，上了床，宋徽宗累了，呼呼地睡着了。这时李师师才悄悄地下了床，溜到床边上，小声说周大人出来吧，皇上睡了，你赶紧走。

假如周邦彦这时候悄悄地走了，也就没事了。可是周邦彦当时没有马上就走，他还要办一件事。什么事呢？他说拿笔来，拿张纸来，我得写几个字。师师说，这时候你写什么字？快走吧。他说我就写几个字，很快。师师为了打发他赶紧走，便把纸笔拿过来，说你就赶紧写吧。他就在纸上写下了一些东西。他写的是什么？写的是词。这周邦彦他是大词人，他太有才华了，他刚才被憋在床底下，闲着没事就听，听外面发生了什么。结果外边发生的这些事，他全听清了。由于习惯使然，他是一边听一边构思，等着这事完结了，徽宗睡着了，他这一首词也出来了。在这首词里，这一晚上发生的事他全写进去了。写下来放到桌上，师师也没顾上看，就催周大人快走快走。周邦彦走了之后，李师师就赶紧上床，陪着皇上睡了。一夜无事。

第二天早上起来，徽宗准备洗漱之后就回宫上朝。他准备走的时候忽然看见那里有张纸，字写得还不错。谁写的？拿过去一看，这不是写的昨晚上我和李师师那点事吗？完全对得上，就是写的昨天我们两个发生的事。这是谁写的？昨天晚上除了端茶送水的那个丫鬟，没别人啊？那这事是谁看见的？难道说这屋里还有第三个人不成？这个人是谁？当时他在哪儿？就把李师师叫来了，问这是谁写的？怎么个事？李师师一看，瞒也瞒不住了，也就只能实话实说了。说那个周大人，是在开封府管收盐税的一个官，他经常到这儿来跟臣妾切磋一下诗词。仅仅是切磋诗词，绝对没有任何其他的行为，不可能有任何其他行为。他已经那么大年纪了，他想有其他行为也没那个能力了。我们就是只有这点交往。徽宗听她这么一说，心情多少平衡了一点。

但是回宫以后，宋徽宗是越想越觉得恼火。为什么？就是因为自己和师师那点事，尤其是床上那点事，全让这个周邦彦听去了，还写了词。那首词是怎么写的呢？是这样写的——“并刀如水”，“并刀”就是说那个割橙的水果刀。“并刀如水，吴盐胜雪，纤手破新橙。锦幄初温，兽烟不断，相对坐调笙。”就把徽宗和李师师在那里吃橙子，唱小曲的情形全写了。后面是写徽宗怎么留下的，就是师师怎么劝徽宗留宿的，“低声问：向谁行宿？城上已三更，马滑霜浓，不如休去，直是少人行。”① 这是描写徽宗不打算走了，师师也看出来了，就劝他别走了，说看这天也不早了，都落霜了，马蹄也滑，不好走。就这么写的。全给晾出来了，很不体面。于是徽宗就命令，像处罚贾奕一样，让有司处罚他。但是要求有司另外找一个罪名。徽宗把蔡京给叫来，说朕一定要严惩周邦彦，你想办法严惩一下。蔡京就把开封府的官员叫来，说你查一查，那个周邦彦工作业绩怎么样？那个开封府的官员就查了。查完之后，回来报告蔡京，说蔡大人，已经查了，那个周邦彦的业绩很

---

① 《贵耳集》。

好，非常突出。蔡京说你有没有脑子？我让你查他，是要你来报告他是个先进工作者吗？什么叫很好啊？那官员一听，哦，才明白是这么回事，连忙改口，报告蔡大人，错了，他的业绩非常不好。蔡京说这就对了，既然业绩不好，不称职，那革职就是了。就把周邦彦革职，赶出了京城。后来，还是李师师为周邦彦求情，徽宗才发了恻隐之心。同时也是看重周邦彦的才华，徽宗对有才华的人还是比较看重的，才把周邦彦又从外地调回京城，担任了大晟府的乐正，专门管理皇宫的乐团。也就是说又量才录用了周邦彦。

这些段子在野史中记载了不少，还有一些是在口头上流传。传来传去，肯定是加工演绎的成分越来越多。因此，我们在听宋徽宗和李师师的故事时，会发现种种的漏洞，种种的缺陷和不通。有些地方，这个故事这么讲，那个故事那么讲的，不一样。这些我们都不要去计较，也不要去深究，没有必要，知道它是流传的故事就行了。它就是根据一个基本的事实，然后大家去编纂出来的。你想一想，一个蔡锷与小凤仙之间还编出那么多故事来，何况宋徽宗是个皇上，他与一个歌伎的交往，肯定是要编出很多段子来，这没有什么大惊小怪的。

但是其中有一个问题，我们还是要认真地看一下，讲一讲。因为这个问题如果不认真对待的话，宋徽宗与李师师交往这件事的本身就有点立不住了。所以这个问题还是需要认真研究一下的。

什么问题呢？就是李师师的年龄问题。李师师的年龄有什么问题？以词人张先与李师师的交往记载来推断，李师师最迟应出生于 1062 年，而宋徽宗则出生于 1082 年，比李师师小了 20 岁。这个问题很严重，这个年龄矛盾不解决的话，此事是说不通的。

李师师最迟应出生于 1062 年，这个结论怎么得出来的？是由她与张先的交往得出来的。张先是个什么人？他也是北宋的一个很大的词人，专写缠绵词，写男女之间的缠绵之情，所以他有个绰号，叫作张三中。心中事、眼中泪、意中人，他的作品的主题基本就是这三中，因此人称张三中，可见这个人有多风流。心中事、眼中泪、意中人，想一想，那都很风流的。这个人在 1062 年的时候多大岁数？72 岁。也就是说，把李师师的出生设定到 1062 年，那么李师师刚生出来的时候，这个张三中张先老先生已经是 72 岁了。而一个刚生出来的小女孩是不可能成为当红歌伎的，她必须到成年之后才能够出名。那么所谓成年，再小再小再年幼，也得 16 岁吧。宋时就是以 16 岁为成年人。那么再过 16 年，师师 16 岁了，72 加 16 等于 88，也就是说，张先要到 88 岁的时候才能看到李师师，才能写出那些赞扬李师师的词作。李师师生得再晚就不行了，为什么？因为到了89岁的时候张先就死了。她生得再晚一点，张先就不存在了，怎么还能写那些词？不可能写了。所以，只能设定李师师最晚出生于1062年。

可是，宋徽宗是出生于1082年。1082年距1062年，20年。宋徽宗微服出游去嫖娼时的年龄是多少？那是在政和年间，政和元年他29岁，政和二年他30岁。就以徽宗30岁论，李师师比他大20岁那是50岁。50岁在宋朝算是老妪，也就是老年妇女了。即便在当今，你拿一个50岁的中年妇女，咱们现在以50岁算中年吧，和一个15岁的少女相比，那个区别也是天壤之别。宋朝没有什么肉毒素，没有瘦脸针，更不兴隆胸，也不兴垫鼻子，即便是有这些美容技术，那个美了容的中年妇女，也只能是远瞧，不可近观。现在经常说有某某影星，她60岁了还演16岁，演可以，你近距离地接触一下，就完全不同了，那效果是大不一样的。宋徽宗与李师师那不是远远地看着你，隔着十几米看你演出，那真正是有肌肤之亲的。一个50岁的妇女，再怎么才艺出众，再怎么艳丽超群，能迷住那个风流的君王吗？能迷住宋徽宗吗？不可能。这20岁的差距是不可逾越的。

可是张先赞扬、赞美李师师的诗词是有案可查的，而宋徽宗与李师师交往的事情也是被广为传播。这个矛盾怎么解决？由于这个矛盾太突出了，不容忽视，就有人提出了一种学说，可以说是一种假说，就说历史上可能曾经存在过两个师师。一个师师确实是生于1062年左右，但这个师师不是李师师。为什么？因为张先也好，秦观也好，晏几道也罢，这些诗人词人所写的赞美师师的诗词，仅仅是写了师师如何，并没写她姓李。而当时，歌伎用这种叠字做名的，什么圆圆了，依依了，翠翠了，秀秀了，很多，都喜欢这样起名字，所以说再多一个师师也不足为奇。

那么，另外一个李师师生于哪一年呢？那个假说认为应当生于1092年。宋徽宗是生于1082年，那个李师师生于1092年，比宋徽宗小了10岁。一个30岁的皇帝，被一个20岁的歌伎当红歌伎迷倒，那是再正常不过，再自然不过了，很合理。

这个假设对不对呢？成立不成立呢？我们可以认为它成立，认为很有可能是这样一种情况，否则没法解释。但是，就目前为止，还没有发现什么确切的史料能够证明这一点。所以，现在我们还只能说这是一种假设。假如将来能够发现相应的材料，才能确切地认定究竟是怎么回事。以上所介绍的，是李师师和宋徽宗交往之间的最大的一个问题和漏洞。

另外还有一个问题，也有必要顺便一说，因为这个事情流传也很广，许多电视剧中也是这样描写的。什么事呢？就是宋徽宗挖地道去见李师师的事。到底这个事有没有？其事是真是假？这个事可以告诉大家，肯定是假的。为什么？因为以宋徽宗这样一个皇帝的身份，他如果想掩人耳目，是用不着用那么笨拙的方法的。挖条地道那种做法太笨拙了，而且动静很大，从大内里面挖到镇安坊，那不太可能。这是一条理由。

再一条理由，周邦彦在床底下听着宋徽宗和李师师那天晚上的缠绵，构思了一首词，很明白地就写道，“马滑霜浓，不如休去，直是少人行。”什么意思？就说天晚了，路上结霜了，马蹄滑了，没有行人行走了，不太安全了，不要回去了。如果要钻地道，何来的“马滑霜浓”，“直是少人行”，所以从这一点看起来，也不像是钻地道去的。

再有一条，据有关方面的考察考证我们得知，当时汴京的皇城大内里面确有地道不假，曾经有过，但是那些地道都是在皇宫与皇宫之间相通的，还没发现有哪一条是超越皇城的。假如真有过超出皇城的地道，后来也不至于当金军把皇城包围起来之后，那些皇族成员就一个也逃不掉，就被金军一锅端。

所以，这个穴地嫖娼之说，就是人们为了增加这个故事的传奇色彩而编造出来的而已。

最后要说一说一代名妓李师师的归宿问题了。她跟宋徽宗交往了这么长时间，最后落得了一个什么样的结果呢？这也只能在野史里寻找答案。

野史里关于李师师下落的记载也不太相同，大体上是三种说法。

第一种说法，是汴京城破之后，金军的将领要求张邦昌去找李师师。因为张邦昌是他们将来要扶植的伪政权的皇帝，就命令张邦昌把李师师找到，献给金军的头领。张邦昌把李师师找到了，但是李师师是宁死不从，就拔下头上的金簪，吞下去自尽了。吞金簪自尽，这又是一种说法。

第二种说法，是李师师被金军捕获之后，受尽凌辱，后来被迫下嫁了一个70多岁的养马的军头，过着屈辱的生活。这是一种说法。

第三种说法，是说汴京陷落之后，随着大批百姓的南迁，李师师也流落到了南方，后来是以卖艺为生。也有说是嫁给了一个商人的。另外还有人说，她是先在慈云观出家，后来又流落到南方。总之是有流落到南方之说。

对比这几种说法，我们认为，以李师师后来流落到南方卖艺为生比较可信。南宋文人刘子翚，在他的《汴京纪事诗》中，有一首诗是写到了他在南方看见的李师师的情形，对这种说法可以算作一个佐证。

这首诗是这样写的：“辇毂繁华事可伤，师师垂老过湖湘。缕衣檀板无颜色，一曲当年动帝王。”①“缕衣檀板无颜色”这一句，有的版本又作“缕金檀板今无色”，意思是一样的。就是说诗人在南方湖湘一带，看到了流落在那里卖艺为生的李师师，回想起当年汴京的繁华景象，不胜感慨，不胜感伤。谁能想到，就是这样一个毫无姿色的、面容憔悴的老妪，当年轻启朱唇，就把一代风流帝王迷了个神魂颠倒。浮生若梦，往事如烟，人生就是这样地莫测，命运就是这样地残酷，岁月就是这样地无情。这就是李师师后来的归宿和下落。

据说宋徽宗被俘之后，在北国曾经亲笔写下过一篇《李师师小传》。可惜这篇文章没有流传下来。否则的话，我们还可以从中得到一些关于李师师的更为详实的史料。

细心的读者可能会注意到，在我们说到宋徽宗与李师师的交往过程时，还涉及了宋徽宗与梁山好汉的接触。那么，梁山好汉的被招安真的是燕青通过李师师牵线搭桥的吗？宋徽宗作为一个皇帝，真的与所谓的草寇、梁山好汉有过正面的直接的接触吗？请接着看下一章。

---

① 《宋诗纪事·卷四十六》。

《水浒》故事真假之谜

SHUI HU GU SHI ZHEN JIA ZHI MI

第八章

在上一章讲到宋徽宗和李师师交往的时候，曾经提到了，梁山好汉的被招安，是由燕青通过李师师与宋徽宗协商，也就是说牵线搭桥促成的。这就牵扯到了宋徽宗与梁山好汉的关系问题。那么宋徽宗与梁山好汉有没有过联系？或者说有没有过瓜葛？从史实上看，瓜葛不大。

但是，瓜葛不大，并不等于说完全没有瓜葛，其中的瓜葛还是有的。并且，通过梁山好汉与宋徽宗之间关系的那些传说，我们还可以接触到一个更为重要的问题，就是艺术虚构与历史真实的关系问题。所以，这件事情有必要作为专题讲一讲。

在讲这件事情的时候，我们首先要弄清两个问题。

一个是有关于《水浒传》的问题。《水浒传》是一本什么书？它的作者是什么人？这本书是怎么写成的？为什么要弄清这些问题？因为有关梁山好汉的事迹，梁山义军的活动，以及梁山好汉与宋徽宗之间的关系，主要是通过《水浒传》传播开来的。所以，要弄清宋徽宗与梁山好汉之间发生的那些事情到底是真是假，首先需要弄清《水浒传》是一本什么书。

再一个问题，就是要弄清历史上真正的梁山起义是一个什么样的情形。

这两个问题谈清了，我们的主要问题，也就是历史上宋徽宗与梁山好汉之间的瓜葛到底是什么样子，自然也就会水落石出。

现在先谈《水浒传》。

《水浒传》是一本什么书？概括地说，《水浒传》是一部以北宋末年宋江起义为主要素材的长篇章回体小说。这是它的定义。这本书篇幅宏大，情节丰富，人物众多。在百回《水浒》之中，仅有名有姓的人物，据统计就有577个，无名无姓、有姓无名、有名无姓的这些人物加起来，那就更多了。由于这部书出场人物非常之多，描写的故事很精彩，所以问世以来，影响很大。在我们的文学史上，给予它的评价历来很高。

明末清初有一个大学者、大评论家叫金圣叹，他把《水浒传》《离骚》《庄子》《史记》《杜诗》《西厢记》并称为六才子书。明朝的著名小说家冯梦龙，则把《水浒传》《三国演义》《西游记》《金瓶梅》并列为四大奇书。过去我们都是讲文人相轻，这些文人能够把《水浒传》抬高到这样一个地位，就说明在内心里确实是非常推崇这本书的。到了现代，我们是把《水浒传》《三国演义》《西游记》，加上《红楼梦》，并称为中国古典四大名著。其中《水浒传》没有被抽换掉，而抽换掉了《金瓶梅》。所以说《水浒传》流传到今天，早已是家喻户晓的一部名著。

这样一部奇书、才子书，它的作者是谁？其作者如同古代的许多名著一样，有很多的说法。一种说法，是施耐庵；一种说法，是罗贯中；还有一种说法，是罗贯中与施耐庵合著。经过学者长期的研究，最终认为施耐庵为《水浒传》作者的为多。所以我们现在认定，施耐庵是《水浒传》的作者。

施耐庵是什么人？施耐庵，名子安，字彦端，号耐庵。在这里我们普及一下一个历史小常识，就是历史人物，他往往不光是有一个名，他还有个字，这个字实际上就是他的另外一个名字。名字名字，这个词就是这么来的。而有一些文人，除了名字之外还有号，而且往往这个号叫出去之后，流传得比名字还要广泛。所以后世就习惯于称呼这个人的号，就好像那就是他的名字了。比如说施耐庵，人们就认为这是他的名了，实际上不是，是他的号。还有苏东坡，大家都知道，大名鼎鼎的大文豪，其实苏东坡姓苏，名轼，字子瞻，号东坡居士。再比如说曹雪芹，他的名也不叫雪芹，他姓曹，名霑，字梦阮，号雪芹。其实这些人都是以号传世。这是一个历史小常识。

回过头来接着说施耐庵。施耐庵曾参加过张士诚抗元武装，是张士诚的幕僚。这个经历对于施耐庵来说非常重要。因为张士诚也是一个起义军的首领，此前他是一个贩私盐的，元末时他带领一批盐民发动了抗元起义，而且在他的起义过程中，也曾经兵败受过招安，这跟宋江起义有很多相似之处。施耐庵恰好就是参加过这样一支起义部队，有过这样一番生活经历，这对于他后来写《水浒传》，有很大的影响和帮助。

后来张士诚起义失败，兵败自杀。他不是被元朝打败的，是被朱元璋打败的。

当时元朝已经不行了，朱元璋收拾了其他的一些义军，先打败了陈友谅，后来又打败了张士诚。张士诚被俘之后就自杀了。

而在此之前，施耐庵就已经脱离了这支起义部队。因为他看到张士诚后来腐化了，难以适应。脱离了起义部队之后，他就归隐山林，潜心著书。他的著作除了《水浒传》之外，据说还有《隋唐志传》、《三遂平妖传》等①，但是以《水浒传》最为著名。这部《水浒传》就是他的代表作。

《水浒传》这部长篇小说是怎么写成的？了解这一点也很重要。《水浒传》这部书，其署名无论是施耐庵也好，或者是他与罗贯中合著的也好，都不是纯粹的个人创作。施耐庵写这部书之前，在社会上已经广泛地流传着一些关于梁山起义、宋江起义的故事、传说。南宋以来，在一些笔记、话本小说，还有戏曲当中，也记载了许多有关梁山起义的事实或者传说、故事等，有一些故事已经发展得很完备了。

施耐庵就是在这样一些历史的记载、小说、传说、笔记的基础上加以汇总、整理、加工，最后形成了一部长篇巨著。这样一个成书过程，我们从现在完成的《水浒传》当中也能看得比较清楚。《水浒传》的结构特点，是每一个局部，每一个章回、章节很精彩，但是从整体上看，却缺乏统一性和严谨性。原因就是其中的很多故事，本身是独立成章的，而施耐庵把它收拢在《水浒传》当中的时候，没有办法把它纳入统一的整体构思，它们的独立性太强了。所以这部书在整体的结构上远远不如《红楼梦》，这是与《水浒传》的成书过程有关的。

由此可见，施耐庵写《水浒传》，是依据了一定的史料，有一定的历史根据的。但是历史根据不是最基本的，不是第一手的。因为他写此书的时候，距离宋江起义过去已经有 200 多年了，他也是根据前人的一些记载创作的，而这些记载有很多只是传说，已经经过演绎加工了，离史实的真实面貌已经很远了。

那么梁山起义的真实面貌又是什么样子呢？这就是我们要谈清的第二个问题：真正的梁山起义与《水浒传》描写的差距有多大？

在《水浒传》之中，是把梁山起义描写得波澜壮阔，风起云涌，声势浩大。义军中有一百单八将，那一百单八将是个个身怀绝技。而且，对主要的义军将领的描写那都是栩栩如生。书中还描写了宋江率领着他的起义军去攻城拔寨，曾经两败童贯，三败高俅，成功地粉碎了朝廷多次对梁山泊的围剿。这些事在历史上到底有没有？

---

① 见明朝王道生《施耐庵墓志》。

我们说，这些事在小说里可以有，但是在历史上是真没有。那么历史上真实的梁山起义是怎么一种情形呢？

历史的真实情况是这样的。宋江起义发生于宣和初年，义军基本上为流动作战，后在海州兵败，接受了朝廷的招安。这个起义时间在史料上记载得不是很确切，有一些分歧。有的说是在宣和元年，有的说是在宣和二年，还有的说是在政和末年。但是基本上的说法就是在政和末、宣和初这一个阶段，也就是宣和元年可能性比较大。后来到了宣和三年义军被招安，前后加起来，义军活动了大约不到三年的时间。

当时宋江一伙人起义之后，有没有过梁山泊这样一个根据地？据现有的史料来分析，义军可能曾经在现今的东平湖、四里山那一带驻扎过，但是并没有建立小说《水浒传》里所说的那800里水泊梁山山寨，那是肯定没有的。因为义军在一个地方停留的时间并不长，他们是流动作战。

宋江这支部队流动性是很强的，开始他们是被称为河北巨贼，后来是京东贼，再后来又是淮南盗，等等。从这些称呼中就可以看出来，他们的作战地点是不固定的，大体上是先从郓城一带流窜到沂州、沂蒙山那一带，然后又到了淮南，到了安徽。后来到海州，在海州兵败，就接受招安了。大致是这样一个过程。

在这个流动作战之中，与义军作战的官军，也基本上不是朝廷的禁军。都是到了哪个地方之后，哪个地方的地方部队对他们进行围剿，总之是声势不大。这支声势不大的起义部队，这样一场流寇式的起义，跟方腊起义的规模没法比。方腊起义，是由童贯亲自率领15万陕西军精锐去进行的围剿，而对付宋江起义的充其量就是几千地方部队，可能有部分禁军，但是主要是地方武装与他作战，那个规模是没法比的。

那么为什么梁山好汉起义被渲染得这么大？在群众中影响这么大？主要就是文艺作品的传播作用。到了后来，主要就是这部集传说、史料、传奇为一体的《水浒传》的传播作用。这部书对梁山起义进行了大量的夸张。文艺作品中对史实有所夸张，对历史故事有所虚构，这是可以的。但是对于《水浒传》中的夸张，我们应该指出的一点是，它在许多重要的地方是失实的。

比如说《水浒传》中描写，宋江义军接受招安之后，领受了宋徽宗的指令，就去与辽国的部队作战，征辽去了。这个事情就距离史实太远了，根本不可能。因为当时，宋江被招安的时候，正是宋朝的禁军原本想履行与金国的和约去打辽国，但是由于国内爆发了方腊起义，不得不把部队从前线抽回，转而奔向南方镇压方腊起义的时候。是在这样一个时期。宋朝的主力部队连与金军的盟约都顾不上履行了，怎么可能在这时候派宋江这样一帮人去打辽国？那是不可能的。

是不是当时辽国主动要进攻宋朝了呢？那更不可能了。因为辽朝在那个时候已经被金朝搞得四处冒烟、自顾不暇了，它怎么可能在这个时候还去进犯宋朝呢？所以这个史实是严重地被违反了。这就是瞎扯了。

书中描写宋江被招安之后，带领着梁山好汉打败了辽朝部队，那便更不可能了。辽朝部队的战斗力是很强的，宋朝的正规禁军都不一定能够每战必胜，一般是胜少败多。而宋江这支部队与正规的宋朝的禁军打那也是敌不过的，并不像《水浒传》里所说的那么厉害。就凭着他们这一帮人，能够打败辽朝的部队，那是根本不可能的。可《水浒传》中说的就打败了。

虚构了义军打败辽军之后，又是不顾史实的虚构了。书中说梁山好汉又去打方腊了，而且把方腊打得落花流水。最后方腊是落荒而逃，逃到一个山野中，忽然抬头一看，不得了了，前面堵着一个人。这个人长得非常魁梧，非常高大，手里还拿着一根禅杖。这不是花和尚鲁智深吗？方腊就赶紧交手，不数合，就被鲁智深一下子擒住了。鲁智深擒方腊，这是在小说里描写的，各位观众可以回去看一看《水浒传》。

这事更是绝无可能。在历史上，咱们可以探讨，到底是韩世忠擒的方腊，辛兴宗擒的方腊，或者是王禀擒的方腊，还是姚平仲擒的方腊，乃至折可存，是不是擒了方腊，这都可以探讨。但是唯独不能探讨是鲁智深擒了方腊。为什么不能探讨鲁智深呢？因为宋江征方腊这个事纯属子虚乌有。在《水浒传》里描写的这事是在宣和四年，而方腊是什么时候被俘、被斩首的？是宣和三年下半年。半年之前，方腊已经被斩首了；宣和四年，宋江又去征方腊去了，他征的是哪个方腊？所以这件事在小说当中，时间上与历史很难对得上。这些东西都是不允许的，艺术创作中的虚构，在大的方面是不能违背史实的，可是《水浒传》在这些情节上都违背了史实。这是我们应当指出的。

《水浒传》既然是这样大量地进行了虚构，与史实并不相符了，为什么在群众当中还是流传得这么广，而且一直流传到现在？梁山好汉起义的事情为什么能够让施耐庵这样倾力地去进行加工？这是有原因的。这样一部书，之所以能够被这样地流传，与其成书时的社会现状、社会背景是分不开的。当时的社会背景是什么呢？是社会动荡，奸臣当道，百姓无力反抗政府的压迫，因此很希望有人能够有这种胆量，这种精神。梁山好汉的故事，正好就符合了他们这样一种心愿。因此上，很多的百姓、民间艺人、文人，都愿意说梁山好汉的故事，写梁山好汉的故事，以此来发泄愤世之情。施耐庵写《水浒传》的时候，内心里也同样是有这样一种情绪的。他在书中有一首诗，就很明显地表现了这种情绪。这首诗是这样写的："花石纲原没纪纲，奸邪到底困忠良。早知廊庙当权重，不若山林聚义长。"从这首诗的字里行间就能很明显地感受到，施耐庵是对现实社会奸臣当道这种现象极为不满，他意欲通过自己的笔，来抒发这样一种普遍的大众情绪，愤世情绪，所以这部书才流传得很快。

除此之外还有一个原因，是因为这部《水浒传》里边所包含的故事在成书之前就已经广泛流传，独立成章。譬如林冲的故事、武松的故事、李逵的故事、鲁达也就是鲁智深的故事，等等；还有三打祝家庄，智劫生辰纲，等等，都已经在民间艺人的口中或者笔下被加工得很精彩、很曲折了。这些故事都非常富有传奇色彩，抓人、有市场。凡是有市场的东西，自然就会有人拿着它大作文章，所以就流传得很快。施耐庵把它拿来作为小说素材，感觉到写起来也很过瘾。因此，这样一个声势本来不是很大的起义，就被宣传得声势非常之大了，就好像是在中国历史上非常著名的、非常浩大的起义之一了。《水浒传》的成书过程就是这样的，它与真实的梁山泊义军起义距离相当之大。

说到这里，就可以解释一下关于燕青为梁山好汉接受朝廷的招安穿针引线的事情了。这个事情有没有？根据前面所述，《水浒传》的那样一种虚构的性质，这个答案自然会水落石出。那么我们可以断定，《水浒传》的这一段故事也是虚构的。为什么敢这样断定？因为在《水浒传》里边，除了宋江之外，那一百单八将，大部分几乎都是虚构的艺术形象。宋江这个人在历史上是实有的，但卢俊义、公孙胜、林冲、武松，等等，这些人物在历史上都不是真实人物，都是艺术形象。燕青这个人也是一个艺术形象，在历史上没有这个人。没有这个人，他怎么能跟宋徽宗见面呢？那显然这是没有的事情。所以，梁山好汉的被招安，与燕青与李师师一毛钱的关系都没有。

其实燕青这个人，在《水浒传》中出现的次数并不是太多，关于他的情节、故事也不是太多。这个人物之所以非常有名，就是因为在书里描写了他的两件事，一件事是他放冷箭救主，救卢俊义；再一件事，就是他通过李师师帮助宋江与宋徽宗接洽，促成了招安事宜。正是因为促成招安这件事情非常重要，所以燕青这个形象通过这件事就立起来了。实际上这个人是没有的，这件事情肯定地说也是没有的。

不过，据学者考证，虽然历史上没有燕青这个人，但是他是有一个原型的。这个原型，是南宋初年活跃在太行山一带的一支抗金部队的首领，此人叫梁青，又叫梁小哥，就好像《水浒传》里的燕青又叫燕小乙一样。他这支部队有四五千人，梁青领导着这支部队坚持在太行一带抗金多年。据学者考证，燕青这个人物大概是从梁青而来，那个青字就是从梁青的名字里拿过来的。但是由于他是虚构的人物，所以不让他姓梁了，让他姓燕。这个燕字又有何据？是因为当时的太行山就是古时的燕地，古时那地方就称为燕，燕国，所以，就把燕字拿过来放到了这个人物身上，于是就有了燕青这样一个人物。

这件事情的真伪就是这样的。

那么这样说来，宋徽宗是不是就与梁山好汉之间没有瓜葛了呢？任何瓜葛都没有了呢？不是。我在本章的开头就讲过，瓜葛不大，但不是完全没有。瓜葛在哪个地方？就在于他对梁山起义的处理。

梁山起义，虽然规模不大，但影响还是有一些的。而且，他们折腾的那个地方，我们看地图就能看得出来，离开封也就是当时的京城很近，所以对朝廷是有影响、有震动的。朝臣们不敢不奏报，奏报了之后宋徽宗也不能不表态、不处理。其瓜葛就在这个处理上。

宋徽宗是怎么处理的？历史上的真相是这样的。宋徽宗听说宋江起义折腾得很厉害，京东贼嘛，河北巨贼，就召集大臣商量解决方案。有一个大臣叫作侯蒙的，他就提出了建议。这个侯蒙是谁呢？就是以前我们讲过的，说过蔡京心术不正，如果蔡京心术正了，古之良相都比不上他，说这个话的那个人。他曾经当过户部尚书，当时他的职务是亳州知州。当时他就献策说，宋江起义这个事我们是得解决一下才好，但是怎么解决？是打还是抚？我的意见是抚。为什么呢？因为现在咱们正打方腊，战场战线拉得很长，就不要再四处用兵到处打这个打那个。再说宋江这些人，他们起义也没什么明确的政治目的，无非是一些人感觉到社会上有些事情不公了，对官府不满了，起来折腾了、造反了。或者是有一些人犯了法了没地方去了，就跟着他们起哄了。对于这些人，我们给他们一定的安抚，让他们感觉到朝廷对他们还是公平的，就行了，这个事就解决了，就大事化了了，这样最好。宋徽宗觉得他的建议很好，不要动不动就打，全国到处都打，受不了。就说那就这样吧，既然是你建议的，就由你来操办这个事。于是宋徽宗便任命侯蒙为东平府知府，去办理招安宋江的事宜。随后侯蒙就上任了。可惜的是，他当时已经老了，已经 68 岁了，在上任的途中就染病去世了。侯蒙去世之后，暂时没有人来接手这个事。当时打方腊那方面的战事很频繁，而宋江这一部分人正处于活动得不太顺利的时候，没有什么大动静，宋徽宗就把这个事放下了，暂时没有再提起。

但是过了不久，宋江这帮人从沂蒙山一带窜到安徽去了，在安徽遭到一场伏击之后，转来转去又转移到江苏海州，也就是现在的连云港一带，又到那里闹腾去了。而且想趁着朝廷去打方腊，把海州给拿了，想袭取海州。宋徽宗听到下面的奏报，说宋江又跑到海州去了，就命令海州知州张叔夜就地解决宋江。这是宋徽宗亲自给张叔夜下的指示。

这一回，宋江算是碰上了对手。为什么这么说？因为张叔夜这个人可不是一般的人，他是一个有胆有识、有勇有谋，还很有气节的一个北宋大臣。他的能力很强，只是因为不事权贵，尤其是不巴结蔡京，因而其仕途很不顺，曾经到了朝廷里做事，后又被贬下来，有时候刚升了一个官又被打下去，所以这时候他才做了一个海州知州。

后来到靖康之难那一年的时候，朝廷才想起他来，认为有张叔夜这样一个人可以一用。当时形势已经很危急了，那时已经是宋钦宗当皇帝了，才把全国的兵马分成了东西南北四道。张叔夜在那个时候得到重用了，被封为南道总管。当时钦宗就命令这四道总管带领人马火速进京勤王。结果，只有南道总管张叔夜带领着一支孤旅，冲破金军的包围，打进京城，参加了汴京保卫战。其他几道有的是没打过来，有的根本就没敢来。

后来，由于宋钦宗的种种失误，京城失陷，张叔夜被俘了。金军处理完善后事宜，就要把俘虏连同宋徽宗、宋钦宗一起运往北国囚禁起来。钦宗和徽宗就乖乖地当着俘虏被押往北国了。可是张叔夜宁死不去，他说我死也要死在家乡的土地上，我不会死在你们金国人的土地上。于是他绝食！金人说没有用的，你绝食你没有力气，我们可以把你扔在车上，把你拉过去的。就把张叔夜扔在了车上，要把他拉往金国。就在车子到了白沟的时候，过了白沟就是金国的地界了，张叔夜听说这车要越过白沟的时候，他硬是用自己的双手扼住自己的喉咙，生生地把自己掐死了。金人看到张叔夜的这种举动，都不禁肃然起敬，感慨道如果宋朝的人都能像张叔夜这样，这汴京我们能打得下来吗？即便是打得下来，我们能统治得了吗？张叔夜就是这样一个大臣。当时宋徽宗就把解决宋江这一股起义军的任务交给了张叔夜。

当然，张叔夜解决这件事情那是在他的能力之内，非常有把握的。他是怎么解决的？他是首先侦查了敌情，然后制定了战斗部署。他的战斗部署是怎样设计和施行的？史实记载，张叔夜当时是“设伏近城，而出轻兵距海诱之战，先匿壮卒海旁，伺兵合，举火焚其舟，贼闻之，皆无斗志，伏兵乘之，擒其副贼，江乃降”。①意思就是说，张叔夜侦查清楚了宋江起义军的动向，知道他们是要到海上劫船，劫了船之后要上岸骚扰，而且想伺机拿下海州。于是在此之前做了相应的准备。其实张叔夜在海州的兵力不是太多，为了剿灭宋江，他是现募集了几千兵丁。他用一部分少量的兵力去引诱宋江部队上岸作战，而将另一支部队埋伏在海边。待到宋江他们上岸之后，出其不意地把他们劫掠的那些船只给点火烧了。这一烧不要紧，就等于断了义军的后路，因为他们在岸上的一切活动结束之后，是要通过坐船撤离的。撤离的道路工具没有了，后路断了，这帮人就慌了。义军这一慌不要紧，就打不过官军了，没有战斗力了。所以在混战当中，张叔夜就把宋江的副手给擒拿了，然后对宋江喊话说，现在你是决定打还是决定不打？如果决定打，那就是死路一条。如果决定降，我们算招安。宋江这时候考虑、权衡了利弊关系，决定接受招安。梁山义军就这样接受了招安。

在这场战斗中，整个加起来，张叔夜所动用的部队不过数千人。“伺兵合”，兵合是什么意思？包围起来了。我们都知道，在兵法上，如果想包围对方的一支部队，那自身必须是数倍于敌。由此可见，宋江这支部队的人数不会太多，充其量也就是千把人，因为张叔夜本身才不过几千人而已。

宋江这支部队接受了招安之后，张叔夜奏报给了宋徽宗。宋徽宗闻之大喜，就给张叔夜升了官。然后也给宋江赐了一个职务。赐的是什么职务？史书上没说，因为这事并不大，所以没有记载。关于此事，我们不妨参考一下《水浒传》的说法。

《水浒传》里是怎么说的呢？是说赐给了宋江一个武德大夫的职衔。这官意味着什么？相对于我们现在的军职的话有多大呢？充其量副团级，当时叫从七品。宋江这个副团级是怎么得到的呢？据《水浒传》里所写的，是他受了招安之后，按照宋徽宗的旨意征辽去了，征辽大胜，回来以后又按照宋徽宗的旨意打方腊去了，又大胜。立了这两大战功之后，给了一个副团级。而这两大战功在真实历史上不可能有，都是虚构的。那么没有这两大战功，尽管史料上没有记载，我们也可以推测，宋徽宗给宋江所授予的官衔，只会比这个副团级低，不会比副团级高，也许就是个正营级。由此可见，宋江起义这件事情，在当时影响不是太大。梁山起义的影响主要是通过《水浒传》推广传播的，使大家产生了那么一个认识。所以说历史是历史，小说是小说，两者不能混为一谈。

① 《宋史·张叔夜传》。

近几年来，在阅读历史小说古典小说中，曾经兴起过一阵解读热，想从古典小说里面解读出一些历史真相。有这么一股热潮。重灾区是《红楼梦》，《水浒传》也未能幸免，也有人去解读了。虽然它不如《红楼梦》那么容易解读。《红楼梦》一解读，那东西就多了，很好玩儿。《水浒传》也有人去解读，一解读有人忽然就解读出来了，说宋江本来就是宋徽宗失散多年的一个亲弟弟。还有人解读说，不是，你那个解读有误，据我解读，宋江是宋徽宗预先打入梁山起义军中的一个卧底。如此等等，不一而足。这些东西，我们作为一个段子，作为一个笑话，在茶余饭后说一说，乐一乐，无何不可。但是，如果把它作为严肃的学术研究去推广，去演讲，那就荒唐了。在阅读历史小说的时候，大家应该明白，历史和艺术虚构之间有个什么关系，历史是什么样，艺术虚构是什么样，两者之间的性质不一样，是不能混为一谈的，那么就不会在遇到这种情况的时候人云亦云。

讲完了艺术虚构与历史真相之间的关系，我们还是把话题拉回到历史本身。在历史上，无论是方腊起义还是宋江起义，其实都没有动摇宋徽宗统治的根基。动摇宋徽宗统治根基的不是内乱，是外患。针对宋朝的北部边患，在宣和年间，宋徽宗推行过一项重大的战略决策。然而他推行这项战略决策所导致的结果，却恰恰是事与愿违。宋徽宗在宣和年间推行了什么战略决策？其后果又是什么呢？请看下一章。

联金灭辽之谜

LIAN JIN MIE LIAO ZHI MI

第九章

在宋徽宗执政的后期，他推行过一个很重要的国策，叫作联金灭辽。有史学家指出，就是因为这个联金灭辽，致使宋朝遭遇了极大的危机，以致后来其政权被金朝颠覆。所以说联金灭辽是宋徽宗执政时期的一件大事。现在我们就来说说这件大事。

说到联金灭辽，须得回溯一下有关的历史。因为这件事情是有历史渊源的，尤其是它牵扯到宋与辽、金这几个政权的关系。

在这个地方，首先要强调一句，无论是辽还是金，包括西夏等政权，都是中国历史上与北宋同时并立过的政权，其关系正如三国时期魏蜀吴的三足鼎立。这些国家、这些政权，它们的历史都属于中国历史范畴。也就是说，这些历史都是中国历史的一部分。

我们先简单地介绍一下辽朝的历史。联金灭辽，为什么要灭它，总有个原因，这个原因是历史造成的。

辽是契丹人建立的。契丹人是什么人？是当时生活在我国内蒙古东部的一个游牧民族。契丹人在宋朝建立之前，曾经归属过唐朝。后来，他们有一个部落首领叫作耶律阿保机，这个人统一了蒙古高原，建立了国家政权，取国号就叫契丹。契丹这个词在他们民族语言中，是镔铁的意思。所谓镔铁，就是精良的、坚硬的优质铁。耶律阿保机统一了蒙古高原，后来又统一了北方的大片领土。当时他东边的领土直达东海，大片的土地都是辽朝的，过海就是日本了，那个领土面积比北宋要大。

耶律阿保机即辽太祖。辽太祖去世后，辽太宗即位。在辽太宗即位后，发生过两件大事。

一件事是改国号为辽，这时候契丹就正式就称为辽朝了。辽朝曾经有一段时间又改回去叫作契丹，但是时间不长，又改过来了，还是叫辽朝。所以我们一般就称其为辽。这是一件事。

再一件事情，就是辽朝得到了中原政权的很重要的一片土地——燕云十六州。关于燕云十六州的问题，我们下面再详细讲。

过了一百三十多年，到了辽道宗的时候，辽朝就开始衰落了，腐败、内讧、内乱不断。

后来又过了四五十年，到了辽天祚帝耶律延禧的时候，辽朝的腐败衰落加剧。宋徽宗执政时期，正是辽朝加剧衰落的时期。

辽朝在历史上与中原政权的关系是怎么样的？是有宿怨、有积怨的。历史上游牧政权是经常来骚扰农耕政权的，他们之间的摩擦比较多，这是历史渊源造成的。

而后来南北两个政权的主要矛盾就集中在了一点上。集中在哪一点上了呢？就是上面提到的燕云十六州。联金灭辽之策与燕云十六州的关系很大，所以现在需要先把燕云十六州的情况讲清楚。

燕云十六州指的是什么地方？指的是从燕京周边到云州周边这一带地区。云州是现在山西大同，燕指的是现在的北京这一带地区。过去叫幽燕、幽州、燕国。这一带地区的领土，属于幽州地区的有七个州，属于云州地区的有九个州，加起来是十六个州。如果连同此前契丹动用武力从后唐手里夺去的平州和瀛州，那就是十八个州。这十八个州，就是北方的游牧政权与中原农耕政权争夺的一个焦点。

为什么这个地区成为了两个政权争夺的焦点、交战的焦点？就是因为这一带地区非常重要。这一带的地貌是多山，山脉连绵不断，雄关险隘都在这一带，秦始皇所筑的万里长城，也就是在这一带由东往西延绵而来。

当时是冷兵器时代，冷兵器时代作战的特点，是地形占有很重要的地位。北方游牧民族主要的兵种是什么？是骑兵。骑兵适合于在什么地方作战？平原。中原的农耕民族主要的兵种是什么？是步军。步军在平原上作战是打不过骑兵的，他们必须依靠有利的地形。而燕云十六州这一带，正是最有利于他们抵御北方骑兵的一种地形，再加上万里长城，那就更便于防守。这一带地区如果被农耕民族占据，他们就有了一道天然的屏障，很有利于防御北方的游牧民族入侵。而北方的游牧政权占领了这片地区，那就可以长驱直入，横扫中原。尤其是燕云十六州最南边的瀛州，它突出到了现今河北省的中南部，从那里往南打，很快就可以打到现在的德州；往西打，很快就可以打到现今的石家庄，一马平川，一两天时间就能打到。可见这个地区的战略位置之重要。

燕云十六州在历史上是属于中原政权的，但是到了辽朝的辽太宗的时候，就转而成为辽国的领土了。为什么？就是因为当时后唐的一个节度使，叫石敬瑭，他想造反，想当皇帝。当皇帝他力量不够，怎么办？他就求助于辽朝，说你帮我把这个反造成了，让我当皇帝，我作为报酬，把燕云十六州献给你，行不行？当然行，这太划得来了。那辽国的皇帝一听就答应了，于是就帮他完成了这一心愿。结果其实是石敬瑭很不划算，他把这一带地区献出去之后，当皇帝没当几年就死了，而辽国却长久地得到了这一片非常重要的地区。从此后，这个十六州问题就成为中原政权的一个隐患，很重要的隐患；和一个心病，很严重的心病。

在宋朝建立之前，后周世宗柴荣就曾经想把燕云十六州给夺回来。他曾经打出去过，辽国来进犯后周，他领兵反击，这一反击打得很顺利，把瀛州、莫州、易州三个州给夺回来了。随着进军的速度，如果再往前打，还能再往回夺取领土。但是可惜的是，柴荣这时候患病了，病得很重，不得不停止进兵，紧急撤军。撤回开封不久，柴荣就病逝了，时年 39 岁。柴荣英年早逝，使中原政权痛失良机，没有抓住这个有利时机，把十六州夺回来。

到了宋朝开国后，宋太祖也有这个意愿，想把十六州夺回来。但是他顾不上。因为当时他是前后、南北全有敌对国家，他还没有统一中原。那么怎么办？他以有限的兵力，只能够采取先易后难的策略。

先易，易在哪里？易在南方。南方有很多小国，它在分裂着，要统一这些地方，比较好打。南方那几个国家兵力不强。宋太祖考虑，如果我先打北方，很难；假如打不下来，南方这些小国我也没力量去统一了，那还不如先集中兵力把南方给统一了。所以他就采取了一个先易后难的政策，统一了南方。但是他没来得及统一北方。

宋太祖去世后，宋太宗依然是觉得十六州在辽朝手里，对国家威胁太大，因此他也是决心把十六州夺回。为此，他组织了两次北伐。两次都是御驾亲征，然而却两次都是大败而回。

第一次，兵败高梁河，就是在现在的北京市的西直门外，通往颐和园去的那条路上。那里当年是古战场。那一仗败得很惨，宋太宗腿上中箭，差点儿没能逃回来。后来宋太宗驾崩，就是由于这个箭伤复发。

过了七年，在雍熙年间，宋太宗经过精心准备，又组织了大规模的伐辽军事行动，兵分三路。结果由于指挥上的失误，配合上的不利，宋军又大败于岐沟关。还没打到高梁河，在高梁河以南，就被辽军打败了。有名的杨家将的部队，就是在这次战役中全军覆没。杨老令公被俘殉国。

经过这次战役，宋军的主力精锐和多年积蓄起来的军备丧失殆尽，宋朝就不敢再打了，从此采取守势。就是说我不企求夺回十六州了，我只要能够保住现有边界就行了。可是，由于没有这个天然屏障，宋朝取守势也是很困难的。

在辽朝平定、解决了东边高丽国、西边西夏的边患之后，辽国又来打宋朝，你不打我我打你。这一打不要紧，由于瀛州这块地方它很突出，从这个地方出兵非常方便，辽军一打就打到了濮阳，当时叫澶州。这个地方离开封是咫尺之遥了，朝廷当时很震动。这是真宗时候。真宗差一点就想带着大臣们南迁了，不要这个京城了。幸亏有一个大臣寇准力主抗战，并且力主真宗御驾亲征。真宗当时是壮着胆子，在寇准的陪同之下亲临前线，鼓舞了士气，使战争打成了平局，这才迫使辽朝坐下来与宋朝谈判。谈判的结果，就是签定了澶渊之盟。澶渊之盟是以当地的这个地名命名的。根据这个澶渊之盟，两国约定，咱们两国之间以后再也别打了，咱们就友好相处兄弟相称了。但是，宋朝得每年给辽朝一定的钱财，来换取和平，那样辽朝就可以不打宋朝。宋朝就答应了这个要求。

在当时的一些大臣中，甚至包括宋真宗，以及后世的一些历史学家的认识中，都认为这个解决办法太好了。虽然说要给它一定的岁币，但是这个岁币的数目，比起打仗要花费的军费来讲，九牛一毛。用此可以换取和平，并且一换就是一百多年，很值得。另外，宋朝给他的这些岁币、岁贡，通过边境贸易还可以赚回来，因为宋朝的商人比他们精，赚取利润可以赚回来，这等于宋朝没吃亏。

是不是这样呢？如果从经济上考虑，肯定是这样的，很划算。从这一百多年的历史状况上来看，是这样。但是，假如从政治从军事，从更长的历史观念上来看，那就不是这样了。为什么？因为尽管你花的岁币数目不是太大，但是那毕竟是你花钱买来的和平。对方接受便罢，如果对方嫌这钱少了，再加码怎么办？再狮子大开口怎么办？对方就是你给它多少也不满意，它还要再打你怎么办？所以，这不是根本的解决办法，只是一种权宜之计。因此在历代宋朝皇帝的心目中，这还是一块心病。尽管是维持着和平，可是这和平的主动权不在自己手里，是在对方手里。所以只要是有机会收复十六州，谁想都把它收回来。

到了宋徽宗时代，已经过了好几代皇帝了，没有收回。到了他这一代，他也还是有这个想法。如果没有机会、契机便罢了，如果有这个契机的话，他肯定是有这个愿望，要采取行动。而且宋徽宗这个人又是个艺术家，他又好大喜功，又喜欢幻想，所以这个愿望是很强烈的。

而偏偏历史就似乎是给了他这样一个契机，给了他这样一个机会。这个机会是怎么来的呢？是由金朝那方面送过来的。由此我们就要介绍到金朝了。金朝怎么会送给宋朝一个收回十六州的机会呢？就是因为金朝这时候在辽朝背后捅了一刀。

金朝是由女真族建立的一个政权。女真族是在哪个地方生活的民族？是在我国的东北地区，黑龙江、松花江、乌苏里江、长白山这一带生活的一个民族，这个民族很古老。很早的历史咱们没必要扯开去说，有宋之前它是属于渤海国，辽朝建立以后把渤海国给统一了，女真就属于辽朝了。但是辽国对于女真的统治非常残酷，是非人待遇，所以金朝后来就造反了。造反者的头领叫完颜阿骨打，他在金朝的地位就好像辽太祖耶律阿保机在辽朝历史上的地位，是同等重要。他起兵造反的时候，人数很少，最初起兵只有800人，后来发展到2500人，后来又发展到3700人。就是凭着起初只有数千人的这支部队，女真人最终是把统治他们的辽朝政府给推翻了。完颜阿骨打的造反是准备了一年，起兵打了一年，第二年称的帝，建国称金。关于这个金，也有几个说法。有的说是根据他们当地的一条河流的名称来命名的；还有一个说法是，他们是针对着辽朝这个契丹来命名的。契丹不是镔铁吗？你不是优良的铁吗？我们是金。铁总是有生锈的时候，金不会。说它是对着辽朝来的。

称帝之后，完颜阿骨打就继续发展，势头很好，打败了亲自领兵去镇压的天祚帝。

在这个时候，宋朝一看，好像是有机会了。再加上有个联金灭辽的动议提出，宋徽宗就动了心了。后来经过在大臣中几次的商量，他逐渐地就形成了一个思路。这个所谓联金灭辽之策主要的思路是什么？就是以联合金朝为手段索取回报。金朝不是要打辽朝吗？要反抗辽朝吗？我们帮助你把辽朝给灭掉。那么作为回报，我们要求把燕云十六州收回到我们中原政权手里。简要地说来就是这样一个思路。那么这事整个的实施过程是怎么样的呢？宋徽宗完成没完成这个思路呢？我们先说说他的实施过程。

首先说一下联金灭辽这个政策、这个设想的提出。首先提出这个设想来的那个人并不是宋徽宗，是谁呢？是一个叫作马植的人。这马植是什么人？马植是辽国官员。辽国的一个人，怎么会提出来要联金灭辽呢？这里面就有原因了。

马植是辽国的一个三品光禄卿，听起来官还不低，但是并不受重用，因为他是汉人。当完颜阿骨打称帝的时候，他就感觉到辽朝是要完。他整天在朝廷里，看透了朝廷的腐败现象，他觉得辽朝不行了，得另找一个出路，找一个靠山。找谁？找金朝人，他是汉人，对金朝那一套不感兴趣，也看不上眼，金朝当时文化还是很落后的。找西夏就更不行了。那就得找宋朝，去投宋，所以他就决定找宋朝。找宋朝先找的是谁？找的是童贯。头几年的时候他便认识童贯了，童贯给天祚帝祝寿的时候，他们就结识了。这时候他带着自己的联金灭辽的想法找到了童贯，跟童贯说，我想回归宋朝，同时我有一个见面礼，是这么一个计策。童贯一听，这个想法不错，就把马植引见给了宋徽宗，伙同蔡京一块儿，他们两个人就一块儿把马植推荐给了宋徽宗。

这么一说这个事，徽宗也心动了，觉得这个想法很有创意，很可能能够实现。因此很高兴，就给了马植一个官，叫秘书丞。说你现在就别叫马植了，你马植是辽国的名啊，现在到了我宋朝这儿来了，我赐你姓赵，赵是皇家的姓，叫赵良嗣。也就是说你是我赵宋王朝的好子孙。由此宋徽宗就开始密切地注意辽金方面的形势动向。

过了三年，金朝越发展势头越猛，辽朝是越来越不行。这时候，宋徽宗觉得可以行动了，在1118年，就派武义大夫马政出使金国，与完颜阿骨打商讨合作事宜。当时完颜阿骨打还很惊讶，宋朝怎么突然找我来了？里面有没有阴谋什么的？召集军政大臣一商量，感觉到也没什么别的阴谋，宋朝既然有这个想法，咱们可以进一步协商。于是，这个创意就初步地得到了金朝的响应。当然具体的细节是后来经过反复磋商才形成的。

就在宋朝与金朝沟通接洽的时候，在宋朝的内部发生了矛盾。什么矛盾？就是有一部分大臣强烈反对联金灭辽，认为这种办法不行，皇帝的这种想法是不可取的。为什么呢？因为辽国跟宋朝多年没发生战争了，我们和它有友好协议，我们现在如果联合金朝去打它，那是背信弃义。另外，这辽国是我们的一个屏障，使得金国和我们不接壤，我们把辽灭了与金接了壤，万一再和金国发生战争怎么办呢？所以坚决反对。

就连当时与宋朝来往十分频繁的高丽国国王，也托为他治病的宋朝医生给宋徽宗捎来口信，劝说这个事不可取。当时高丽国对中华的医术非常仰慕，所以那个国王看病，是要中国医生去给他看。在看病的时候，他说听说你们有这么一个想法，是不是？医生说，正在讨论。他就说，你回去给你们皇帝带个话，说这样做不行。在历史上这件事是这样记载的，高丽国王托宋医捎回的口信是这样说的：“闻朝廷将用兵伐辽，辽兄弟之国，存之足为边捍。女真虎狼耳，不可交也。”①

但是，另一方面，童贯、王黼等一些实权派大臣却不是这样的看法。他们怎么劝说的宋徽宗？他们说，现在是千载难逢的一个时机，我们的祖宗谋划此事谋划了一百多年了，想夺回燕云十六州没有机会，因为我们打不过辽朝。现在趁着金朝在他们后院点了火，我们不趁机把燕云十六州夺回来，如果将来你皇上后悔，是永远再没有这种机会了，不会有的。有人怕女真虎狼耳，怕它再来打宋朝是不是？到那时我们已经把燕云十六州拿回来了，我们把雄关险隘都扼守住了，什么虎狼它能过得来吗？宋徽宗一听也是有道理。

这边也有道理，那边有也道理，那么怎么办？这时候，有一种想法在他心中是起了很重要的作用，那就是他要建立不世之功，千秋伟业。历代皇帝都没办到的事，收回燕云十六州，我宋徽宗赵佶办到了，这可以名垂青史啊，这多辉煌。所以权衡过利弊，再加上这样一个砝码，他就坚决地支持了实行联金灭辽。因此此后还是不断地派员到辽国去谈判，最后宋金终于签订了一个海上之盟，约定了双方要做的事情，义务和责任。

然而，就在双方的签约中，宋徽宗出现了一个很大的失误。他在提出他要收回来的地区时，只提了燕京旧地。他以为这么一提，就是包括了当年割据出去的全部地区了。实际上，辽国在接收了这一块地盘、这一带地区之后，他的行政区划已经跟宋朝不一样了，你提燕京地区，他就给你燕京周边这块地儿，你再提别的地方，对不起，不是那意思。在这里宋徽宗犯下了一个很大的错误，这就为此后两国之间的交恶埋下了伏笔。

宋金的那个盟约为什么叫海上之盟？是因为两国当时交往不能通过陆地，通过陆地要经过辽国，所以只能通过航海，从登州到肃州，也就是从现在的蓬莱出发到达辽宁大连，所以叫海上之盟。

签订了海上之盟之后，宋朝就应该履行和约了，金朝打哪儿宋朝打哪儿，这都是约好的。可是很不幸，天不给予方便，宋朝这时候爆发了国内的方腊起义。本来准备履行和约对辽作战的这一部分军队，陕西军精锐，不得不抽调往南方去平息叛乱，平息起义。这样一来就违约了，该出兵的时候没有出兵。

宋朝没有出兵，金朝还是照样打。不管宋朝违约履约，都一样，都要打，它都要造反。可是金朝看到该我打的我打了，不该我打的也是我打了，你根本就没打，

---

① 《宋史·卷四百八十七·高丽传》。

是非常不高兴。所以，等到童贯平息了方腊起义之后，又带兵出去帮他们夹击辽军时，他们已经对于跟宋朝的合作不感兴趣了，觉得没有什么意思了。有你我能打得下来，没有你我也能打得下来，无所谓合作不合作的。这就为后来金朝违约又提供了借口。

燕京本来约定是由宋朝自己打下来，金朝说你不是要跟我联合吗？那你就打燕京，你打下来就归你。可是最后不是宋朝打下来的，是金军打下来的。金朝就不给，说当时约定的是你自己打下来归你，现在是我打下来的，我凭什么给你？宋朝只好又通过艰苦的谈判，最后是以高额的代价，付出了高额的经济报偿，才把燕京地区，其实只有 6 州 24 县要回来。而宋徽宗最看重的云州地区则未能收回。

联金灭辽，从提出这个方案，一直到总算是从金朝手里索回燕京地区，前后历时有 10 多年，才得到了这么一个结果。

联金灭辽完成了，其后果是什么？其后果是金是联了，辽是灭了，但是没有达到宋徽宗所预期的收复燕云的效果。宋徽宗原来把燕云十六州全部收归国有的想法没有如愿以偿。同时通过联金灭辽的行动，使金朝看透了宋朝的君臣很无能、宋朝的军队不能打，对宋朝整个就产生了一种蔑视的情绪。而且，在索回燕云十六州的过程中，由于双方的利益之争越来越加剧，关系搞得越来越僵。以致最后闹得反目成仇了。

所以说，联金灭辽原来的设想是很好的，宋朝联合金朝把辽国给灭掉，燕云十六州收归国有，然后宋金成为友好邻邦，这多好啊，皆大欢喜，金朝也把辽国的旧地占领了，成了它的国土了，我们也把燕云十六州收回来了，从此我们和平相处，两国人民和睦生活，多好。可惜不但没出现这个情况，反而是两国搞得关系非常紧张，甚至刀枪相见了。后来搞到这一步，是很多人都没想到的。因此有人就说了，说联金灭辽这个政策本身就错了，就不应该联金灭辽。如果宋朝当时不联金，而是联合辽朝抗击金朝，就不会有这样一种危机了。所以联金灭辽这个政策本身，对于宋朝来讲是完全错误，是宋徽宗执政的最大败笔，他是自己给自己找了难堪，自己给自己挖了坟墓。

上述说法对不对？从表面上看，从历史现实看，联金灭辽确实是使宋朝加剧了它所面临的危机。如果没有这个事情的话，宋金之间的关系很可能不会迅速恶化到这种程度。但是，如果说宋朝的危机、汴京的陷落完全是由于联金灭辽造成的，或者说联金灭辽是北宋灭亡的根源，那恐怕还未必然。

为什么这么说？因为在当时那种情况下，宋朝并没有一种万无一失的选择可能。假如宋朝不联金，而是援助了辽朝，情况会怎么样？会好一些吗？我们分析，不会。为什么不会？因为当时的辽朝，实际上是已经从它的骨子里烂掉了。就好像一座大厦，它内部结构已经不结实了，金朝在那个地方使劲地推它。宋朝拿一根棍子在它的后墙上支住，能不能帮助他挺一阵？那是可以的。但是早晚有一天，它会被晃倒，你支撑是支撑不了多久的。

这样一个现实情况，当时就已经被证明了。当时宋朝虽然没有援助辽朝，但是有一个政权援助了，哪个政权？西夏。它与辽朝也结为友好邻邦，西夏称辽朝为舅舅，辽朝称西夏国王为外甥。西夏是曾经应邀出兵，参加过打击金朝的军事行动的，结果完全于事无补。西夏的军队也是游牧民族，打起仗来也是很凶悍的。西夏帮助辽朝，都不可能帮助它重新恢复统治，那么宋朝能吗？不太可能，充其量只能延缓一下大厦倒塌的时间。

假如宋朝不援助金朝，也不援助辽朝，在那里坐山观虎斗，这下总行了吧？宋朝谁都不惹，也没有引狼入室，这不安全了吗？其实也不行，因为当时的历史趋势是，辽朝必定会为金所灭。灭了辽之后，金朝的扩张野心不会停止，它在适当的时候依然是要向南边、向宋朝发动进攻的。有人说，它有什么理由发动进攻？你没援助辽朝啊，你没得罪它啊。那么我请问，当年的南唐得罪没得罪宋太祖？它不仅没有得罪宋太祖，而且还反复地向宋太祖卑躬屈膝，撤销了自己的帝号，只称国主，那都不行。它反复派使臣到宋太祖这里来哀求，放它一条生路。宋太祖怎么回答的？卧榻之侧，岂容他人酣睡？什么叫理由？这就是理由。我就看你待在这个地方别扭，我就想把这块地盘收归我有，这就是理由。你有种你就打，打不了你就降，就是这个理由。所以说，你谁都不帮也不行，宋金这一仗是早晚一定要发生的。

因此，清朝的学者王夫之就曾经这样指出过："夹攻也，援辽也，静镇也，三者俱无以自全。盖宋至是而求免于女直也，难矣。"① 就是说，你联金灭辽也好，援助辽朝也好，坐山观虎斗也好，三者都不是万全之策，都不可能保全你自己不受金国的攻击。所以到了这个时候，宋朝想避免与金国之间的矛盾、冲突，是不可能的了。

既然是这样，既然与金朝的矛盾冲突早晚是有一天要发生的，那么宋朝趁着这个矛盾还没有发生，金朝还没有力量来打宋朝的时候，主动地联合金朝共同行动，把燕云十六州给拿回来，巩固北部边防，这个思路是完全错误的吗？显然不是。所

---

① 《宋论·卷八》。

以说，在这一点上，完全把北宋的灭亡归结于宋徽宗实行了联金灭辽之策，是不公允的。

其实问题的关键，不在于联金灭辽还是不联金灭辽。关键在什么地方？在于军事实力。假如宋朝的军事实力足够强大，那么联金灭辽之后，金朝愿意与之友好相处便罢，如果不想友好相处，还想再进一步地有所企求，那么用不着你来打我，我先把你统一了，有何不可？在讲理的时候一定要预备着对方不讲理怎么办，这才是问题的关键。可惜的是宋朝没有那么大的实力。

那么说，这个政策没有错，宋徽宗就毫无过错了吗？不，宋徽宗对宋朝覆亡应负的责任很大。他责任在哪儿？就在于他对可能发生的种种危机没有预先的、起码的警觉。既然你的军力不够，你就更应该充分地做好一切准备，要有意识地应付一切可能发生的事变。而宋徽宗，恰恰是缺乏一个政治家和军事家的远见卓识，他对一切危机毫无警觉，以致被金军打了个措手不及。而且他的错误还不仅仅是没有警觉没有防范意识，他还做出了许多不该做的事。就是在联金灭辽之后，他还做出了若干件不该做的蠢事。这些蠢事的后果，是导致和推动了金朝悍然决定发动侵宋战争。本来金朝对于是不是侵宋，还一直处于犹豫状态，而由于宋徽宗的种种愚蠢做法，就促使金朝下定了侵宋的决心，在高层统一了侵宋的意志。

宋徽宗在联金灭辽之后都做了哪些不该做的蠢事呢？我们在下一章接着讲。

第十章

郭药师临阵倒戈之谜

GUO YAO SHI LIN ZHENG DAO GE ZHI MI

联金灭辽之后，宋朝和金朝由于利益之争不断地加剧，关系是越来越恶化，以致逐渐发展到了反目的边缘。

但是，反目不一定意味着马上就交兵，至于是否出兵攻击宋朝，当时的金朝还在犹豫，他们的高层首领在思想上并没有统一。这个犹豫期越长，对于宋朝是越有利的。因为宋朝刚经历了国内的镇压方腊、国外的联金灭辽战争，各方面消耗都很大，需要一个恢复期。金朝是不太需要的，金朝作战，他们的军备物资不靠自己的积累，他们就靠掠夺。所以这个恢复期对于宋朝来说是很重要的。宋朝如果能够延长金朝的这样一种犹豫期，就能获得更多的时间恢复休整。

可是，金朝并没有犹豫多久，很快便决定了向宋朝大举进军。这是为什么？实际上这里面有一个导火索，是有一个原因的，是这个原因促使金朝很快地下定了攻宋的决心。这个原因是什么？就是张觉事件。当然其他因素还有，因素是多方面的，但是这个张觉事件很重要、很直接。

而这个张觉事件是怎么引发的？是由于宋徽宗处事不当，做事情做得很愚蠢而引发的。并且由于张觉事件，又导致了另一个人在前线临阵倒戈，而这个人的临阵倒戈，就导致了宋朝提前面临了极度的危机。如果把这个中间过程省略掉，我们可以说，就是宋徽宗导致了宋朝提前面临了极度危机。这是怎么回事呢？我们现在就以郭药师，也就是临阵倒戈的那个人为线索，把这件事情说清楚。

这郭药师是什么人？郭药师，渤海铁州人，曾任辽涿州守将，宣和四年倒戈降宋。这个郭药师曾经是辽朝的一个大将，他手下的军队起初是由一些饥民、难民所组成的，是为平定辽朝国内的叛乱而招募的一支军队。这支部队开始的时候战斗力比较低，但是随着战争的历练，逐渐发展得很能打了，后来郭药师统领的这支军队就号称常胜军。

宣和四年，辽朝风雨飘摇。郭药师见国势不稳，又觉得自己不是辽朝的亲信，思想上产生动摇。在这动摇期间，辽朝对他也产生了怀疑、不信任，想把他拿掉、撤换，甚至杀掉。在这种情况下，他就带领了他的常胜军投降了宋朝。

宣和五年，宋收复燕京地区，以郭药师为燕京守将。郭药师原来是镇守涿州，涿州在燕京以南。宋徽宗就命令郭药师带领他的常胜军向北推进，驻扎在燕京一带，作为燕京的镇守使了。

宣和七年，金军大举侵宋，郭药师又倒戈降金。那是在他镇守燕京只有三年左右的时候，金军决定向宋朝发动全面进攻。就在金朝出兵不多久的时候，他就竖了降旗，又从降宋转为降金了。他就是这么一个反复不定的人。

郭药师降金降得很突然，金朝进军之后，他还曾经带着他的部队与金朝打了几仗，没打胜。后来知燕山府蔡靖与燕山转运使吕颐浩到他的军营中，要商量如何进行下一步的作战部署，结果到了他的军营就被扣了。然后，这个郭药师就大开燕京之门，放进了金军，使金军不费吹灰之力就把宋朝用高额代价拿到手的燕京地区又拿回去了，没有费一点事，而且守军所有的武器装备都归了金军。

郭药师这个人，先是看着辽朝不行了，就要降宋。金军出兵攻宋了，他又马上降了金。是不是这个人就是一个反复无常的小人？就是一个不值得信赖的人？当然，这个人的品性，由其表现上来看，是有很大的问题，确实是反复无常。不过，他带领着数万兵马从这个国家投奔那一个国家，又再从这个国家投奔另一个国家，这个事情不是小事，他再反复无常，总还是要有理由的。他由辽入宋，投降宋朝，是因为辽朝不信任他了，感觉到他有可能要背叛，对他起了疑心。实际上当时他还没有。辽朝这一怀疑，反而迫使他背叛了。

那么他由宋朝又倒向金朝是什么原因？是因为看到宋朝不行了，宋朝早晚要被金朝打败，他马上想改弦更张，赶快找另外一个新主人？是这样吗？那倒不是。因为当时虽然是金军大举侵宋，但是，是否就能够真正地战胜宋朝，局势还并不明朗。并不能说他当时就看出金朝一定能胜利，宋朝就衰败得像辽朝一样了，这个迹象是没有的。

是宋朝对他不好，对他不信任吗？更不是了。因为自从他降宋以来，宋徽宗对他是非常不薄。从哪些方面可以看出来呢？我们看一下宋徽宗是怎样对待郭药师的。

第一，对其委以重任。燕山地区是非常重要的一个地区，属于燕云十六州的一部分，是宋朝的北方大门、北方屏障。所以镇守这个地区的人，一定是朝廷非常信任的军事人员。燕山地区收复之后，童贯曾向徽宗提议，由他从陕西调一支军队来驻守燕山，被宋徽宗拒绝了，说不需要那样，就近我们就有一支能征善战的部队，就是郭药师的常胜军，让他挺进燕山就可以了，没有必要从陕西大老远地再调一支军队过来。由此可见，他对郭药师是很信任的，非常信任。否则的话，不会把这么重要的军事要务交给他，连童贯的建议都不听了。

当然实际上徽宗心里还有另外一个想法，是他见童贯的军权太重，想借着郭药师来制衡一下童贯。这对郭药师就更加有点倚重的意思了。

第二，允其招兵买马。郭药师从辽朝刚刚降宋的时候，人数不足一万。他到了燕山之后，就开始逐步地扩大自己的势力。他竖着他郭药师常胜军的旗号，连军服都还没换，还是穿着辽朝的军服，就开始招募军队，大量地招募。后来招募到大约十万人，号称三十万。对于他的这种举动，朝廷的一些官员感觉到有些不安，就向宋徽宗进言，这种办法是不是可以？朝廷是不是应该有个限制？宋徽宗说，不用限制，他愿意招兵买马就让他招好了。我们让他镇守燕山府嘛，他的兵越多，不是我们的战斗力就越强吗？对他没有丝毫的怀疑，所以后来郭药师的势力发展得很快。

第三，拨付大量粮草。他招兵买马就需要军饷，需要军需。这么多人，必然要增加粮草的供给。这些粮草由哪儿来？当地是筹措不到这么多的，就要由朝廷给他调拨。为了给郭药师这支军队调拨粮草，宋朝在河北、河东、河南地区大量地征集。征集得不够，不到一年就用光了，便又向两淮、江南，甚至两广地区来征集。由于他们需要的粮草数目很大，而且还有许多其他的花费，朝廷就加赋加税，以致弄得全国民不聊生，怨声载道。后来金军进犯汴京，全国上下群情鼎沸，这件事就成了宋徽宗一件大罪过。加重全国的税赋已经令人难以忍受，结果加重了半天，供给的是一个什么人？供给的是一个反叛者。所以这就成了宋徽宗一条很大的罪状。

第四，不予实行监控。郭药师镇守燕山以后，有很多官员对他是不放心的，就密切关注着他的行为。结果，在关注之中，就发现郭药师的某些举动是很不正常的。当时的第二任燕山知府叫蔡靖，这个知府蔡靖是在前一任王安中辞职之后，被派往燕山与郭药师共事的，他与郭药师共事一共两年。在这两年中，他就多次上疏徽宗，要求徽宗对郭药师严加监控。这个多次是多少次？是一百七十多次。两年的时间，就发了一百七十多道奏章来密告郭药师的动向，要求徽宗予以注意，这个频率不可谓不高。我们可以算一下，大概每周就要有一次到两次的书信，其内容全都是提醒徽宗要注意这个人。就是这样，宋徽宗也并没有在意，甚至有的奏折他连看都没有看。后来巡边部队截获了郭药师与金人的往来密信，证据确凿，呈到宋徽宗的面前，宋徽宗看了之后，还是不以为意。他说，这就是什么证据吗？郭药师与金人信件来往，就是说他是奸细？那么朕与金人也有书信来往，难道你们说朕也是金朝的奸细吗？这说明不了什么问题。就在这种情况下，宋徽宗还是没有对郭药师实行必要的监控。

所有的宋徽宗对郭药师的这些态度，郭药师是完全能够感受得到的。别人对他如何地告状，如何不信任，宋徽宗一再地替他都挡了，这个人老奸巨猾，他怎么能感受不到？他是很清楚的。更何况，徽宗还破例在汴京拨给了他豪华的住宅，赐给了他很多侍婢、美女。

所以说，他的倒戈降金，绝对不是由于宋徽宗对待他在这些方面不好，而是由于我们马上就要说到的张觉事件。

张觉事件是一个导火索，由于张觉事件的发生，宋徽宗对郭药师的那所有的厚待，便都被归了零。所以说，张觉事件的作用不可低估，而它的严重后果，就体现在了郭药师的身上。

现在我们就要说到张觉。

张觉是什么人呢？张觉，平州人，曾任辽平州节度副使。金军拿下燕京后，仍命其知平州事，然其旋即降宋。

张觉这个人，与郭药师是相同的，他在此前也是辽国的一个大将，镇守平州，也就是现今的秦皇岛一带。平州虽然不属于燕云十六州范畴，但是它与十六州的作用是一样的，都是很重要的战略要地。他原是平州节度副使，后来平州发生叛乱，节度使被杀，他就权领州事，也就是说，他就成了平州那个地方的军政一把手。金军拿下燕京之后，他观望着双方对比的情况，当时是又想降宋又想降金，但既然是金人先拿下了燕京地区，他就表示服从金人的统治。金人看出来他好像有点立场不稳，便决定暂时先利用他，待到战事平息之后，腾出手来再把他收拾掉，是有这样一个打算。这个打算被张觉探知了，张觉与手下人一商量，感到与其被人拿下，被人除掉，我不如先下手为强。因此，他就把亲金的官员斩了，带领着自己的部属，以平州的版图为见面礼，意图降宋。

就在这个事情上，宋徽宗有点犯迷糊了。在这个时候，宋朝接受不接受张觉的投降，是一个很重要的问题。当年的海上之盟是怎么说的，其中有一条就规定，宋金双方相互之间不得纳叛。也就是说，金朝的人不许接纳宋朝的人的投降，投降过去不行，我们不接纳。宋朝的人也不能接纳金朝人员。双方都不能接纳对方的叛臣、叛将、叛兵，这是有约在先的。如果已经归顺了金朝的张觉又投降宋朝，宋朝接纳了，那就是违背了誓约。违背誓约当然就有违背的后果了。所以赵良嗣，也就是首先提出联金灭辽的那个人，就提醒徽宗，说皇上，这个人我们不能接纳。他再怎么有诚意，我们也不能接纳，因为我们不能违背誓约，违背誓约的后果将会很严重。可是宋徽宗觉得，不接纳不好，还是应该以接纳为宜。为什么呢？他说张觉主动投降我们宋朝，如果我们不接纳，那其他人看了，谁还会再来投降我们呢？岂不是让那些想归顺我们大宋王朝的人寒了心吗？再说了，张觉投降他不是空着手一个人来投降啊，他是带着他的平州来的，平州还下辖着营州呢。这两个州我们打都打不下来，他把它给我送来了，我不接纳不是傻瓜吗？我不是睁着眼做傻事吗？所以说这个张觉我得接纳啊。

但是实际上，他接纳了张觉，才确实是做了傻事。因为他不知道，宋朝与金朝这时候的关系已经到了一触即发的边缘了。如果他不给金人以口实，金人还不会贸然地就决定攻宋出兵，尤其是当完颜阿骨打还活着的时候。完颜阿骨打还是很念及两国之间的友谊的，念及兄弟之谊的。后来完颜阿骨打病逝，继任者就不是这样了。但是当时如果宋徽宗严格按照誓约办事，金人就不得不考虑这一点。可是由于宋徽宗想贪便宜，就决定接纳了张觉投降，而且还让张觉继续驻守在平州。

果然，金人在知道张觉降宋，而且宋人接纳了他的投降之后，非常恼火，就出兵去攻打张觉。开始他们没有把张觉当回事，出兵比较少，几千人，结果被张觉给打回去了。宋朝很高兴，说你看，它来打一下也没什么，张觉一个人就把它给解决了。但是金人是不肯罢休的，他们感觉到如果这个事情不解决，将来再有人降宋，效仿起来，这是就个先例。降了宋也没关系，打不了也就随它了。所以一定要解决这个事，就派大将宗望带领数万人马，再次去攻打平州。

这一下子，张觉顶不住了。他的母亲、妻子都被金军给抓去了，平州也被打下来了。他带着少量的随从和儿子逃到了燕山府，请求燕山府庇护。燕山知府当时是王安中，王安中赶紧把他藏了起来。他认为当初宋朝接纳了他，现在不管不行啊。便把张觉藏到了常胜军的军营里，给他改了个名字叫赵秀才。但是金军的情报很准确，就指出来我们知道他逃到哪儿了，藏到哪儿了，你务必把他交出来。王安中想这事兹事体大，交不交？我得请示，就赶紧请示宋徽宗。

宋徽宗这时候如何决定的呢？很愚蠢，继续在办蠢事。他指示王安中说这个人咱们不要交。王安中问金人要，怎么办？宋徽宗说你找一个人冒名顶替一下，把金人糊弄一下，就可以了。于是这样一道圣旨就返回了燕山府。王安中一看，皇帝说的这叫什么事？这事第一是不应该这么做，第二是这么做了以后后果会怎么样？你想到了没有？万一金人认出来，这事不但没有解决，反而会越闹越大了。

可是圣旨就是这么下的，他没办法。他就找了一个替死鬼，真是个冤大头，那人也没什么罪，就是因为他长得像张觉，就被杀了。杀了以后，把头割下来，送到金营里面去了。果然不出王安中所料，金人根据首级的模样、特征，马上就判断出来，这个脑袋不是张觉的。这下金人就更恼火了，说跟宋朝人打交道怎么这么难打呢？宋朝人怎么这么不着调呢？一再地违约不说，现在我们打上门来了，要个脑袋还给我送来个假的，想糊弄我们，这宋人真不可交，很不可交。所以很恼火。金人就再发通牒。说要么你们赶快把张觉的首级给我们送过来，要么我们打过去自取，我们自己把它拿过来。你们看怎么办？赶紧给个话。

王安中见这事果然闹大了，只好再赶紧上奏徽宗，请示怎么办？这时候宋徽宗的决定又是愚蠢透顶，所以说他是一错再错。这时宋徽宗应该怎么做？作为一个皇帝，到了这个时候，就应该顶住了。当初赵良嗣，还有其他的一些大臣都劝告过他，不能接纳张觉，但是他接纳了。既然接纳了，这时候张觉就是你的臣下，就是你的子民，你的子民到了生死关头，作为皇上，你就应该去保护他，因为你接纳他了嘛，否则你别要他。可是到了这种时候，到了需要宋徽宗拿出魄力、拿出勇气来的时候，宋徽宗软弱了，不敢这么做了，不负责任了。他就指示王安中说，既然金人要得紧，假如咱们不给他，他们就要打过来，那我们没有必要为了一个张觉跟金人闹翻了脸，那就把张觉给他算了。不仅给他张觉，而且把他的家属，只要有的，一块儿都送给金营，作为我们的道歉。

王安中一看，哎哟皇帝啊，你说的容易，让我怎么办这事？然而圣旨难违，能办也得办，不能办也得办。于是，王安中就真的把张觉给杀了，然后连同张觉躲进常胜军时带去的两个儿子一块儿绑了，送给了金人。这下金人感觉到自己的威胁有效了，满意了，暂时没有再进一步的举动。于是徽宗松了一口气，觉得这事总算是平息了。

金人那边暂时没有举动，好像是事态平息了。但是郭药师这边不干了。为什么？兔死狐悲，物伤其类。张觉是降将，他也是降将。为什么说宋徽宗做的是蠢事呢？他做的这件事，牵扯到的不只是张觉一个人，牵扯到的是整个辽朝的降兵降将。郭药师听说了这个事后，当面就质问王安中，说现在金人是要张觉的首级，你们给了，假如明天金人又点着名要我郭药师的首级，你们是不是也如法炮制？王安中被问得无言以对，没法回答。郭药师说完以后是拂袖而去，从此见了王安中根本理都不理。而郭药师手下的那些将士们，从此更是不满情绪日甚一日。

这时候王安中就害怕了。虽然他是燕山知府，郭药师是燕山府同知，地位应该在他之下，但是驻守燕山的这支军队，是郭药师的常胜军，他没有兵权，所以实际上燕山的实权是在郭药师手里。而这帮兵痞是什么事都能干得出来的。王安中觉得，我要是再待在这个燕山府，那就是与狼共舞了，说不定哪天郭药师找事，我这脑袋便没了。就赶紧托词身体不好，干不了了，要求辞职。于是徽宗就换了一个燕山知府，叫蔡靖。后来这个蔡靖果然就被郭药师绑了献给金人了。

张觉事件造成的结果是什么？一个结果是使郭药师起了反心。郭药师虽然是有反复无常的品性，但此前的倾向还不是必反。实际上，当时辽朝的很多将领都曾经有过这种经历，就是我投降了金朝了，但是过两天金人走了以后，我忽然又反叛了金朝。这种情况不是郭药师一个人有，其他人也有。郭药师的品性中有这种反复无常的因素，可是如果没有这件事，他本来还是没有反意的。可是由于这件事，使郭药师就起了反心。他觉得宋朝很不可靠了，你宋徽宗对我再怎么好，在关键时刻，你会出卖我。这是一个很不良的后果。

另一个结果就是，促使金朝下定了伐宋的决心。在此之前，关于是不是要伐宋，在金朝的首领当中进行过若干次的讨论。这些讨论都是在完颜阿骨打病逝之后。病逝之前不讨论，因为完颜阿骨打的意思是不要打宋朝。完颜阿骨打逝世之后，那些主战派将领又提出了这个问题。不过虽然是提出来了，但是即便是主战派的将领，也觉得宋朝不是那么好打的。尽管在征辽战场上，看得出宋军的战斗力不是太强，有点像纸老虎，但是宋朝毕竟是个庞然大物，纸老虎也有一定的体积在那个地方。后来进攻宋朝的一个主要的西路军将领宗翰，当时也有顾虑，说宋朝这么大，四面被边，也就是四面都有邻国，这邻国与宋朝都有些不和谐的因素在里面，然而宋朝立朝一百多年，发展得非常富强，由此看来这个国家的势力不可轻视。

但是张觉事件发生之后，他们不这样看了。为什么不这样看了？因为张觉事件发生之后，郭药师有了反心，常胜军有了反心，这事金朝马上就知道了。不仅仅是郭药师和常胜军因为张觉事件产生了反意，还连带着山前山后宋朝招募起来的很多义勇军也起了反心。他们斗志涣散，不愿意再为朝廷卖命了。因为他们从这个事情中，看到朝廷是不讲信义的，是不值得依赖的，说不定什么时候就会把他们给卖掉的，所以斗志涣散，没有了战斗力，没有了战斗意志。这个情报很快地就被金人给拿到了。金朝的军政首脑一商量，说这时候如果进军，宋朝的部队再多也不怕，因为他们没有战斗意志。这是天赐我的良机，天赐良机，我们不抓住它，什么时候打？由此，便很快地制定了作战部署。也就是说，使宋朝的危机大大地提前了。所以可以说这是由宋徽宗一手导致的危机。

宋徽宗做了那件错事，也就是导致了张觉事件后，难道他就没有一点忧患感觉吗？就没有觉得自己做的这个事情会对郭药师和其他的辽朝降兵降将有刺激吗？实际上他也有这样的感觉，他还没有麻木到那样一种程度，也觉得这事有点不妥。因此在这件事情出了之后，他曾经想做出一些补救，也采取了一定的防范措施。可惜的是，他的防范措施都被郭药师给挫败了。事出之后，他采取了什么防范措施呢？

第一，是招郭入朝，明升暗降。当时徽宗是想到了，这个事情有可能对郭药师思想上产生影响，在前方如果继续让他掌握部队，不太妥当。那怎么办？我给他升个官。升什么呢？升太尉。太尉是宋朝武职当中的最高级官员，品级是正二品，与兵部尚书同级。如果拿到现在来说，就相当于正部级了。他想用给郭药师升官的方式，将其软禁到朝廷里来。请到朝廷里，给你优厚待遇，但是脱离部队、夺去军权，另外派其他人去掌握这支部队。

郭药师老奸巨猾，他一眼就看穿了徽宗是什么意思。因此就一再地上表推辞，说我郭药师降宋以来，还没有建立过什么大的功勋，现在给我这么大一个官往那儿一坐，我感觉到于心不忍，很不敢当。还是希望皇帝让我在边陲先立了功再给我升职比较好。坚决不去。宋徽宗也不便硬调，因为硬调容易搞僵，如果闹翻了更不好，毕竟现在军队还在郭药师手里。这一招儿就失败了，没搞成。

这一招儿没搞成，又出了一招儿，派贯巡边，密做监察。贯，童贯。宋徽宗就想派人去看一看，到底郭药师现在是一个什么状况。很多人都告过他的状，他的表现是不是如同告状的情形一样呢？如果是那样，就命令童贯，你可以便宜行事。什么叫便宜行事？就是想办法，采用任何手段都可以，给我当场把他除掉。搞暗杀这一套事童贯是内行，用不着徽宗教，徽宗只要授予他这个权力就可以了。于是童贯就以巡边的名义到了燕山府，见到了郭药师。

郭药师对徽宗的这个做法也是一眼就看穿了，巡什么边？不就是不放心我吗？不就是要派童贯来监视一下我吗？那我做给你看就是了。于是，他采取了软硬两手，就把童贯给哄了。

怎么样的软硬两手？软的一手，是好吃好喝好招待，亲自出迎十数里，然后隆重宴请，把童贯伺候得非常好。其礼节，就相当于儿子伺候父亲一样，照料得无微不至。童贯这个人吃捧，郭药师对他这样以父礼相待，他感到很舒服。这首先就博得了童贯的好感。

硬的一手，就是让童贯看看他的军力，他的实力如何。郭药师布置了一场军事演习，这一场军事演习搞得是浩浩荡荡，杀声震天。童贯登高一看，马上就看出门道来了，因为童贯是会带兵的人，他看出来这个人绝对是一员良将，有带兵能力，懂兵法，懂阵法，不可小看。而且，尤其是看出来在这支军队当中，郭药师的权威是独一无二的，换另外一个人，未必指挥得了。就好像他童贯在陕西军一样，甚至比童贯在陕西军军中的威望还高。他心里就有数了。

在临走之前，童贯又接受了郭药师送给他的大量的礼物、珠宝。这样，回到汴京之后，他就对徽宗汇报，说郭药师这个人非常可靠，非常值得信任，而且他的能力不可小看。所以我们对这个人一定要好好安抚，千万不要和他闹什么矛盾，我们用他的地方很多，将来我们就指着他来抵御北方的侵略者了。听童贯这么一说，徽宗便放了心，就很幼稚地以为从此可以高枕无忧了，那想法非常幼稚。直到郭药师反了，这个消息传来了，他才大吃一惊，如梦方醒，才想到要赶紧调整部署，可惜那时候已经晚了。

郭药师这一倒戈，给宋朝带来了什么麻烦？对宋朝的危害非常之大！具体有什么危害？

第一，打开了宋军的防卫之门。燕山一带是金东路军需要攻克的一个重点堡垒，攻克了燕山，再往下就是平原，没有什么险关险隘可守。郭药师这一投降，等于宋朝把大门敞开了，金军就可以长驱直入了。在燕山以南如果再有军队想阻拦的话，那就非常吃力，就不容易挡住金军了。

第二，加强了金军的进军兵力。当时的金朝，真正能够作战的部队数量与宋朝是不能比的。两次侵宋，金军都是兵分东西两路，每路的兵力六万左右。而在这六万左右当中，每一路真正的女真兵不过两万，也就是不过三分之一，其他都是辽兵、奚兵，还有一些汉兵，以及其他一些国家、民族投降的兵马，不是它的嫡系。所以金军的兵力并不多，一支东路军充其量六万人，打汴京是不够的。

郭药师这一支军队，我们前面讲了，当时在燕山一带大肆招兵买马，号称招了三十万。当然三十万他是吹牛，是为了向宋朝要粮饷。不过虽然没有三十万，数万人马总是有的。这些人马反过来变成了金军的一部分，金军的兵力就大大地增强了。郭部倒戈后，除了留下一部分常胜军继续镇守燕山，其他的兵力都随着金军南下去打宋朝了。

第三，为金军提供了准确的军事情报。郭药师已经投降宋朝三年左右，他对宋朝的情况已十分了解。尤其是他往返燕京与汴京之间多次，对汴京周边、燕京周边以及中间地带哪条路能打，哪条路不能打，哪个城市抵抗力量比较强，哪个地方根本就没有抵抗能力，他是一清二楚。由于他给金军提供了准确的军事情报，就使得金军进军非常顺利。

最重要的是，当金军推进到庆源附近的时候，传来了宋徽宗禅位的消息。金东路军的统帅宗望有点犹豫了，顾虑说是不是宋朝已经有了准备了？有了准备我们再去打，恐怕占不到便宜。西路军被拖在了太原，就东路军这一路六万人，能打赢吗？是不是我们就此停止进军得了？这时郭药师说，不不不，不要停止，宋朝廷里发生这种变动，实际上是他们乱了阵脚的表现，我们现在正好乘虚而入打进去。停止进军，就是坐失良机了。宗望听了这话，才命令部队继续往前推进。结果正如郭药师所料，宋朝这时候并不是因为有了准备才发生皇帝禅位的，而是因为当时慌作一团了。因则汴京的危机，就由这个郭药师指导着迅速地造成了。

第四，使金军获得了大量的作战物资。这一点也很重要。因为金军是由游牧民族组成的，游牧民族作战有一个特点，便是不带后勤辎重。那么他们吃什么？用什么？他们是因粮于敌，以战养战，就是打到哪儿我抢到哪儿，抢到哪儿我吃到哪儿。如果能够抢到给养，作战的时间就支持得比较长，如果抢不到给养，那么就得速战速决，闪电战，打了就跑。

金军从燕山府一路下来，一路抢，一路维持才能打到汴京。要想围困汴京，必须有充足的粮草，可是他们带着的不多。郭药师知道金军的这个特点，就又给金军出谋划策，说我们到了汴京之后，先不干别的，先派一支部队直插牟驼冈。为什么？因为那里有粮草。当年郭药师投降宋朝后，宋徽宗招待他，和他一块儿君臣娱乐，在牟驼冈一带打过马球，那个地方有个马球场。但是那里除了马球场之外，更重要的还有宋朝的军粮粮仓和军马的牧马之所。也就是说，是宋朝军队的后勤基地。把那个地方夺下来，就等于夺取了宋军的后勤物资。由于郭药师的指点，金军到了汴京城下，就派出一支军队，马上袭取了牟驼冈，使得宋军的大量粮草，还有战马两万匹，全部落入了金军的手中。这一下金军就有了底，再打就不怕了。所以后来包围汴京，再围困十天、半月、一月，金军都耗得起，他们有了充足的粮饷。

由于这几点，就使得汴京的危机十分严峻了。而这一切严峻情形，都是由于宋徽宗自作自受造成的。

到了这个地步，宋徽宗后悔也晚了。宋徽宗知道了，我对张觉不该那样对待，我对郭药师也不该那样对待。可是，事情已经做出来了，这时后悔也于事无补了。

所以朝廷上下后来对宋徽宗的意见非常之大，抨击的矛头直指徽宗，很多的怨气都直指徽宗，就是因为他一错再错，并且当初并不是没有人指出，而是一再指出了他都不听。众多朝臣都认为导致这种严峻局面，完全是他自作自受。

那么自作自受的后果已经形成，严峻局面已经形成，怎么办？那就应当敢于面对现实。作为一个皇帝，在这种时候，无论这种局面是不是由于他的责任造成的，他都应该挺身而出，号召和领导全城军民、全国军民奋勇抗击敌寇，这才是他应该做的。可是在这时候，宋徽宗却偏偏又做出了一个与此恰恰相反的决定。那是个什么决定？请看下一章。

第十一章

宣和七年十月，金军大举侵宋。金东路军势如破竹，直插汴京，引起了宋朝朝廷的大动荡。其中最大的变故，就是宋徽宗的禅位。

在这样的严峻时刻，宋徽宗做出了一个决定，这个决定就是，皇帝朕不当了，这个烂摊子朕也不收拾了。这很显然是不负责任的行为。作为一个皇帝，他怎么能这样呢？在朝廷最危急的时刻，怎么能把责任给扔了呢？情况并不是这么简单。其实促成宋徽宗做出这个决定的，固然确有他不负责任的因素，但并不全是这种因素。

那么还有什么因素？这就要看一下当时的情形了。当时宋徽宗知道自己犯了严重错误，也是很着急，想挽回。他看到金军的攻势实在是太猛烈，意图先设法把战争停下来，就派了给事中李邺出使金营去谈判，劝说金军，我们有话好商量，干吗非要打呢？我们原来相处得不错，都合作灭辽了，干吗闹得这么剑拔弩张的？李邺就领命而去。

李邺到了金营后，金人的将领不跟他谈任何条件，就让他办一件事。什么事？到前线去，看着我们金军怎么攻打你们宋朝的城池，看看我们的作战情形。结果这一看不要紧，就把这个李邺吓得是七魂出窍。李邺看了半天金人攻城作战的情势，什么也没谈上，就被轰回来了。被轰回来以后，就带回了他所见到的六个“如”字。所以宋朝军民后来就给他起了个外号，叫“六如给事”。

李邺带回了哪“六如”？这个李邺回来后，就很恐慌地对徽宗和大臣们讲，说金军是“人如虎，马如龙，上山如猿，入水如獭，其势如泰山，中国如累卵。”①

---

① 《三朝北盟会编·卷二十八》。

渲染金军无论是天上、水里、地下，那都是勇猛得很，矫健得很，指哪儿打哪儿，进军如泰山压顶之势，中国是眼看就保不住了。他这么一说，就更加重了宋朝军民的恐金意识，就觉得金军跟天兵天将一样，我们抵御不了，我们没法打。所以说李邺出使非但没有解决任何问题，反而带来了极严重的恐金情绪，把事情越办越坏了。

在这种情况下，宋徽宗就赶紧地问这个，问那个，哪个大臣有主意，快点给朕讲一讲。有个大臣叫宇文虚中，官名是中书舍人，这时候就说了，说现在还是得赶紧鼓起我们的勇气来。怎么能鼓气勇气来呢？大家得齐心，怎么才能齐心呢？皇上啊，这就得靠您了，您得下个罪己诏。为什么您得下罪己诏呢？恕臣下直言了，现在大家觉得有很多事情都是您造成的，所以说群情鼎沸，矛头都指着您呢。如果您不表个态，这人心也没法统一，人心没法统一，咱们这个士气也鼓不起来。再者说了，攻方腊的时候，那童贯童太尉不也是模仿您的口气下了个罪己诏吗，下了罪己诏，效果很好，全国人民因此都很拥护朝廷，于是那个方腊军力就削弱了，咱们就打胜了。

徽宗一听，既然如此，没办法，那就下吧，不就是要骂我吗？那就骂吧，由你来起草。于是就由宇文虚中起草，写了一个罪己诏。在这个罪己诏中，宇文虚中就列举徽宗的种种不是，哪个地方做得不好，哪个地方祸国殃民，哪个地方实在是大错特错，把徽宗骂了个狗血喷头。

同时，不仅仅是从语言上来检讨自己，而且从实际行动上，宋徽宗也废除了很多不得民心的政策，撤销了很多不得民心的机构，确实是能采取的措施都采取了。

这些事做完了之后，效果怎么样？效果很不明显。为什么不明显？这还是要怪徽宗自作自受。徽宗上台以来，做过很多的事，都是出尔反尔。他自己说过的，后来自己又变了。上一次他下罪己诏，也是把自己骂得狗血喷头，撤销了很多部门，什么应奉局、采石厂、大晟府等，享乐的、娱乐的，搜刮民财的机构，都撤销了。可是，待到方腊被平息了之后，这些机构又恢复了。这时候你再下罪己诏说，我这不对，那不对，我这撤销那撤销，谁信啊？等着危机过去，你还不是照样恢复，所以效果不好。朝廷上下还是对徽宗指责，谩骂，有很多的不满情绪。各地甚至又出现了农民起义，民间的内乱也起来了。

在这个时候，徽宗怎么办？罪己诏也不管用，要不就迁都吧？赶紧地带着大臣迁到南方去。可是大臣们都不想这样做，不想这样大动。因为迁都这个事，牵一发动全身，皇家可以有很多的车辆运输，我们单家独户的，家属家产怎么办？就一个人跟着你跑，还是全家都跟着你跑，我们的房产都跟着你跑能行吗？都不愿意，遭到了很多人的反对，于是迁都之说就被否决了。

逃跑不行，怎么办？那就得守。走不了，只能守。守，让谁守？得有一个领头人，能够威孚众望的。可是这个人不好找。徽宗受到指责，他所宠信的蔡京、童贯那些大臣同样也受到指责。贪官污吏就是他们这一伙儿，都是他们这一堆嘛。按说应该是让童贯领兵，可是童贯现在的威信不行，让他作为守城主帅，肯定不合适。

那么让谁做主帅？一时找不到人选。这时候徽宗才看出来，怎么满朝文武是养了一帮废物？真到关键时刻没一个顶用的。其实大臣们这心里也在想，怎么到了紧要时候，这皇上就看着像个废物，一点办法没有啊？互相看着都像废物。

他们老互相埋怨谁是废物也没用啊，这时候有一个给事中，叫吴敏的，就推荐了一个人才，这个人叫李纲。李纲是什么官职？李纲当时的官职，是在朝廷里管理礼乐、郊庙等事务的，叫作太常少卿，是太常寺的副主官。但是这个人实际上是有才能的，只是因为他说话比较直，以前不得重用。当时那些官员不攀附蔡京的不多，他也曾经巴结过蔡京，攀附过蔡京，但是不行，他说话太直，巴结半天一句话又得罪了。所以他虽然有才能、有能力，但是长期以来并不受重用。此前他被贬到地方上做一个盐税官去了，前些时候刚从地方上又调回京城，当了个太常少卿。徽宗对李纲有印象，但是不深。经吴敏这么一说，他想起来了，有这么一个人，前些时候还上过一本，叫作御戎五策。提出过五个建议，说的是怎么样抵御外族的侵略，好像很有见地。徽宗这时候想起来了。说那你就把他召来，朕与他谈一谈。就这样，吴敏就把李纲叫到了徽宗那里，说皇上要召见你，谈一谈，看看你有什么办法能对付目前的危局。李纲就来了。

李纲来了以后，徽宗与他进行了交谈，觉得这个人确实是有能力，有见地，可堪大任。于是就说，现在朕想把守卫京城的重任交到你手里，行不行？李纲说，皇上有命，臣是在所不辞。但是臣有个要求，不知皇上能不能做到？徽宗说，有什么要求，你尽管提。李纲说，这个要求说起来有点过分，但是臣以为非这样做不可。臣的要求，就是请陛下把皇位禅让给太子。徽宗听了，沉吟了一会儿，说这个事儿得容朕考虑考虑，不能马上答复你。这事儿太大了，得考虑一下。李纲说好，臣下可以等，但是事情很急，恐怕皇上能够考虑的时间不多。

李纲告退之后，徽宗就召集了当时的太宰白时中，少宰李邦彦，还有给事中吴敏等几个人，把与李纲谈话的情形说了。说李纲提出来这么一个要求，诸位臣工商量行不行。白时中觉得不合适，后来又有很多内侍都觉得不合适。但李邦彦觉得行，吴敏也觉得行。那么这就要由徽宗自己做出决断了。

徽宗经过考虑，做出了决定，他可以禅位。因为他不能犹豫得时间过久，必须当机立断。吴敏就给他提出过，说犹豫过久，皇上就是想同意也不行了，必须早做决断，速做决断。

宋徽宗做了决断之后，就要马上施行。他一方面通知大臣们，集中到垂拱殿迎接新君即位；一方面就派人去通知太子赵桓来继位，说朕决定立即把皇位让给你了。

可是他没想到，这件事情在太子那个地方竟然遇到了强大的阻力、抵触。太子赵桓一听这个事，感觉到很突然。我完全没有思想准备，怎么突然说让我接班了？形势这么紧张，我接了班怎么办呢？你说你当爹的怎么在这个时候让我接班，这太不仗义了。太子很生气，就坚决表示，我现在不行，儿臣不敢。

大臣们一看不行，赶紧回来向徽宗汇报，说太子现在不接受皇位，这事不好办啊。徽宗听了很生气，说养兵千日还用在一时呢，我立你做太子是为什么？不就是为了有朝一日让你接班吗？现在真轮到让你接班了，你不干了，这不是坑爹吗？什么叫坑爹？这就绝对是货真价实的坑爹。你说你没准备好，都位居东宫十年了，你还没准备好，你时间都去哪儿了？你都干什么去了？不行，这个皇帝现在他当也得当，不当也得当，你们把他给我拖来。在徽宗的指示下，太监们就连拖带劝，把赵桓弄到了福宁殿，但好说歹说也没说通，赵桓就是不去见群臣。

大臣们在垂拱殿那儿等着见新皇帝，一等不来，二等也不来，天都黑了，皇帝也没来。白时中和李邦彦商量一下，觉得让大臣们都在那里站时间久了也不合适，也不庄严，只好宣布说今天还有些事没办完，即位仪式就先不举行了，明天早上再来举行。就把大臣们先遣散了，回头继续劝太子。

劝到深夜的时候，赵桓才同意了。第二天举行了即位仪式，新帝赵桓，就是后来庙号所称的宋钦宗。实际上严格地说，这位年轻皇帝才是真正的亡国之君。因为北宋亡国是亡在他执政时期，只不过因为他执政的时间比较短，虽然跨着两个年头，实际时间只是一年多，所以历史上就把徽宗和钦宗共同称为亡国之君。

刚才这个过程讲完，我们就可以了解到了，当时宋徽宗是面临着巨大的压力，不是说他完全的百分之百的就是不想负这个责任了，他也有迫不得已之处。当时他面临着哪些压力？我们归纳一下。

第一条压力，金军的迅猛进攻与犀利声讨。金军的进军速度是很快的，尤其是在得到了郭药师的帮助之后，东路军基本上没有遇到什么像样的抵抗，一路挺进。

当时吴敏他们劝说徽宗禅位的时候，金军已经打过庆源，过了中山了。这意味着什么？意味着按照这个进军速度，金军打到汴京城下应在十日之内。十天肯定能打到。所以当时吴敏对徽宗说，皇上你要早做决定，不能超过三天。如果你超过三天还没做决定，那就不用做什么禅位决定了，你就准备领导抗敌就是了，就得组织军队抗敌了，做别的都来不及了。为什么宋徽宗很快地决定要禅位，因为没有时间了。

还有金军的犀利声讨。金军在进攻的时候，总是要有一个借口的。不能说我打你没理由。其实当然是没有什么理由，它就是想打宋朝了。但是这是两国交兵，国与国之间的争斗，总是要找一个借口，才显得师出有名。这个借口是什么呢？金军就说，我们是帮助你们讨伐清除昏君来了。你们宋朝人在赵佶的统治之下，生活得那是太艰难了，太困苦了，太痛苦了，我们金朝人都看不下去了，忍不下去了。你们无力反抗，我替你反抗。所有的侵略者都是这种话，都是这借口，我们给你们带幸福来了。

为了使得这个借口有力，金军就把赵信所犯的种种罪行，在讨伐檄文里骂了个狗血喷头，骂的比那个罪己诏当中的还要厉害，说我们就是为了清除这昏君来了，要吊民伐罪。所以当时童贯他们看到这个通牒后，怕徽宗接受不了，开始都不敢呈给皇上看。但是徽宗说，他们写的是什么，你给我看一看。看了以后就说了几个字，休休休！就是觉得完了完了完了，我待不住了，我这个皇帝是当到头了。

再一条压力，是国内的混乱局面与怨声载道。由于这样的一种严重的战争危机，国内的危机也同时爆发了。而且大家的矛头直指皇上，说这种局面就是皇上你造成的，你种种的不是所造成的，多少年来积累的弊病所造成的。当时国内对他的反对声浪，也是一浪高过一浪。

第三条压力，是李纲的明确主张与坚决态度。李纲是直接提出来了，说让我领导抗金，让我主持守城，都可以，但是就是想请陛下禅位。这不是说说就算了，他的态度是皇上必须这样做，怎么体现必须？李纲上了一道血书，他是刺破自己的手臂，用鲜血写下的这道奏章。这个态度是非常地坚决。他说不这样的话，臣不敢保证能够把这事办成，也不敢领这个命。

在这种情况下，宋徽宗就要很严肃地考虑一下了。禅还是不禅？这是个很严重的问题。如果禅了位，可以无责一身轻，我可以一走了之。但是从此以后，再想当这个皇帝，我再想拿这个权柄，是拿不到了。这件事情是很痛苦的。没有掌过权的人没有那种体会，掌过权的人，一旦失去了权柄，他绝对是浑身不自在。

那么不禅？不禅，就要面对着种种的压力，就要坚决领导抗金，就要冒着战败、被俘等的风险留在汴京。怎么办？

最后考虑的结果，徽宗还是决定了禅位。因为一来是他觉得自己恐怕没有这么大能力力挽狂澜，而且对25年以来的政治生涯也有些厌倦了。本来他也不是一个热爱政治的人，只不过是命运把他推到了皇帝的位置上，他其实早就对理政厌倦了。另外从他的性格上，也是顶不住这些压力的，很难顶得住。所以最后他决定禅位。

但是在禅位这个举动的背后，从内心里来讲，他是情愿还是不情愿？我们通过他的举动，可以分析出来，在做出这个决定之前，他是相当矛盾的。他既有不情愿的一面，也就是不愿意失去权柄的一面，又有情愿的一面，就是又有想把责任给甩出去，图清闲去，我什么都不管了的想法。

不情愿的一面，是体现在哪里？体现在李纲提出来请他禅位的时候，他曾经向李纲提出了一个折中的方案。他说假如朕不禅位，但是把权力交给太子，请太子监国，行不行？李纲听了以后是坚决地予以了拒绝。李纲说，请太子监国，这是平时可以做的事情，但是现在是非常时期，非常时期就要有非常的举措，你请太子监国，这个举措太轻了，不足以号令四方。因为我们现在面临的，是全国人民的危机，不仅仅是汴京城，所以我们必须动员全国人民团结抗金。太子监国怎么能有这么大的威望？这么大的权力呢？大家都知道，所谓监国，最后的决定权还是在皇上。他不是皇上，他就没有最后决定权，所以说这个法子不行。这一席话就让徽宗死了这条心，最后才只能决定禅位。本来他想采取一个折中的办法，这是他不情愿的表现。

他的情愿表现在哪儿呢？表现在李纲提出让徽宗禅位之前，徽宗已经有了下意识的举动了。这个举动是什么？就是在此之前不久，他做了两件事。一件事是任命太子为开封牧。开封牧就是主持京城军政的主官。他已经把这样一个重任压到太子身上去了。在这个时候担任主持军政的主官意味着什么？意味着就是要领导抗金，当前的头等大事就是抗金了。

再一件事是他赐予了太子赵桓一件东西，这件东西叫排方玉带。排方玉带是什么？据史料记载："排方玉带，非臣下所当服也，帝时已有内禅意矣。"① 就是说，排方玉带不是一般的臣属应该佩戴的饰物，如果要佩戴，他必须是拥有君主的身

① 《续资治通鉴·卷九十五》。

份。宋徽宗在这个时候把排方玉带赐予太子佩戴，就表明了在他的内心里，已经有了这样一种考虑，就是把自己的位置让给太子。这是一种信号。

实际上，李纲正是看到了这个信号，看出了徽宗内心里已经有这个意思了，只是还没有决断而已，所以他才敢刺血上疏，提出请求，请皇上禅位。他只是促进了一下，其实最根本的意思，应该说还是徽宗自己内心的一个意愿。如果徽宗没有这个意愿，其他人劝那是劝不动的，李纲也不敢，如果那样的话，李纲就是谋反了。你想让皇上退位，什么意思？他也没这个胆子。他正是看到了这种信号，才敢于提出这样一个方案，让皇上早一点做出决定。

所以说，徽宗最后还是由于没有顶住当时的各方面的压力，加上自己确实也对政治厌倦了，才做出了禅位决定。

宋徽宗没想到太子赵桓在面对他这个决定的时候，产生了抵触，这是他没意料到的。所幸最后还是把赵桓给劝说得服从了他的决定。如果赵桓就是至死也不从，在这种时候，这个皇帝我就是当不了，怎么办？宋徽宗还有没有备用人选？他还有一个，那也不会让禅位的决定落空。禅是肯定要禅，徽宗想禅位，那个决心是扳不回来了。他既然已经决定了，就是非禅不可了。如果赵桓坚决不当皇帝，那恐怕就是要立另外一个人。

那个人是谁？是宋徽宗的第三子，郓王赵楷。郓王赵楷是赵桓的三弟，但是赵桓的二弟早夭，生下来没多久就去世了。所以赵楷就相当于老二。说起这个老二和老大之间的关系，很微妙。

赵桓是长子，而且他是王皇后生的，嫡出。所以顺理成章，他 15 岁的时候，就被立为太子了。十几年一直没变。按说，由他来继承皇位是名正言顺的。但是后来的情形，变得不是那么确定了。这里面的原因就微妙了。微妙在什么地方呢？就微妙在赵楷和赵桓相比，更得宋徽宗的喜爱。虽然他不是嫡出，也不是长子，也没有被立为太子，但是他这个人，和徽宗更合得来，甚至可以说在所有的皇子当中，赵楷是最受徽宗喜爱的一个儿子。

赵楷最受徽宗喜爱，有什么体现吗？有。按照宋朝的制度，一般是不给皇子授实职的。给他们优厚的待遇，给他们封王号，这都可以，可是，一般不让他们担任任何实际的职务，以免他们之间出现矛盾了，争斗了等。可是对于赵楷，宋徽宗破了例，他不仅授予了赵楷实职，而且这个实职非常之重要。他授予了赵楷什么实职？提举皇城司。提举皇城司是什么职事？就是警卫皇宫，是皇宫警卫部队的司令员。也就是说皇宫里这些人的安全事务，保卫工作都由他来负责。这是相当重要的一个职位。

由此很多臣属就看出来了，宋徽宗说不定哪一天有可能把太子换成赵楷了，私下里有这个说法。所以这个关系很微妙。那么赵楷自己有没有这个想法？他是不是想争夺太子的地位？这个话他不能说，谁也不敢说这个话。可是在宋徽宗禅位当晚的一个举动就暴露了，他非常有这种想法。

当时赵楷有什么举动？在禅位的当晚，也就是在徽宗要求赵桓当皇上接替他的皇位，赵桓坚决不同意的那个晚上，赵楷带着他的随从，差点制造了一次闯宫事件。当晚他带着随从去了大内，要进宫找皇上，面见皇上。

平时赵楷进宫，那是如蹚平地，因为他就是警卫皇城的主管嘛，他说要进去，那就随便进，没有问题，所以他也没想到这晚上他进宫会受到什么阻挠。可是，当他刚来到第一道宫门口的时候，就被士兵给拦住了，不许进。赵楷就很不高兴，说你不知道我是谁吗？不认得我吗？士兵说，实在对不起，今天晚上我们上司的命令是不允许任何人进宫，谁都不允许进。这时候赵楷仔细一看，才发现，守卫宫门的不是他的提举皇城司的那些兵士了，被换掉了。这就更不高兴了。为什么把我的卫队换掉啊？也没给我打声招呼啊。就说找你们的上司来，我要跟他说。

守宫的士兵就请来了他们的上司。他们的上司是谁？是步军都虞侯何灌，这是一员战将，后来在汴京保卫战中殉职了。这时候他就过来了，他是当日奉命调他的禁军来接替皇城警卫的。他过来一看，是郓王殿下，问郓王有什么事吗？郓王就指着那些士兵问，这是怎么回事。何灌说，末将是奉皇上之命，前来守卫皇宫的。赵楷说皇上让你来的？那你守卫就是了，现在我要进宫，去面见父皇，请你给我放行。何灌说那恐怕不行，皇上的命令，是今晚任何人不准放入宫内。连我也不能进吗？请郓王殿下听好，皇上的命令是，任何人不准放入宫内。

听了这话，郓王非常之恼火，他强压住内心的愤怒，说假如我要非进不可呢？何灌的态度也很强硬，说那么我就只能请郓王殿下恕末将无礼了。郓王在这种情况下就得掂量了，怎么办？闯还是不闯？经过考虑以后，他终于是没敢闯。为什么没敢闯？

第一，他带去的那几个随从，根本不是何灌那些禁军的对手。何灌既然是来警卫皇宫，带的都是精锐兵马。赵楷那几个人本来也并没打算来打仗，他们怎么能是那些禁军的对手，闯是闯不进去的。

第二，很明显，何灌的态度如此强硬，那肯定是有父皇的命令的，否则不敢对他这个亲王这么不通融。在这种情况下，他再硬闯禁宫，那就是叛逆，就是谋反，这个罪名赵楷还是不敢担当的。所以这时候他想了半天，就把怒火压了下去，说了一句，那就不为难何将军了，便带人退回了。

退回府上之后，赵楷还是很不安定，一直在密切地注视着皇宫里的消息，注意着当晚上到底会有什么变故。何灌也感觉到事情比较严重，这个突发事件将会演变成什么样子，很难说，因为来者是郓王，曾经传说他有可能当太子啊。所以何灌就命令士兵严格警卫，然后赶紧地把这个事汇报给了宰执和吴敏、李纲等人，说刚才郓王来过，被末将挡了，假如发生变故怎么办？请早做举措。

这时候宰执大臣们一商量，决定把这件事情同时奏报给徽宗和赵桓。赵桓后来终于同意了当皇上，与得到了这个消息关系很大。开始他死活不当，我就是不想当。他认为你这个当爹的太不仗义，为了表示反抗他都撒泼打滚了。但是听说了这个消息以后，赵桓冷静下来了。因为此前他和他这个三弟的关系他是知道的。这时如果他不当这个皇帝谁当？他就警觉了。谁呢？总得有个人当，三弟。

假如三弟当了皇帝，他就是臣属了。那么，当眼前的危机过去之后，三弟的皇位坐稳了，肯定就会把威胁他皇位的一些人拿下，就要清除。对皇位威胁最大的人是谁？那肯定是原来的太子，就是他赵桓。到那个时候，他赵桓是否还能够拥有一个亲王的优越的生活条件，很难说。甚至连他的命能不能保得住，都很难说。

考虑到这点之后，赵桓同意了，这皇帝我当！赵桓后来答应了即位，这个因素是有的。当然不完全是这个因素，还有当时的种种的条件、情况。但是在他内心里，这件闯宫事件对他触动很大，促成了他答应当这个皇帝。

另一边，这件事情奏报给徽宗后，大臣们就给徽宗提了一个建议，说根据这个事件来看，现在不宜由郓王再担任提举皇城司这个职务了，因为他担任着这个职务，万一他有其他想法，我们的安全都得不到保证。徽宗听了也觉得是。虽然他很喜爱这个儿子，但是在这种情况下，要以大局为重。所以在当夜，他马上就下了一道圣旨，免去赵楷提举皇城司之职，任命王宗楚接替此职。王宗楚是赵桓的亲信。

赵楷回去之后，还在那儿坐立不安，来回踱步踱了一夜，就等着有什么新消息，有什么变化，期盼着也许自己还有机会。结果等来等去，等来了一纸圣旨，圣旨的内容是罢去他的提举皇城司之职。这一下子，他才是彻底地死了心，知道没有希望了。于是在第二天，他就只能以臣属的身份上朝，去朝拜了宋钦宗，新的天子。

一场闹剧至此才算是尘埃落定，大宋王朝总算完成了朝代更替。这个朝代更替，也就是徽宗禅位这件事情，到底是对挽救宋朝的危亡有利还是有弊呢？可以说是利弊参半。

禅位之利，是收拢了人心，振作了朝纲，粉碎了金军借口，鼓舞了抗敌斗志。这个利在当时是很明显的，确实是收到了这样一种效果。金军说要吊民伐罪，我们已经自己把皇上罢免了。而且新朝还推出了李纲来主持抗金大局。所以说第一次抗金战争的胜利，汴京保卫战的胜利，与禅位有一定的关系，这在当时体现得比较明显。

禅位之弊，则在于宋钦宗毫无治国经验，致使朝廷决策一再失误。并且宋钦宗急于更换班底，很不利于协调抗战。禅位的弊端，在稍后的时间就逐渐地显露了出来。在当时，金军的第一次袭击汴京虽然是失败了，但是第二年它又卷土重来了，两次战役相隔的时间很短，宋朝的边患并没有消除。所以在这时候，宋朝急于要做出一些很重要的应对决策，而这些决策的做出，是需要君主较强的执政能力。

宋钦宗这个人，当太子 10 年，他就从来没有研究过军政事务。一下子把他放到这么一个重要位置上，实际上他还不如宋徽宗。宋徽宗虽然是昏庸，但是他起码有 25 年的执政经验，这一点是比他儿子还要强一些的，除非这个宋钦宗是个天才。可是事实证明了，赵桓不是天才，他是个庸才，除了不太腐败之外，在其他哪一点上还都不如他老爹。所以急切地换上这一个皇帝，对挽救大局是有很大弊端的。

再者，一朝天子一朝臣这个用人规律避免不了，钦宗上台也是要更换班底的。可是在那种情况下，金军方退，还有马上卷土重来的迹象，这时你大肆地清洗旧臣，大量地更换朝政班底，就很不合适。当然是有些贪官污吏，你把他打下去了，是大快人心，但是这却很不利于朝廷的安定团结和政策的延续性。所以在这些方面，都造成了朝政的混乱，以致后来朝廷的指挥不灵。

所以说宋徽宗禅位这件事是利弊参半的，越到后来，弊的这一面就显示得更多。

对于这种利弊，徽宗和李纲考虑了没有？

徽宗对此根本就没考虑。他当时是六神无主了，只要能禅位，能把责任撇清，不顶这个压力了，就行了。李纲倒是考虑了，但是李纲的书生气还是重了一点，他考虑的是利比弊大，关于弊考虑得不是太多。后来当他作为主持军政的一个首要官员，在实行他的计划时，同样是遭受到了重大的阻力，这与徽宗禅位所造成的弊端是有关系的。他当时并没有预见到后来的情形，只考虑到我也不需要你钦宗有多少治国经验，只要我能说了算就行了。

但是李纲没想到，整个政局是一盘棋，他还需要众多朝臣的支持。而钦宗虽然把徽宗的那个班底给打下去了，他却是又建立了自己的班底，这些班底同样会对他掣肘。

所以后世就有人这样设想，当时最好的情形不是徽宗禅位，而是徽宗坚决顶住各方面的压力，拿出皇帝的魄力和威严，坚决支持李纲领导抗金，让童贯等人全力配合，同时号召全国各地的军马迅速勤王，聚集于汴京，把宗望的六万人马反包围于汴京城下，尽量歼灭其有生力量。即便不能把它全歼，也要力争把它打残，使得这支金军在短时期内不能恢复元气，这样也就没有次年的靖康之难了。这个说法不无道理，这个假设非常鼓舞人心，可是历史已经铸成，历史不容假设，徽宗也不可能做出那样的举动，否则他就不是宋徽宗了。

宋徽宗既然已经禅了位，他就不想再担任何责任，不想再受任何惊吓了。所以他禅位后所做的第一件事是什么？就是赶紧地逃离汴京。由此，他就过上了为期三个月的逃亡生活。这个养尊处优惯了的皇上是怎么度过他那颠沛流离的逃亡生活的呢？我们在下一章接着讲。

逃亡生活之谜

TAO WANG SHENG HUO ZHI MI

第十二章

宋徽宗这个人，在品德上确实是有些问题。如果说他的禅位是出于形势所迫，是迫不得已的行为，那还是说得通的。他禅了位之后，完全可以在背后帮助他的儿子宋钦宗一把，给宋钦宗出谋划策，把国家的事情办好，这总是可以的。但是他没有这样做，他禅位之后所想的就全然不是国家利益了。他想的是什么？完全就是全身自保，就是自己如何脱离危险，别的一概没想，这就非常自私了。

脱离危险，应该怎么脱离？那就是逃跑。当然他也知道，如果离开汴京逃跑，那就是逃难，逃难的滋味是很不好受的。所以当时他是能不跑就不跑，如果在汴京待着不是太危险的话，还是打算暂时先不跑。因此他禅位之后，就严密地关注着形势的动向，看看金军是不是因为他禅位而停止了进兵。如果停止了进兵，他可以不跑。

可是，形势是越来越糟，金军并没有因为他的禅位，而有任何的停止进兵的迹象，反而进攻得越来越迅猛。所以这个时候他感觉到，还是得跑。于是他就对钦宗提出来了，说自己要去亳州上香。他是一个道教的信徒，于是他就说，我在此之前因为操劳国事，身体不好，病了，曾经遥向亳州的太清宫祷告，我的病就好了。

太清宫是供奉着老子牌位的一个宫观，在亳州。老子就是道家学说的创始人。这个老子，在中国的历史上是一个被神化了的人物。据说老子是玄妙玉女所生，玄妙玉女怀孕 81 年才把老子给生出来。老子一生下来就是一个老人的模样，满头白发。而且他不是从正常的产道里生出来的，是从哪儿生的呢？由左腋下出。就是说从玄妙玉女的左胳肢窝里，他就被生出来了，就是这么一个被神化了个人物。他一生出来就是老人，所以叫老子。他生出来以后，就创始了道教。

徽宗是道教的忠实信徒，狂热信徒，他就拿这个身份说事。他说我那个病是由于遥拜上清宫才好的，当时我是皇帝，没有时间亲自去道谢，现在我不当皇帝了，必须实践我的心愿，到亳州去上香，拜谢太上老君。

钦宗知道这个理由是假的，知道宋徽宗就是借这个理由要跑。但是他也没有办法阻拦，说你想走就走吧，你打算哪天走，说一声。宋徽宗就让宫里负责占卜的官员卜了一卦，哪天走合适。这个占卜的官员也知道徽宗的心意，希望是越快越好，所以他装模作样地掐指一算，算出来了，他觉得总是要让徽宗过了年再走，便说初四是吉日。徽宗说行，那就初四走吧，就定下来了。

但是就在这段时间里，金军进兵的速度还是在不断地加快。到了初三的晚上，就差这一夜了，徽宗忍不住了，实在是待不住了，觉得危险是日益临近。他决定今晚就走，不等初四了。

于是他就赶紧命令他的内侍，通知皇子和帝姬等，还有皇后，说你们要是想走，马上收拾收拾东西，今天晚上咱们就出城。如果你不抓紧准备，那就别跟我走了，我也不管了。

于是就在当天晚上二更左右，宋徽宗就带着这一大帮子皇亲国戚，以及少量的内侍仓皇而逃。其中跟随他的官员主要就是龙德宫副使，叫蔡攸，是蔡京的一个儿子。这一帮人就赶紧地出了汴京的通津门，坐船南下了。

宋徽宗准备到哪儿去呢？出逃的路线其实他在心里是早有打算的。虽然出逃这个动作很仓促、很匆忙，可是他对这个事情想的是不止一天了，因此这路线是既定的。

徽宗出逃的路线，基本的方向是东南，第一步是先往南到亳州。到亳州他是准备去上香的，他说是要去上香，其实也确实是要去，但是在出逃时他没来得及。他打算稳定下来之后，待到回京的时候再去。他出逃的预定路线是经过应天府到亳州，然后再到泗州，到楚州，到扬州，也就是说从河南经过安徽，往东到江苏，然后从江苏的扬州渡江，是这样一条路线。

这条路线主要的路程，是沿着一条大运河走。这条大运河，就是隋朝的隋炀帝开辟的大运河的通济渠这一段。从亳州到泗州这一段，叫通济渠。大运河到了应天府，再往西是到洛阳，再往北就能通到北京。宋徽宗走的这一段是一路往南的，一直能通到杭州。

宋徽宗出逃后的情形是怎么样的？其情形可以分为前后两个阶段。

刚出逃的时候，是第一阶段。尤其初三的夜里，仓皇出逃的那个时候，这一夜极其狼狈。因为他决定的是太仓促了，说走就走。随身所用的物品都没有带齐，就仓促地雇了几条船上了路。天寒地冻，上了船之后，感觉到船行得太慢，徽宗心里很慌。他为什么这么仓促出逃，就是预感到危险要临近了。实际上危险也确实是临近了，在他出逃之后的五天，也就是初八，金军就到了汴京城下。当时情势的确是非常危急的。

宋徽宗出去之后先坐船，这个船是小船，众人分坐几只小船。他感觉这小船行速很慢，走了一阵觉得不满意，就让内侍上岸，找了些骡马，一些破车，他们这一行人就上了骡马破车，走旱路。走了一段旱路，觉得比走水路还慢，而且颠簸得很疲劳，他们就又到了河边，看到一条运砖的大船，说大船是不是会快一点？这帮人便又弃了骡马破车，上了大船，一路往下走。这一路上是非常非常地狼狈。

走到半夜，徽宗觉得饿了，问船家有什么东西可吃。船家说深更半夜的，又不能起火，也没有准备，哪有什么吃的？船家找了半天，找到了一小块炊饼，说是客官你看，就这么点东西吃，能不能行？这时候徽宗见到这一小块炊饼是如获至宝，就与郑皇后两个人一人掰一半吃了，觉得肚子里才安稳了一点。

经过这么一夜的折腾，走了几百里地，就逐渐地到了天亮。到哪儿了呢？快到应天府了，也就是现在的商丘。宋徽宗觉得可能安全一点了，离汴京有一段距离了，几百里了。船靠了岸，他就让蔡攸去联系驿馆，说我们得休息一下了，这一夜实在太辛苦了。他就带着内侍等人员在河边等着。

这时宋徽宗看见有一个农家小院亮着灯，他就信步走了过去。一看这家只有一个人，只有一个老太太在那地方点火，要做早餐，他就进了院子。这老太太一看来了客人了，非常热情，问客官是从哪儿来的？宋徽宗说我们是从汴京来的。那快进屋，你看走了一夜了，挺不容易，很辛苦了，到屋里炕上坐一坐，你看鞋也湿了，待老身给你烤一烤，烫一点酒喝，暖和暖和。

徽宗一看这老太太这般热情，就进了这家的屋子，脱鞋上了炕。老太太说你把鞋放到火上我给你烤烤，你看在船上都打湿了。我给你烫点酒，吃点小菜，暖和暖和。老太太一边热情招待，一边跟徽宗聊天。就问徽宗，是不是在城里当个官啊，是做什么工作啊？徽宗就说，也不算什么当官，在政府里当个差。这老太太就说，官人是不是出来办公务啊？徽宗说，不是办公务，我已经退休了。老太太很惊讶，说看这个客官年纪也不太大，怎么就退休了呢？徽宗说，家里的长子不是没工作吗，我退了休就让他接班了。老太太很感慨地说，还是当公务员好啊，公务员工资又高，退了休还能由儿子接班，真是当公务员好。那些内侍们在边上听着徽宗和老太太说话，感觉到很可笑，但是又不敢笑。

正在这时候，蔡攸回来了，报告说上皇，驿馆已经联系好了，可以去住了。老太太这才知道，面前这位客人就是当今的太上皇，吓得不得了，赶紧说刚才言语之间有很多不恭，希望上皇恕罪。徽宗一点都没有怪罪她，反而觉得刚才那一段对话非常有意思，临走的时候，给了她一大块银子，这块银子足够她生活十年的了。所以这个老太太就觉得这个太上皇非常好，与老百姓非常有亲和力。她的印象就是这样的。

徽宗带着这一帮人离开了老妪的家，到了驿馆里，经过休整后，又继续上了路。

再上路主要是坐船，沿着大运河坐船行走，一直往东南行走。经过了亳州，这时候宋徽宗没有去上香，因为他来不及，他要逃得越远越好。路过亳州，继续往前，就到了泗州。到了泗州离着汴京就更远了，宋徽宗觉着危险不大了，他就让船家就把船靠岸，让大家再上岸去休息休息，活动活动。坐船很累，逃难是很不容易的。

正好这天逢着集市，泗州码头岸边有很多卖各种渔产品的。徽宗就信步走来游逛。他这个人是很有浪漫色彩的，这时候不是危险不是特别靠近了吗？他来了兴致了。他要亲自去买鱼，买鱼的时候还要讨价还价。并不是他没有钱，他出来的时候别的没带，银子带了不少，但是他愿意通过讨价还价获得一种乐趣。经过讨价还价，宋徽宗买了几尾鱼，要内侍给拿着到船上去烧着吃。

正当宋徽宗陶醉在这种闲适的乐趣之间的时候，忽然一个内侍惊慌地叫了他一声，上皇，你看那是什么？徽宗顺着这个内侍指的方向抬头一看，哎呀我的妈呀，一下子脑袋嗡地一声。怎么回事？就见内侍所指之处是尘烟滚滚，一队人马飞驰而来。这时候徽宗脑子里本能地就闪现了一个念头，坏了，金兵追来了。至于金兵是怎么会知道他在这儿，怎么追来的，汴京难道是在这一两天之内就失陷了吗？金军是经过哪一条道才能追到这个地方呢？怎么会这么快？他完全都没有想。这时他的脑子里就是一个字，跑！

于是这两个内侍架着徽宗，跌跌撞撞地就往船上跑。但是这时候他们都吓得腿酥了，哪里跑得过那些马军啊？转眼之间，就听着嗒嗒嗒，两匹战马从两翼兜过来，就在徽宗前面停住了。徽宗把眼一闭，仰天长叹一声，天亡我也。就等着束手就擒了。

但是就在这个时候，他的耳边忽然响起了一个非常熟悉的声音，上皇莫惊，臣下护驾来迟了。什么？徽宗以为这是幻觉，没敢动，连眼皮都没敢抬。然后听着对方又原话重复了一遍，他才敢慢慢地睁开眼。徽宗一看，哎呀，虚惊一场。来者是谁？乃是童贯。他身边的一个人是谁？是高俅，殿前司的。原来是童贯和高俅这两个宠臣来了。这一下子，徽宗才全身放松下来。

这是怎么回事呢？童贯和高俅怎么会带兵赶到了这里？

情况是这样的。当徽宗初三晚上突然决定离开汴京的时候，这些人都并不知道。第二天早上，童贯和高俅这些人才知道徽宗头一天晚上已经跑了。他跑了我们怎么办？这童贯就想了，绝对不能离开徽宗，离开太上皇。为什么？因为钦宗并不喜欢徽宗身边的这些宠臣，他童贯离开了太上皇滞留在汴京，前途是很不妙的。不用说别的，就是让他担负守卫汴京的任务这一条，他就受不了。和金军打，打赢了功劳不是他的，是李纲的，皇上一定会要求他听从李纲的命令。而打败了，就会就此把他拿下，甚至除掉，现成的罪名摆在那儿。所以说，像他们这种人是离不开太上皇庇护的。蔡京在此之前，早已经携着全家老小，提前离开了汴京，他早跑了。这时童贯没办法，他找谁去？只好找高俅商量去。高俅也正急着来找他，两个人一碰，便决定马上点起本部兵马，他们能够指挥得动的兵马，以护驾为名，赶紧去追太上皇。于是两个人就各自带领着自己的一票人马沿途追来，终于在泗州这个地方追上了徽宗。

追上了徽宗，童贯、高俅很高兴，徽宗也很高兴。因为他出来得很匆忙，身边带来的伺候的人不多，保卫人员更没有，有了这些部队，胆气就壮了。于是徽宗勉励了童、高二人一番，然后命令高俅镇守泗州，也就是说原地在这个地方驻扎，形成一个屏障，而由童贯带领胜捷军护送他继续南下。

童贯一听高兴了，这下子自己有了依靠了，可以不离开太上皇了。高俅则很不高兴。高俅觉得我费了这么大劲追到泗州了，让我在这个地方留着，不让我南下了，这不就等于把我给扔了吗？但是实际上，他得到的这种安排恰恰是因祸得福。就因为他到了泗州之后，没有再继续跟着徽宗南下，所以后来当钦宗清除六贼及其余党的时候，就没有把他包含在内。后来童贯这些人是被贬的被贬，被杀的被杀，而高俅没被加上任何罪名，没有受到任何牵连，他后来是病逝的。所以这个安排当时虽然使得他不高兴，但是后来反倒救了他。

当时高俅就奉旨带着兵镇守在泗州，由童贯护送着徽宗这一行人，继续经过楚州，到了扬州。

到了扬州，就可以渡江了。在这个时候，又发生了一个意外。什么意外？就是扬州的百姓、父老一听说太上皇要从这儿渡江，意思也就是要逃走，都自发地聚集在江边，来阻拦太上皇渡江。他们说连太上皇都跑了，将来金兵打过来，我们怎么办？把我们扔在江北不管了？所以就恳求上皇不要渡江，在江北领导着民众抗金。很多人便把江边那个通道围住了。

徽宗一看，非常恼火，说予已经到这儿来了——自从退位之后，他不称自己为朕了，称予，予就是我的意思。予已经到了这个地方了，马上就要渡江了，又碰上麻烦事，非常扫兴，命令童贯立刻解决。

童贯一看表现自己能力的时候到了，就命令士兵驱赶这些阻拦的人群。但是赶不动。于是他命人对这些民众说，现在马上散开，万事皆罢；如果不散开，格杀勿论。那些民众以为他只是说说而已，还是不散。于是童贯果断地命令放箭。童贯带来的士兵都是西北军，非常剽悍，哗哗一排箭出去，几百个人应声而倒。这下子那些民众哗地散开了，害怕了，真害怕了，他们没想到童贯真敢下狠手镇压。可是尽管是害怕了，心里的怒火却在增长。这时候只要有人挑头，千百民众很可能就反了。

郑皇后觉得这事如此处理不好，如果硬碰硬地搞下去，把老百姓在江边逼反，那是非常危险的。于是，她赶紧站出来对老百姓说，上皇过江不是逃跑，是要过江组织勤王兵马，北上抗金，上皇是一定会回来的。如果诸位父老乡亲们不信，我留在扬州，可以不可以？希望大家不要耽误上皇的公事。这样一说，才把老百姓的情绪平息下来。因此郑皇后便没有过江，就留在了江北，只是徽宗带着童贯这一行人过了江。这一天，是正月十五。

这就是徽宗出逃的第一阶段。这一阶段的情形是非常狼狈的，非常艰难、非常辛苦。

过了江之后，就开始了徽宗逃亡生活的第二阶段。这个阶段就不一样了。

过江之后，徽宗的落脚点是什么地方？是镇江，这是徽宗早就考虑好的一个落脚点。为什么选择镇江作为他的落脚点？这里边有很多对于徽宗来说是很有利的条件。

首先，是这个落脚点是原来徽宗当端王时候的封地，而且后来又是徽宗的宠臣朱勔的势力范围，在这个地方他能说了算。再者，就地理位置而言，此地三面临江，非常有利于防守北面而来的攻击。金军如果真追到这儿来，宋军防守起来是比较容易的，因为金军不习水战。南宋有一个名将叫韩世忠，后来在黄天荡大破金军，在这场战役中还有一个著名的典故，是梁红玉亲自擂鼓指挥作战，就是在镇江发生的事情。那一战差点把进军到这里的那一部分金兵打得全军覆没。所以这个地方从防守的角度来讲非常好。

如果防不住，要撤退、逃跑，从镇江走也非常便利。向西沿江而上，不远就是南京。往南沿河而下，不远就是杭州。往东则可以逃亡海上。这个地方是进可攻、退可守。

还有一点，这个地方比较富裕，各方面的供给都很充足，它是运河和长江之间的一个交通枢纽。

由于这种种的便利原因，宋徽宗选择了在这个地方落脚。到了这个地方之后，由于相对地离汴京是很远了，而且进可攻退可守，比较安全，所以宋徽宗的心基本上就完全放下来了。

这一放下来，他的老毛病就犯了。什么老毛病？就是养尊处优。他就忘了自己是在逃难了，危险不是不存在了吗？我得享受啊。于是到了这个地方以后，他就命令当地的官府为他买土地，移花木，建行宫。要求在汴京能够享受到的一些设施，在这个地方都要有，没有可以建，你给我花钱去弄。所以宋徽宗将那个地方作为行宫驻扎的时候，每个月的花费是多少？是高达 20 万缗。

20 万缗是什么概念？当时一个宰相月俸是 300 缗，一年是 3600 缗。如果加上其他的补助，我们给它翻一翻，7200 缗。再加上一点灰色收入，给一个宰相一年算是 10000 缗，我们已经打得很多了，很宽了，一年 10000 缗。那么 20 万缗，是 20 年当宰相的全部收入，徽宗在这个地方却仅仅是一个月的花费。所以他这一来，就给镇江地区，包括整个江南的官府和老百姓，造成了沉重的负担。

然而最严重的后果还不是这个，还不是宋徽宗的挥霍，而是他另外的一些作为。他另外的一个老毛病又犯了。什么老毛病？就是当皇帝的那种感觉又来了。他觉得这个地方就是自己说了算了，因此他开始发布诏令了。他随意发号施令，就好像他还是皇上似的。有几条诏令发出之后，影响是非常之坏的。

第一条，截递角；第二条，止勤王；第三条，留皇纲。

这几条诏令是什么意思呢？截递角，就是命令所有在江南的政府机构，往朝廷递交的文书一律不要递交汴京，送给予看一下就行了，我在这个地方批复就很好，就不要跟朝廷联系了。

止勤王，指的是宋徽宗命令南方的部队，南方官府组织的兵马，本来准备火速增援汴京的兵马，暂且不要北上增援。如果有已经出发的部队，就开到镇江这个地方来，听我调遣就行了。至于什么时候去勤王，由我说了算。这样一来，有的地方就马上把勤王兵马给停了，有的就直接奔赴了镇江。

留皇纲，就是命令各地支援汴京的物资，一律都运到镇江卸纳。我这个地方需要，先保证了我的供给再说，先不要运过江了。

这时处在水深火热之中的汴京城本来是急需兵马，急需粮草，急需供给，这下子全给截住了。而严重之处还在于，南方的这些政府机构中的官员就很为难了，我到底是听太上皇的，还是听皇上的？常言说，天无二日，国无二主，天如果有二日，会造成自然现象的紊乱，一个国家如果有两个中心，那就会造成社会的紊乱。这样一来，不就成了南北朝了吗？所以，宋徽宗这样一闹，就搞得钦宗在汴京城里非常恼火。到底我是皇上还是你是皇上？

京城里的大臣们也感觉宋徽宗闹得很不像样，各地官员也觉得是不能再这样下去了，因此纷纷地上奏，要求钦宗想办法解决问题。甚至有的官员提出，说这样下去，对于朝廷的危害比那个金军进兵还厉害，因为这对朝廷权威造成威胁了。所以当金军退去之后，钦宗就打算赶紧解决这个问题。

怎么解决？来硬的是不行的。钦宗跟大臣们商量，当时童贯还有其他一些大臣都陆续跑到镇江去了。假如来硬的，童贯在那儿一挑拨，他又有军队，万一挟持了太上皇，真在那个地方另立中央怎么办？所以还得好言相劝，把太上皇劝回来。只要太上皇回了汴京，什么都好说。因此就要研究一个人选，去奉迎太上皇回北京。

开始拟定的人选是门下侍郎赵野，后来大臣们和钦宗都觉得赵野的分量不够，又经过商量，就改派了李纲。李纲这时已经由尚书右丞提升为知枢密院事了，也就是宰执之一了，分量完全够。而且，当初请徽宗禅位就是李纲提出来，李纲的劝说徽宗是能够接受的，所以人们感觉李纲说话在徽宗的耳朵里是管用的，就派了李纲作为奉迎使，前去奉迎徽宗还京。

这个过程是怎么样的？靖康元年三月十七日，李纲奉旨前去劝说宋徽宗回銮。靖康元年三月二十三日，李纲回朝复命。靖康元年四月三日，宋徽宗返回汴京。

三月十七日，李纲是在哪个地方见到的宋徽宗呢？是在商丘。这个时候，由于危险已经过去了，徽宗觉得自己既然是道教的教徒，已经许了愿要到亳州上香，不去不合适，就从镇江北上，准备到亳州去把这心愿完成。于是他就北上到了应天府，到了商丘。李纲就是在这个地方迎到了徽宗。

李纲迎到徽宗后，经过了一番很艰难的劝说。当时钦宗对徽宗在南方的很多所作所为是很恼火、很不高兴的，可是徽宗对于钦宗实际上也是一肚子的火。他火什么？火这个钦宗修改了他所有的执政章程。我前脚走，你把所有的章程全给我改了。这还不算，你还把我所信任的宠臣全给我罢免了，你这是什么意思呀。所以他这内心里的火还很大。

李纲就得一点一点地给徽宗解释，说当时是出于一种什么情况，皇上也是迫不得已。上皇既然把大权交给皇上了，在那种危急时刻，皇上应该是有权处理的。紧急时刻不能考虑这么多。另外呢，有一些事情，皇上的意思也未必是上皇所理解的那样，实际上也是为了国家好，也为了上皇好。这中间可能有误会。只要上皇回去，一切都好办。上皇和皇上你们毕竟是亲父子嘛，双方一谈，把误会消除掉，不就皆大欢喜了吗？李纲就这样反复地苦口婆心地劝说徽宗。

徽宗心里也明白，现在自己毕竟不是皇上了，跟皇上搞得关系还是融洽一点好。如果搞得关系搞僵了，最后吃亏的还是自己。最后也想通了，就对李纲说，你先回朝复命，我不去亳州了，应天府这个地方有个鸿庆宫，我就在鸿庆宫烧烧香，在形式上也算是答谢了太上老君了，就行了。我随后就回去。李纲就这样回朝复命了。

过了几天，徽宗也回到了汴京。他是抱着与钦宗消除矛盾消除隔阂的心情回去的，李纲也是给他这么承诺的，所以他当时进京的时候，心情非常愉快。他满面春风，穿着崭新的道袍，好像这一趟出来，三个月的时光，不是逃难，而是出去旅游了。旅游了一圈回来了，很有意思，这段生活很有趣，很值得回味。怀着这样的美好心情，宋徽宗就回到了他的龙德宫。

但是，宋徽宗这个好心情并没有持续多久就变得十分恶劣了。这是为什么？是因为宋徽宗回京住进龙德宫以后，很快便发现事情根本不是他想象得那么美好。自从一进宫，他就感受到了使他不愉快的事情和状况。

宋徽宗首先遇到的是一个很奇怪的感觉。他回到龙德宫后，觉得这个龙德宫似乎很陌生。是怎么回事，怎么陌生？一时说不出来。开始他认为，可能是由于他出去逃难逃了三个月，回去以后暂时有点不适应。可是后来觉得不是，不是这么回事。待到他沉下心来仔细一观察，明白了。怎么回事？是所有的原来伺候他的那些人，包括杂役、侍婢、黄门等，一个都不认识了，不是原来那帮人了。也就是说整个地被换掉了。

这是为什么？他把提举皇城司王宗楚叫来了。王宗楚就是接替宋徽宗那个三儿子赵楷保卫京城安全的卫队长。他就问王宗楚，怎么回事，我的人都哪儿去了？怎么不是原来那帮人了？王宗楚说，禀报上皇，这是因为现在处于非常时期，皇上为了上皇的安全，把这一批经过严格审查的人派到了龙德宫来伺候您。徽宗说，原来那些人跟随我多年了，没什么不可靠，我也没说他们有什么问题啊。我还是用着他们顺手，你把他们再给我换回来。王宗楚说，这个事末将不敢作主，因为这是皇上要求做的。如果上皇想换回来，您请皇上发话，皇上让末将去换，末将马上就换。徽宗就吃了一个软钉子，给碰回来了。因为他不想为这个事去直接找钦宗。本来父子间就有误会，为这个事他直接去说，不就又会闹得不愉快吗？便只好忍下来了。

过了没几天，又发生了一件事，使得宋徽宗又不痛快了，什么事呢？就是他回来过了只有三四天的样子，钦宗突然宣布要立太子，也就是立钦宗的儿子赵谌。赵谌这时还不到10岁。钦宗被立为太子的时候是十五六岁，赵谌这时的年纪比当年的钦宗还小。赵谌是徽宗的孙子，其实本来他是很喜欢这个孙子的。可是在这个时候，他刚刚回到汴京，钦宗就迫不及待地要立太子，有很多的大事都没办，就要忙着办这件事。民间当时都有传说，说朝廷不管二太子，只管立太子，就是不去对付金军，不去对付宗望，你急着立什么太子啊？徽宗就觉得很不以为然。在这个时候你立太子，那意思不明摆着就是对我有想法吗？要不然你干吗现在立个太子给我看呢？

接下来又出现了一件事，宋徽宗又发现不对头。又有什么事？他发现有很多人对于接受他的赏赐很不自然，不敢接受。宋徽宗这个人是个很大方的人，他出手很阔绰，经常不是赏这个就是赏那个，喜欢恩赐大臣一些东西，他当了太上皇还有这毛病。见了哪个大臣谈几句话，然后一高兴就说我赏你件物件。以往，接受赏赐的大臣都是谢主隆恩，很感激地接受下来。但是后来，逐渐地他发现，没有人接受了，都是力辞，坚决不接受。

一个不接受，两个不接受，他觉得没有什么。这种情况多了，他感觉到这个事就蹊跷了。

有一次他就问一个大臣，为什么予赏赐你点东西不足挂齿的，你吓得那个样，就好像对予要敬而远之的样子，就拒不接受，什么意思？这大臣就说了，是皇上下了个旨，任何人不得接受上皇的赏赐。假如接受了，回来之后就要马上上交国库，不上交的罢官。这个消息把徽宗弄得是非常恼火，这简直岂有此理嘛，这不是要断绝我跟大臣之间的交往吗？

接着又有一件事。宋徽宗提出来想到洛阳去募兵。为什么要去募兵？是因为他感觉到金军虽然暂且退却了，但是很可能还会卷土重来。他说我现在不当皇上了，别的事也没有，我可以到西京洛阳去招募一支能够作战的部队，将来一旦有事，缓急之间能够增援汴京。这个想法实际上是对的，他要是还在当皇帝，未必有这想法，现在他不当皇帝了，反而旁观者清了。

可是当这个想法提出来之后，钦宗漠然无语。他催钦宗表态，钦宗就说了，说国家大事父皇就不必操心了，父皇就在这汴京城里待着颐养天年即可，哪个地方都不必再去了。这实际上就是暗示，你不要再随便出京城了。徽宗听出来了，这意思不就是把我给软禁了吗？

诸如此类的事情是越积越多，所以徽宗心里这个火就越来越大。

直到有一天，宋徽宗实在是忍无可忍，终于与他的儿子宋钦宗当面翻了脸。

那是在他的生日的那一天，天宁节，十月十日。天宁节，照例儿子要给爹去祝寿，钦宗带着他的宠臣耿南仲、王宗楚等人，就到了龙德宫，给太上皇祝寿去了。给太上皇祝寿，怎么就会弄得父子翻脸了呢？原因就是宋钦宗流露出了对徽宗的极其不正常的防范心理。

钦宗进了龙德宫，徽宗就看出来了，钦宗穿的那个龙袍里面鼓鼓囊囊的。徽宗是有经验的人，他当过皇帝，龙袍穿在身上是什么样他知道，他看出来那里面分明是有防护的铠甲，穿在龙袍里面了。徽宗暗想至于吗？你到我的龙德宫里来，还有人能害你不成？当时就很不高兴。

开席之后，那个情形就更让徽宗忍无可忍了。徽宗作为父亲，作为太上皇，屡次举杯要与钦宗同饮，结果钦宗拿起杯子来，只是象征性地意思了一下，不要说喝，杯子就连碰嘴唇都没碰过一下。而且，在夹菜的时候，徽宗发现，凡是王宗楚和耿南仲夹过的菜，钦宗才夹一筷子尝一尝，这两个人没动过的菜，钦宗绝对没有动。

徽宗发现了这个情况之后，非常寒心，气得浑身都打哆嗦。他心里说，我赵佶是有些做得不对的地方，或者说是不仗义，是不像样子。但是我赵佶就是再不是东西，再浑蛋，也还没有浑蛋到想亲手毒死自己的儿子。你怎么能这么想你爹呢？你那个心理怎么这么阴暗呢？你算个什么东西？这么一想，他的眼泪哗地就下来了，当时便起身离席拂袖而去。据史料记载，当时上皇是“号哭而入，至是两宫之情不通矣。”① 就是说太上皇大声哭着就跑到后殿里去了，从此之后太上皇和皇上很久不再来往。

自从这天之后，徽宗、钦宗两个人之间的联系便断绝了，虽然没宣布断绝父子关系，也是闹得视同水火了。而这个时候，离徽宗禅位还不到一年。

① 《宋人轶事汇编·卷二》。

在不到一年的光景中，这一对父子皇帝就闹成了这样一种对立情形，是出于什么原因？当然，皇权之争是一个明显的因素。可是，当徽宗回到汴京之后，实际上他对钦宗的皇权已经不构成威胁了，他身边的大臣也都被剪除了，此时他就是一个退了休的皇帝。并且，宋徽宗回到汴京之后，也并没有在任何地方流露出过想要复辟的意图，也没有做出过想要复辟的行为。那么钦宗为什么对他父亲还是防范甚重，戒心甚重，甚至超出了常理？他们父子间的隔阂为什么那么深？这里面还有没有其他的原因？我们在下一章接着讲。

父子关系之谜

FU ZI GUAN XI ZHI MI

第十三章

宋徽宗禅位的时候，钦宗是百般推辞，就是不想当这个皇帝。是徽宗命令大臣们强行把他拉到大殿上，好说歹说才即了位。然而，时隔不过数月，钦宗却把防备徽宗复辟当做了头等大事，就怕他父亲把这个皇位再给要回去。而且防范之严超出常情。这是怎么回事？这父子之间的隔阂为什么那么难以消除？造成这种隔阂的，除了权力之争，还有没有其他的因素？是有的。

冰冻三尺非一日之寒，这对父子之间的隔阂和矛盾，并不是从钦宗即位之后这短短的几个月之内才产生的，实际上由来已久。那么其中都有些什么原因呢？

首先一个原因，与钦宗的出身有关。

钦宗的出身有什么问题？我们先看一下钦宗赵桓的大致情况。钦宗赵桓，元符三年生，生母为王皇后。政和三年，封太保。政和五年，立为太子。

这里面有问题吗？看不出来，好像没有什么问题。赵桓是元符三年生，这元符三年是什么时间？是徽宗即位的那一年。徽宗即位之后数月生的赵桓，赵桓的生母为王皇后。王皇后是徽宗的正宫，也就是说赵桓是嫡生。他不光是嫡生，而且还是长子，唯一的一个由皇后所生的儿子。在徽宗的 32 个儿子当中，只有他一个是嫡生。这个出身应该说是没有什么问题的。所以到后来，他封太保，立太子，都顺理成章，按部就班。

那么我们为什么说他的出身有问题？原因就在于我们不能只看表面现象。表面上赵桓是一个风光无限的太子，实际情况则并不是那样。问题出在哪儿呢？

首先是出在钦宗的生母王皇后身上。这个王皇后，是在徽宗即位之前，嫁给他的。她比赵佶小两岁，结婚的时候，赵佶不到 18 岁，她不到 16 岁。她是一个大臣的女儿，这个大臣是一个很守规矩的大臣，其女也是一个很守规矩的姑娘，生性非常宽厚、贤淑。结婚之后，赵佶，也就当时的端王，与端王妃之间关系还是不错的。后来端王即位，端王妃顺理成章就被封为了皇后。

可是这两个人之间的亲密关系维持的时间不太长，后来就不亲密了。当然也没有反目成仇，就是王皇后被冷落了。为什么被冷落了呢？是因为王皇后端庄有余，妩媚不足。这与徽宗的性格不合拍。徽宗是一个具有艺术家气质的人，他对女色的爱好超乎常人，他非常喜欢那种风流妩媚的女子。王皇后在这方面不能使他满足，引起他长久的兴趣。所以新婚燕尔之后，过了那个新鲜劲，他逐渐地对王皇后就麻木了。

当时他感到有兴趣的是有两个女人，一个姓郑，一个姓王。这两个女人是谁呢？实际上说起来是有点不合礼法的，这两个人都是伺候向太后的宫女。这两个姑娘妩媚风流，她们也很喜欢端王这个风流王子。所以在当时的端王府里，赵佶就与姓郑的宫女和姓王的宫女有染。向太后发现了这一点，她对端王是很喜爱的，干脆就做了个顺水人情，把郑宫女和王宫女送给了端王。

端王赵佶即位之后，郑、王二人就都被封为贵妃，就成为郑贵妃和王贵妃。这两个人始终是能够得到徽宗的喜爱的，受到了长时间的宠爱。当然后来受徽宗宠爱的还有其他的一些妃子，那是以后的事情。

王贵妃后来生了若干子女，其中的一个，就是徽宗最喜欢的那个儿子郓王赵楷。王贵妃是赵楷的生母。而那个郑贵妃，后来就是郑皇后了。王皇后去世之后，她就顶替了王皇后，成为郑皇后。有这么两个女人对比着，王皇后自然就受到了很大的冷落。何况徽宗的兴趣还不仅仅是在嫔妃之间，有时候他还要到处拈花惹草，还要与诸多的宫女有来往，所以留给王皇后的时间并不多。

在这种情况下，王皇后便很寂寞，内心就很痛苦。但是由于生性贤淑，她不懂得争，也不敢争，所以就只能隐忍，长期以来就一直忍受着这样一种寂寥的生活。可是尽管是她忍着，内心里总是不愉快的。这种日子有点像打入冷宫的样子。虽然她的生活待遇上很好，但情感上是很贫乏很贫瘠的。天长日久，她就积郁成疾，很早便去世了，她去世时的年龄是25岁。

而当时的赵桓，也就是后来的钦宗，有多大呢？才8岁多一点，不到9岁。这样一个孩子，虽然是个王子，后来又被立为太子，可是从小就失去了生母。八九岁的孩子，他是已经懂事、记事了的。他很会察言观色，赵桓这个人是很敏感的，他沉默寡言，但越是这样的孩子，内心越敏感。他从小就能感觉到父皇对于他母亲的那种冷漠。而当他还没成年时，生母就去世了，虽然在生活上他是不愁吃不愁穿，完全还是太子待遇，皇宫里很优厚的待遇，但是情感上不行，没有真正得到父爱。母亲去世之后，徽宗对他也没有表现出应有的关爱。因为徽宗没有时间，他还得到各个地方去游玩，他有他自己的很多爱好，所以对这个孩子，并没有由于其生母去世过早，而表现出更多的关爱。赵桓就是在这样一种冷漠的环境当中长大的。

这样一种环境，就造成了赵桓性格的极度的内向和心理的扭曲，从小就培养了他对父亲的不满和怨气。也就是说，从小就在他的心灵当中，埋下了与父亲矛盾的种子。

这是他的出身问题。

另外一个问题，对徽钦这一对父子关系的影响也很大。这个问题就是钦宗赵桓与徽宗在性格爱好上的差异。这个差异是非常之大的。它们都是表现在哪些方面呢？

第一点，是钦宗的兴趣狭窄。我们知道，宋徽宗的人生兴趣是非常广泛的，除了不喜欢理政之外——恰恰这他应当喜欢的，作为一个皇帝是他应当最喜欢理政的，可是恰恰他不喜欢，其他的方面他都喜欢。诗词歌赋，吹拉弹唱，骑马蹴鞠，甚至饮食茶道、陶瓷古玩等，他都非常喜欢。不光是喜欢，他还很有研究。他的书画艺术水平达到了全国一流的地步，他对陶瓷的研究，对茶道的研究都很精通，还有专著。那个专著现在拿出来，看上去都比如今的博士论文写得好。

可是他的儿子赵桓在这一点上就完全与他不同，赵桓没有这些爱好。赵桓平时都干什么？据史料记载，赵桓在“讲读之暇，唯以髹器贮鱼而观之，他事一不关怀，人莫能测也。”① 什么意思呢？就是说在学习完了每天的功课之后，他唯一要做的事情，就是对着一个鱼缸，去看那个鱼。髹器指的是涂了黑漆的鱼缸，一个器皿。“他事一不关怀”，别的任何事情都引不起他的兴趣来。“人莫能测也”。别人都不知道他这时候在想什么。就看见他在看那个鱼。他看鱼时在想什么呢？实际上，他什么都没想。有的人沉默，在沉思，坐着一动不动，他是有思想的。但是后来的事实证明，赵桓的沉默中没什么思想，他就是对着鱼缸在那儿出神，在那儿发愣，打发时间。

因此徽宗就觉得这个儿子没什么才华，很乏味，就看不上眼。

第二点，钦宗不贪女色。这又是与徽宗很不相同的地方。徽宗是很喜欢女色

① 《三朝北盟会编·卷二百二十八》。

的。尤其是他当了皇帝之后，宫里宫外布满了宫女，他整天看着眼前走过来走过去的全是美女，赏心悦目。男人嘛，喜欢女色，这很正常。

可是他发现，他这个儿子对女色的兴趣简直是太小了，一点都不随他，没有什么情趣。这钦宗确实是对女色没兴趣。他即位之后，甚至对于那些徽宗觉得赏心悦目的宫女，觉得乱得慌。宫里这么些宫女走来走去干什么呀？乱哄哄的。因此他决定裁减，分批裁减，仅第一批就裁减了六千人。在这一点上跟他老爹又完全地不同。

第三点，钦宗不喜奢华。徽宗上台之后，曾经有一段时间是表示不喜欢奢华，也要节俭。但是，那不是他本性的流露，那是由于他理智上要当好那个皇帝，听从了大臣的劝说，是故意地约束自己。曾经有过这么一段时间，但是这段时间很短。随着蔡京、童贯这些大臣的鼓动，他马上就变得非常奢华了，只有奢华无度他才感到幸福。

可是钦宗不是这样，钦宗从本性上是真不喜欢那些过度的奢华。凡是礼乐活动、祭典活动、节庆活动、酒宴等，他是能推就推，能不去就不去。当太子的时候是这样，当了皇帝也是这样。当时当太子的时候，有一些活动，徽宗非让他去参加，去了他也是无精打采，没有兴趣，搞得别人都很扫兴。这又是一点不一样的地方。

第四点，钦宗反对改佛为道。在这一点上，他甚至与他爹宋徽宗当面起过冲突。宋徽宗是个道教的很狂热的信徒。他信奉道教，这没有什么可指责的，但是他信奉得过分了，要求得过分了。信仰是自由的，他信奉道教，不能非要强迫全国人民都信奉道教，但是他就这样做了，而且把信奉佛教的人也强迫转为信奉道教，这就很过分。这个做法激起了很多人的不满，有的佛教徒甚至用自焚加以反抗。

赵桓并不见得是非常信奉佛教，但是他觉得，他爹徽宗的这个做法不对，他反感，所以他就反而要支持佛教。就因为这个事情，他跟道教的关系搞得非常僵。而道教的人当时也是非常瞧不起他，因为道教有徽宗的支持。

有一个非常受徽宗推崇的道士，叫林灵素，当时很有名的，这个人那是甚嚣尘上，当时根本就不把赵桓这个太子放在眼里。有一次在大街上，两个人的车队相遇了。由于马路不够宽，必须有一队让往一边，让另外一队先通过，双方才能够错开。在这个时候，林灵素就是傲然不让路，硬逼着太子把道路让开。眼看着这种情况，赵桓心里很不平衡。所以他提出，说我要组织佛教的僧人，与道教的道士斗法，看看到底是你们能还是我们能。这事当时在汴京都轰动了，太子要与道教斗法了，摆开场子了。赵桓组织了14个僧人，林灵素也组织了一帮道士，两个人就摆开阵势，轮番地派人上阵去斗法。斗什么法？其实无非就是特异功能加上一点魔术等那种奇异的技巧，说穿了也没什么，不过是一些戏法而已，就看谁的技艺高明。

这次斗法是林灵素那边胜了，赵桓这边这僧人的法术还是欠缺一点，斗败了。斗败了也就斗败了，无所谓。可是林灵素得理不让人，不依不饶了，就要求把与道士斗法的这些僧人游街示众，看你们还敢诋毁我们道教不敢。徽宗就拟批准。赵桓不干了，赵桓说这斗法总有个输赢，输了也不犯法，为什么要游街示众？徽宗想了想，问那些僧人都是什么身份？赵桓说，14个僧人当中有12个是胡人，所谓胡人就是少数民族，两个是汉族的僧人。徽宗考虑到民族关系问题，说这些胡人朕赦免了他们，就不游街了，但是那两个汉族的僧人必须游街。于是就下旨把那两个汉族的僧人脸上刺上字，游街示众。这个事情搞得太子赵桓脸面上很没光彩，由此这父子二人的矛盾又加深了一层。

第五点，钦宗厌恶徽宗的宠臣。围绕在徽宗身边的蔡京、童贯、梁师成等这样一些宠臣，赵桓与他们都格格不入。尽管这些宠臣当中，有一些还是拼命地想巴结他的，因为他是太子，将来是要当皇帝的。比如说蔡京。蔡京为长远计，就一直巴结赵桓。蔡京跟赵桓实际上各方面都很不合拍，他还是和徽宗合拍，但是为长远计，他还是希望和赵桓搞好关系，给赵桓去送过很重的礼，结果被赵桓退还了，而且怒斥他，这是搞什么名堂。他很厌恶这样一些宠臣。他厌恶徽宗的宠臣，徽宗看了当然很不高兴，你厌恶他们等于厌恶我嘛，我宠信他们，你不喜欢，这不是厌恶我是什么？

由于这些原因，赵桓与他父亲之间历来关系就没有亲密过，就缺乏父子之间的天伦之乐。他们矛盾隔阂就是由此而生。

而与此同时，徽宗更加喜欢的是赵桓的弟弟赵楷。在前面我们讲过，赵楷曾经有过被立太子的可能性。为什么？这里面有三个原因：

一个是赵楷的生母王贵妃是徽宗最喜欢的妃子之一。徽宗很喜欢这个妃子，可惜的是这个妃子寿命不长，34岁就去世了。不过那个时候，赵楷已经是十五六岁了。所以尽管也是妈妈去世比较早，但是由于赵楷已经成年了，而且他的性格是比较开朗的，所以没有在心理上造成很大的影响。这是一个原因。

再一个，是赵楷这个孩子从小就表现出了与徽宗同样的爱好和性格。他的气质非常像宋徽宗，徽宗喜欢的那些事他都喜欢，他也会赋诗，会画画，而且画得很不错。同时长相也很英俊。所以徽宗觉得这个孩子非常讨人喜欢。

第三个原因，是赵楷不仅在玩乐方面酷似他爹，而且在才学方面还出类拔萃，这也是能让徽宗刮目相看的一个很重要的因素。赵楷的才学从哪儿体现出来呢？从有一次的科考中体现出来了。

宋朝在开国之后曾经制定过一个规定，就是不许皇室的子弟参加科考，其目的是避免他们专权。经过了若干朝之后，这个规定松动了，朝廷许可皇室子弟参加科考了。于是赵楷就想参加一次科考，检验一下自己的学问实力。

但是，尽管是允许宗室的子弟参加科考了，赵楷想如果我用我的真实名字去考，毕竟身份不一样，我不是一般的宗室，如果官员们给我特殊照顾，那能检验出什么来？就是个虚名，我不需要这个虚名。所以他就化了一个名，去参加了科考。他用一个别人的名字顶替，让阅卷的官员不知道是他，看看能打多少分。

考完之后，他向父皇徽宗做了禀报，说我办了这么一件事。徽宗这个人本身就喜欢一些游戏的事情，一些恶作剧的事情，他一听这个儿子冒名顶替去参加了科考，很高兴，同时也觉得这是一个检验机会，就说等等吧，看看你能考多少分，但愿不要名落孙山。

于是徽宗就命令阅卷的官员，说你们那个名次排出来之后，先不要张榜，先拿来给朕看一下，朕看过了你再张榜。官员们遵旨，阅完考卷就先呈到皇上这儿来了。皇上就找，到底赵楷化名的那个人考了第几。

结果这徽宗打开榜文一看，是大喜过望。赵楷的那个化名，赫然居于榜首，赵楷考了第一，是状元。这个成绩里头没有任何的关系，没有任何的后门，就是凭着能力、才华、才学去考的。这时候这徽宗才知道，他的这个儿子确实是有真才实学。心里很高兴。但是他出于怕外人说闲话的考虑，尽管你是用化名，谁知道你预先透了气没有，命令官员把赵楷挪为了榜眼，把原来的那个榜眼提为了状元。

虽然没让赵楷当状元，但是通过这个事，徽宗是完全知道了他这个儿子的能力，所以后来他又打破宗室不领实职的规定，让郓王提举皇城司。再后来他还打算进一步打破规定，就是宗室的成员不许领兵的规定，打算让郓王到前线挂帅领兵，为他建功立业做准备。建功立业之后，如果打算换上他当太子，将来让他即位的话，那就有了资本。但是由于种种因素的限制，这个愿望终于没能实现。

在这种情况下，太子赵桓为什么没有被废掉？很显然，当赵楷的优势逐渐逐地显示出来之后，赵桓太子位置很可能就要被动摇，被取代。可是赵桓为什么没有被废掉呢？这是由于以下三个原因。

第一，赵桓行事谨慎。这个赵桓，他知道自己的条件不行，自己各方面的能力也差，而且生母已经不在了。虽然他是嫡出，是长子，但是生母已经不在多年了，现在的皇后是郑皇后，不是他的母亲。而他爹喜欢的，是他的三弟。他知道在这种情况下，必须要做到行事十分谨慎，不要做出任何错误的事情来，让别人抓住把柄。所以他没事就坐在那个地方看鱼，他就是在打发时间。我坐这儿什么也不做，我就什么错都没有。因此位居东宫十年，他没有做错过什么事情，当然也没有做出过什么事情。可是没做出过什么事情，不能怨他，你没把皇位交给他，他能做什么？他总不能提前干政吧？所以这一点无可指责，没有错处就是对的。

第二，大臣们各有所图。围绕着立谁为太子，大臣们是互相之间都有猜测，各有所保的。因为立谁为太子，跟他们都有着密切的利害关系。大臣从来是分帮的，当时的大臣中，有的是拥护现有的太子赵桓的，有的是拥护郓王赵楷的。这里面有的是因为他们的好恶问题，有的是因为方方面面的关系和利益问题。所以是各有所保，各有所图。而当前的太子是赵桓，将来让他即位是顺理成章。如果换一个人，要废掉赵桓，换成赵楷，那就要发生朝政动荡。发生动荡对朝廷来说不是好事，徽宗不希望发生这样的动荡。假如要换，他希望找一个契机，能够不动荡地更换掉最好。但是这个契机一时又没有，为什么呢？因为赵桓他没有错误，而赵楷又很难马上得到一个立大功的机会。这契机一时没有，所以赵桓的太子位置便一直也没有动。

第三，禅位事出突然。就在这样的拖延过程中，形势起了急剧的变化，金兵突然大举进犯，而且进军速度十分迅猛，马上就要兵临城下了。在这种情况下，吴敏提出要李纲来主持大政，而李纲提出了请徽宗禅位的要求。在这时禅位成了一个紧急措施。紧急到什么程度？吴敏说，三日。就是说在三天之内徽宗要决定，不决定连禅也不用禅了，你就领着部队去打吧。在这样紧迫的时间里，徽宗要禅位，已经没有可能更换人选了，要禅就禅给现成的太子，否则的话就会乱上加乱。

就是在这种情况下，赵桓当了皇帝。等于说是金人帮了赵桓一个忙。当然这个忙对赵桓的意义并不大，因为一年之后，他当不当皇帝都是俘虏了。

在让赵桓当皇帝的时候，他是非常地不愿意接受，百般推辞不就。后来是徽宗严令大臣们把他架到福宁殿，劝说了半天，劝说到半夜，他才勉强同意了。那么在他的内心里，到底是愿意不愿意当这个皇帝？我们说，其实从他内心里是愿意当的。他位居东宫十年，做事如此谨慎，为什么？就是为的有朝一日他能够说了就算，不再寄人篱下，不再看人眼色行事。皇帝这个位置，不管一个人有没有能力当，只要他有机会当，没有人会不愿意当的，这个权力的诱惑太大了。所以，他是非常愿意当这个皇帝的。

可是为什么当时赵桓又百般推辞不就呢？是因为他不愿意在那个时候去接受皇

位。在那个时候接受皇位，他知道意味着什么，他感觉到自己没有那个能力。当时连身为皇帝的宋徽宗，都主动地想把皇位交出来了，可见在那个时候当皇帝不是什么好事。所以，他是不愿意在那个时候接替皇位的。

但是形势逼迫着赵桓非接受不可，他不得不接受。接受了之后，他在李纲等大臣同心协力的努力之下，度过了汴京的危机，保住了朝廷，稳住了皇位。在这个时候，如果说你再不让他当了，那他绝对是不干了。他认为汴京是他保下来的。保住了汴京意味着什么？意味着保住了天下。因为宋朝的组织结构与唐朝不同，唐朝如果首都沦陷了，它还有藩镇，有节度使，节度使的权力很大，可以各自为战，各地的财力都很雄厚，军力也很雄厚。而宋朝不行，宋朝是强干弱枝，把天下的财富、天下的兵力都集中在了首都附近。首都一旦沦陷，各地没有能力支撑。京城陷落，基本上就等于全国陷落了。所以赵桓认为我把金军打退了，保住了汴京，就等于保住了大宋。天下是我打下来的了，你这时候想把它从我手里夺去，那是办不到的。所以在这时候，谁想让他不当这个皇帝，那他就要跟谁玩儿命。

由于宋徽宗在东南有过那样一些不正当的举措，止东南之师，止勤王、留皇纲等等，连官府的文件都不许往京城里递，就引起了赵桓极大的警惕。他对徽宗的一举一动都感觉到可疑，好像徽宗要把皇位重新从他手里拿回去，这可不行。所以他的戒心、疑心才这么重。

宋徽宗是真有那个想法，真有复辟的意图吗？其实并没有。因为徽宗这个人，从他的性格上来讲，从他的能力上来讲，根本不具备企图复辟那样一种做法的条件。他没有那么想。他在东南所做的那些事，表面上看起来像是想另立朝廷，实际上是他的一种本能的流露。他又想发号施令了，但他并没有说我在这里也要立一个朝廷了，并没有这个打算。而回京之后，他没有发号施令的条件了，他做不到了，也就不再做了。他内心有没有想控制住钦宗的想法？就是我想让你干什么你就干什么，这个想法还是有的。可是他很快就发现，不行，办不到，控制不了了，于是也就只有死心塌地地当他的太上皇了。所以实际上，钦宗的防范有点多余。他那样地戒备防范，使徽宗觉得非常寒心，非常冤枉。

是不是这一对父子皇帝从此就一直这么僵持下去了呢？史料上说“两宫之情不通矣。”就是说两边断绝了来往，不再来往了。后来很长一段时间确实是这样。逢年过节也好，有些属于应该儿子去问候父亲的时刻也好，钦宗都不再到龙德宫去了，只是派人去送一点慰问品而已。两个人确实很久不再来往。

但是，并不是说他们终生就断绝了来往。他们后来是又有了来往的，而且两个人的关系还变得非常密切了。

徽、钦父子怎么会又变成那样一种关系的呢？这又是金人帮的忙。

当然，这事很凄惨，很悲催。是因为金人把汴京打下来了，他们两个人都成了俘虏了，两个人在俘虏营里见了面了。这时候两人之间什么可争的都没有了，还争什么呀？国家都是人家的了，剩下的只有一条了，就是同病相怜。在这个时候，他们父子情深了。

有关史料是这样记载的。说当徽宗知道金国人要把他们父子俩都押往北国囚禁时，他对金军的统帅宗望和宗翰是这样要求的："某愿以身代嗣子，远朝阙庭，却令某男等乞一广南烟瘴小郡，以奉祖宗遗祀，终其天年。某即甘斧钺，一听大国之命。"① 什么意思呢？就是说，我愿意代替我的儿子去朝见你们金国的皇帝，希望你们能够让我的儿子，就是现在被你们废掉的皇帝，到南方一个荒凉的小地方去落户居住，祭祀祖宗的牌位，作为一介草民默默地了其残生。如果你们能够满足我这个心愿的话，我赵佶是杀是剐，悉听尊便。

在这个时候，宋徽宗说的这番话肯定是发自内心的，非常像一个父亲所说的话。可是这时候说这话，已经没什么用了。这时候他们的境遇，已经与此前宋徽宗当太上皇，他的儿子当皇帝的那个境遇有了天壤之别。徽、钦二帝之间的关系变化，体现了人类关系中的一个很常见的现象，这也是一个非常耐人寻味的问题，那就是，为什么人们总是共患难易，而同富贵难。

在中国历史上，由于朝代的更迭，统治者不断地发生变化，亡国之君是并不鲜见的，曾经出现过许多大大小小的亡国之君。可是，像徽、钦二帝这样，父子二人同时都当了俘虏的情况，却并不多见。为什么宋徽宗、宋钦宗两个人会同时都落入了金军之手，难道说金军当时把汴京围困的就是铁桶一般密不通风了吗？难道这两个人就连一点逃跑的机会也没有了吗？如果说是有的话，为什么连一个都没能够逃出去呢？关于这个问题，我们在下一章接着讲。

① 《北狩见闻录》。

第十四章 二帝被俘之谜

ER DI BEI FU ZHI MI

在靖康之变中，不仅是汴京被金军攻下，而且徽、钦二帝全都成为了金军的俘虏。在中国历史上，由于朝代的更迭，出现过不少亡国之君，但是，像徽、钦二帝这样父子同时成为俘虏的，还不多见。为什么这两个皇帝都被金军俘虏了？是不是当时金军把汴京围困得就那么严密，他们连一点逃跑的机会都没有了？是不是金军冲进了皇城，冲进了皇宫，就在皇宫里把这两个皇帝都抓起来了？

不是这样。其实金军当时并没有攻进皇城，而是徽、钦二帝慌乱无知，被金军牵着鼻子，自己一步一步地走进金营，才落得了双双成为战俘的下场。这个过程是怎么样的呢？我们先从金军的进兵过程说起。

金军第二次攻宋的大致经过是这样的：靖康元年八月，金军再次大举伐宋。闰十一月下旬，金两路大军会师汴京城下。闰十一月二十五日，汴京失守。

靖康元年的八月，距离上一次金军撤军只有半年时间。金军上一次围困汴京被打退了，时隔半年，又来了，来势十分凶猛。宋朝这时候还是打算求和的，就派出了使者，与金军赶紧联系谈判。但是，金军根本不理宋朝这一套，依旧是马不停蹄地大举进攻。

在此期间，宋徽宗并不知道当时的危急情况，钦宗对徽宗封锁了消息。钦宗认为如果让徽宗知道情况，徽宗又想赶紧跑，那又麻烦了，所以没有对他说。这是徽宗没能够逃脱的原因之一。

到了闰十一月下旬，金军的两路大军就包围了汴京，这一次的形势比上一次严峻多了。为什么？因为上一次金军进军，只有金东路军，由于郭药师的反戈而顺利地到达了汴京城下。金西路军，也就是由宗翰率领的那一支部队，在太原遭到了宋军的顽强阻击，被拖住了。所以当时只有宗望的东路军围困了汴京的西北方向，其兵力只有六万多人。这一次是两路大军都杀过来了。宗望围困的是西北，宗翰围困的是东南，基本上把汴京给四面围住了。

与上次第二个不一样的地方，是上一次宋朝有一个李纲可用。李纲挺身而出，承担起了领导军民抗击金军的重任。但是这一次没有了。李纲在上一次战胜了金军之后，由于仍然坚持主战的立场，遭到钦宗手下的一些大臣排挤，被排挤出了朝廷，这时候已经不在汴京了。而此时的汴京城里并没有一个人能够再接替李纲，能够起到他那么大的作用。所以这一次，汴京是更加危急了。

就是在这样危急的情况下，汴京军民还是奋勇抗敌，与金军进行了殊死的搏斗，那场保卫战打得是十分地激烈。闰十一月二十五日，汴京终于失守。是怎么失守的？实际上，不完全是因为宋军抵抗不力，抵御不住金军。金军进攻的攻势确实很迅猛，宋军打得确实很艰苦，但是一次一次的进攻毕竟是都顶住了。可惜的是，由于宋朝的决策集团采取了一个具有很大失误的措施，致使宋军的抵抗是一败涂地。而这个措施，则与宋徽宗的内在关系非常之大。

宋徽宗那时已经不参与决策了，不能参与国政了，这个失败，这个汴京失守与他有什么关系呢？那个内在关系就是，宋徽宗在位的时候所造成的一些恶果，在这时候显现出来了。什么恶果？就是他崇信道教。

宋徽宗即位之后，曾经疯狂地推崇道教，让全国人都信道教。而且他聚集了一批方士，这批方士也确实有点特异功能，颇能蛊惑人心。因此，在臣民当中，尤其是在大臣当中，便建立了这么一个思想，就是道教的法术还是很管用的。

这时候，由于金军围困京城十分危急，当时的同知枢密院事孙傅就忽然想到，假如我们现在使用道教的法术退敌，岂不是能够大获全胜吗？他就想起这个事来了。而且汴京城里恰恰是有这样一种传说，说有那么几个人，一个叫郭京，一个叫杨适，一个叫刘无忌，这几个人是道教高手，他们会撒豆成兵，可以退敌。这个思想就是宋徽宗给这些大臣们加以影响和灌输的，这时候孙傅就想起来了。如果我们能找到一个这样的道教高手，那这个金兵我们还怕他什么。得赶紧找一找，这几个人究竟有没有，究竟在不在汴京城里。他就让王宗楚去打听。

王宗楚一打听，还真找着一个叫郭京的人，就在龙卫军里，也就是在禁军当中，担任副都头。这人官不大，而相貌奇特，一看好像不是凡人。王宗楚就问他说，你是不是叫郭京？他说我是叫郭京。你是不是会法术？我是会法术。那个民谣里传说的郭京会撒豆成兵的郭京是不是你？当然就是在下。王宗楚一听很高兴，就把他引见到孙傅这儿来了。孙傅还真信了，因为他一看这人长相很奇特，谈吐不俗，而且虽然只是一个低级军官，但见了大官一点都不拘束。

孙傅就说，现在我们汴京城里情况很危急，现在就用得着你了，是你为国家建功立业的时候了。你究竟有没有这个才能，有没有能力退敌，给我说实话。郭京说，有，只要按照我说的办法、按照我的要求去做，肯定能退敌。孙傅就问了，你有什么办法？郭京说，就是要允许我组建一支六甲神兵，我就用这个六甲神兵来退敌。六丁、六甲是道教的神名，六丁神为阴神，六甲神为阳神。郭京就说，我要用六甲神兵来退敌。六甲神兵在哪儿呢？没有，得由我来组建。

怎么组建？郭京说由我来亲自招募，汴京城里的人都可以报名，由我看生辰八字合不合六甲神兵的标准。如果合，我就可以收纳。这些人会不会武艺无关紧要，打没打过仗，有没有过作战经验，无关紧要。只要他的生辰八字符合六甲神兵的要求，那就行了。

要多少人呢？他说人数不用太多，7777个，这是符合六甲法术要求的。

孙傅问，假如我都满足了你这些要求，一定能打胜吗？郭京说那绝对是没有问题。不要说是解汴京之围，就是打到阴山去，我们把金兵打回他的老家，也是不成问题的。孙傅一听，这个高兴，就赶紧把这个事给当时的宰相何栗说了。何栗听了也很相信。他想既然这个人敢夸海口，那没有金刚钻他是不敢揽瓷器活啊，那肯定是个高人。两个人赶紧就颠颠地跑到钦宗那里汇报去了，说如此这般，怎么怎么样。

钦宗本来根本就不信道教，但是这个时候他是病急乱投医，就说，不管他是佛教的也好，道教的也好，总之他能退敌就好。你们赶紧起用这个人，他要什么给什么，有什么条件尽管满足他。

在这种情况下，这位所谓的高人郭京就被提拔上来了。招募六甲神兵，招了7777人，这些人，街头的青皮泼皮什么都有，不一定是士兵，也不见得是会习武，就是来报生辰八字，一报，合拍，进军营。招了几天，七千多人招起来了。

然后郭京又提要求，说我是由于一股阳气催着才能破敌，法术才能管用，所以我需要阳气很足。我的阳气打哪儿来呢？我们道教就有一种法术，叫采阴补阳。从哪儿采那个阴？得用年轻少女的身体，少女身上就有补阳的那个阴。需要给我征集大量的年轻少女，供我来采阴补阳。孙傅一听，便命令下属赶紧去找。在汴京城里到处搜罗少女，供郭京去淫乐，进行所谓的采阴补阳。这种事过去只有宋徽宗能够享受到，现在徽宗是享受不到了，变成郭京能享受这个事了。他天天在那个地方采阴补阳，也不练兵。

这个时候孙傅说也给你采阴补阳了，也给你召集齐了7777个人了，那你就出战吧？郭京说不行，现在不能出战，不能说你要求我什么时候出战我就什么时候出战。因为我这个法术，积聚这个阳气，需要很长时间，不到万不得已的时候不能用。你让我用了，下一次真到危急的时候，我不行了。所以不到万不得已，不到必须出战的时候，我不能出战。

六甲神兵又养了若干天。就在闰十一月二十五日这一天，形势真正危急了。

这一天天气非常恶劣，严寒，北风呼啸，大雪纷飞。士兵们都冻得握兵器的手拿不住兵器。就在这一天，金军又发动了非常猖狂的进攻。金军是急于拿下汴京的，围困汴京城的时间不能过长。因为它倾巢出动远离本土作战，随时都有后路被切断的危险，所以不宜打持久战，应该是速战速决。他们很明白这一点。

再者，这种恶劣的天气对于宋朝、对于宋军来说，是很不利的，因为他们是生活在平原地带，平时的气候没有这么寒冷。而这种高寒的气候对于金军来说，对于生活在北国的游牧民族来说，却是司空见惯，不觉得多么艰苦，多么恶劣。所以他们一看这大雪纷飞，斗志就更加昂扬了，就冒着鹅毛似的大雪往上攻。这一天宋军抵抗得极为艰苦，好几次城池被打出缺口，险些被突破。

这时孙傅又来找郭京了，说现在是到了最危急的时候了，你必须出战，否则的话我们要你这个六甲神兵还有什么用？郭京一看，今天是推不过去了，是打也得打，不打也得打了。他说那好，今天我就动用我的六甲神兵，也让你们开开眼。于是，他就让这些六甲神兵穿戴整齐，画上脸谱，开到了城下。然后由他亲自登城。登到城上以后他有要求，如果不是他的这个要求，宋军还不至于败得那么惨。他要求什么呢？他说我作法是要有神灵来附体，神灵附体就不许有闲杂人等在边上。因为你们闲杂人等都是肉体凡身，影响我的神灵附体。你们都必须退下。

张叔夜对这事有点不大放心，他说这样吧，由我来带领一支禁军埋伏在城墙的下面，假如你能大获全胜更好，假如你有问题、有闪失，我便立刻带人马出来策应，行不行？郭京说这不必要，而且影响我作法。你所有的士兵都不能埋伏在附近，离开数里之外，否则作法不灵，我可不负责任。孙傅和何栗一听急了，说咱们就听他的吧，否则作半天法没有用怎么办？张叔夜只好命令，所有的守城部队全部撤下。

这下子坏了，他们还不知道这个事情的后果有多严重。郭京把所有的宋兵都驱赶开之后，他就仗剑在城头上，嘴里念念有词地开始作法。也不知道他是真相信还是假装相信法术，他是有一些奇异法术的，可是这样的用兵作战，是他毕生的头一次。他在那儿披发、仗剑，念咒，作法作到一定的程度，便下令大开城门，说我的六甲神兵要杀出去。于是下面守城的将士就把城门推开了。

城门打开之后，六甲神兵就哗地冲出了汴京城的宣化门。这一冲出去，还真有效。为什么？因为金军正在攻城，忽然看见城门开了，接着涌出来一大堆什么玩意儿？奇形怪状的，这是人呢还是鬼呢？脸上五颜六色，身上也是乱七八糟，就这么一帮怪物就冲出来了。金军觉得大势不好，吓得扭头就跑，赶紧地就往后撤。城里边的宋军一看，就立即向上级汇报说，金军被打退了，金军被打退了。何栗、孙傅那个高兴啊，就马上奏报给钦宗，说是六甲神兵大显神威，金军现在开始败退。钦宗一听，太好了，朕的决策十分英明。就命令准备酒宴，朕待六甲神兵得胜回来要给郭京庆功。但是可惜，他们高兴得太早了，还没等他们的笑容退去，他们就该哭了。因为下面的情况，很快便逆转了。

金军里边也有高人。这个高人是谁？是元帅右监军完颜希尹。他是宗翰的一个得力助手，西路军统帅宗翰的高级参谋。他本身也会一些法术，因此他懂得这个法术哪些是真，哪些是假，哪些真正有用，哪些纯粹就是骗人的。他一听这个事，就觉得根本不靠谱，于是登高一望，哈哈哈，看出来这是宋军黔驴技穷了。他就对宗翰说，应当命令部队全力反击，绝对不许后退，宋军根本就没有什么战斗力，后退者斩！宗翰就依照他的意思，下令部队全线反击。

金军这一反击，所谓的六甲神兵就现了原形。他们根本就没有战斗力，就靠着装神弄鬼吓唬人。实际上，宋朝如果是借着六甲神兵来鼓舞斗志，利用这样一种迷信的说法来鼓舞士气，是有点作用的，但真用他们作战是不行的。

真正硬碰硬地打起来，他们哪儿有金军能打？而且金军有很多骑兵部队，一冲就把六甲神兵冲垮了。这一冲垮他们可就完了蛋了，鬼哭狼嚎、连滚带爬地往后跑。金军一看，原来打这帮怪物是很好玩儿的，杀那帮怪物太好玩儿了，太有意思了，一路砍杀过来，就跟着冲进了城门。因为城门这时候是大开着的，没有防备，而张叔夜的伏兵已经被屏退到数里之外去了，所以，金军的骑兵就紧跟着突进了城。金军的作战经验非常丰富，进城之后马上向两翼展开。于是两翼的像通津门这类的城门，也马上就被里应外合地突破了。

守卫其他城门的宋军一听，东南方的城门已经被突破了，心里就慌了。而进攻的金军的战斗力则更加旺盛。不到半天的工夫，汴京城的所有城门都被金军所占据。这就是因为动用了六甲神兵，如果不用六甲神兵，可能情况还不至于这么糟糕。

这时候形势已经万分危急了。怎么办？宰相何栗、同知枢密院事孙傅知道自己的错误犯大了。你就是以死谢罪，都不能弥补这个损失啊，怎么办？他们就与张叔夜，他是签书枢密院事，商量眼下怎么办？张叔夜说，别看他们占领了四壁，但是我们还有百万军民。我就不相信，他们能够把我们斩尽杀绝。我们现在可以动员全城军民人自为战，与他们进行巷战。而这时候汴京城里的居民也是群情激昂，纷纷要求官府发放武器，要求张叔夜领着他们进行巷战，与金军进行血肉之搏。眼看着，一场寸土必争的肉搏战，就要在汴京城里的大街小巷展开。

可是，最终这场肉搏战没能打起来。因为这个时候金军突然停止了进攻。

为什么停止进攻？这是他们非常聪明的地方。这些金军统帅，他们的文化程度不一定高，但是政治韬略绝对是超过了宋朝的君臣。他们前来进攻宋朝，所动用的部队，已经是超过了全国兵力的三分之二了，留在他们本土的军力已经不多。而经过这几天的攻城战斗，损失也非常巨大。他们这部队里边的女真兵不足半数，其他都是渤海兵、奚族兵、契丹兵、室韦兵等。如果女真兵的兵力下降到不足以控制整个局势的时候，他们的民族矛盾也是有的，也是要爆发的，那时候就很危险了。后来，女真金国被蒙古国所灭，其中就有他们国内的民族矛盾加剧的原因。所以在这时候再硬拼下去，他们的消耗也就太厉害了，对他们很不利。

另外，他们同时也看出了，宋朝军民的抵抗意志是很坚决的，而宋朝的朝廷这时候却已经吓破了胆，不敢再打了，只需要吓唬吓唬就行了。所以他们就很明智地采取了一个所谓的要不战而屈人之兵的策略。不打了，但是把整个汴京城的所有出口全部封锁，然后派使者进城，与宋朝谈判。说我们这次来也没有别的目的，我们的目的，就是为了让你们把失信的那一些条款给我们改正过来，就行了。该割的地割给我们，该向我们道歉的事情，要给我们道歉，就是了。

金军的所谓道歉是指的什么事情？是宋钦宗办的一件大蠢事。此前他竟然听从了某些大臣的建议，想策反辽朝投降金朝的一些将领，共同来推翻金朝。这怎么可能呢？当时他居然真是有了这种天真的想法，就把密信交给了那些降将，说咱们密谋一下，怎么把那个金朝给颠覆了。人家那个降将，辽朝降金的降将，回头就把这个事报告给了金朝。这事让金朝抓住把柄了。这个事就是这次金朝进军宋朝的一个借口。

这时候金军的统帅们就说，咱们现在把这个事情谈清楚了就可以了。在这个时候，如果徽、钦二帝能够冷静地分析形势，看清楚哪一些形势对自己还是有利的，哪一些手段可以使用，机智地与金军周旋，拖延时间，等待援兵，后面的情况发展也许会与历史的结果不一样。但是这时候徽、钦二帝没有一个能够明智地分析形势，他们都被金军的攻势吓破了胆，就对金军这种讲和的做法抱以了充分的幻想，希望金军真实的意思就是这样的意思。因此，从这时候开始，他们就一步一步地被金军牵着鼻子，走进了囚徒的阵营，沦为了俘虏。

这个过程是这样的。靖康元年闰十一月三十日，宋钦宗被迫入金营写降表。这是宋钦宗的一入金营，是在城破之后的数日之内。当时金军提出的是要徽宗去，但是宋钦宗生怕徽宗到了那里之后，与金军达成某些协议，使金军满意了，金军就仍然让他当皇帝，而把自己废掉，他害怕出现这样一种后果，因此他没有让徽宗去，亲自去了，带着何栗、孙傅、陈过庭等大臣去的。这一次去金营，他没有被扣留。但是去了之后，金军并没有与他谈判，说割地之类的事，那些暂时都免谈。金军叫他干什么？写降表。

钦宗一看，当时说的不是让我来写降表啊，要知道是这样的话我还不一定来。但是这时候他已经来了。周围是刀枪剑戟逼着，你写还是不写？钦宗的性格也是很懦弱的，他根本就没有什么反抗精神，到了金营，在这种情况下，让他写他就命令随行的大臣写了，按照金人的要求写了降表。

写完之后，金人拿去一看，很不乐意，说你写得也太没有文采了。你们宋人不是文化水平很高吗？你写个降表都没有文采，这是没有诚意啊。你得用四六对偶句子，写得我们读起来得朗朗上口才行。命令重写。

于是这帮君臣又在那儿苦心琢磨，跟高考似的，一句一句地琢磨。琢磨出来，写完了，四六对偶，呈上，这才获得通过。写完降表，这帮君臣暂时被放归了皇城。但是这并不是宽容他们，金军放他们是有用意的。干什么？让钦宗回到城里去给他们搜罗财宝，搜刮财富。这比金军自己搜刮容易得多。他是皇帝嘛，可以下诏，让所有的人必须把你所有的、现有的一切金银珠宝绸缎，骡马等，全部交出来。按照金人的要求，有多少要交多少。金人提出来的条件，实际上是把整个汴京城刮一层皮都是满足不了的，所以说只能是有多少给多少。

让钦宗在城里搜刮了一个多月的时间，金人觉得差不多了，便命宋钦宗再入金营。这一次入金营，他就回不来了。这段时间金军在做什么？在与金朝的皇帝频繁地联系，要求把宋朝的朝廷整个废掉。取得了金朝皇帝的允可之后，金军统帅就在金营里宣布，废掉宋钦宗的皇帝地位。你不再是皇帝了，我们大金的皇帝说了，你被废了。就在靖康二年二月六日这一天，宣布了宋钦宗被废。

靖康二年的二月七日，宋徽宗被迫出城。

在徽宗出城之前，金军并没有告诉徽宗，钦宗已经被废了，他们只是说，现在我们有事情要与太上皇亲自谈谈，请太上皇带着皇室的成员出城，到一个中间地带，我们谈一谈。我们把事情谈妥之后，就把你们的皇帝放出来，让你们团聚。皇帝是不能让他当了，但是我们没有别的意思，谈好之后，我们把你们放走就是了。

就是这样，宋徽宗在金人的指令下出了城，出城之后同样是被扣。随后在城里，就上演了由徐秉哲、王时雍等人组织拥立张邦昌为伪楚皇帝的闹剧。张邦昌是宋朝当时的少宰，也就是副宰相的地位。金军看中了他，说由他来做代理人比较好。本来金军是准备留几个金将或者是辽将来镇守汴京的，但是没有一个人敢于承担这个任务。所以他们经过商量，并请示金朝的皇帝批准后，就推出张邦昌建立了一个伪楚国，就是金朝的傀儡国。徽、钦二帝被扣之后，就由这个张邦昌来当了皇帝。

那么在徽、钦二帝被迫前往金营的过程当中，他们是不是完全没有脱身的机会？其实是有的。汴京的外城方圆是 40 余里，当时虽说是金军的两路大军把汴京围起来了，但是不可能围得那么严实，其间有不少的人突围出去了，包括宋钦宗派出去送蜡丸到相州命令赵构起兵勤王的人。如果突不出去的话，那蜡丸也送不出去。包括到南方去的信，也都送出去了。可见如果下决心突围，不是完全没有可能。其间起码钦宗有一次机会，徽宗也有一次机会。但是他们都没有敢于利用，所以才双双地沦为了俘虏。

这两次突围的机会在什么时候呢？第一次突围机会，是在靖康元年闰十一月二十六日。那是钦宗的一次机会。第二次是在靖康二年二月六日。

我们先说第一次机会。闰十一月二十六日，就是城破的次日。破城以后，金军停止了进兵，把城门全都围困了。这时宋军准备要打巷战，金军没打。汴京的很多军民就涌到了宣德门前，要求朝廷发给他们武器，带领着他们打巷战。钦宗便到了宣德楼城上，去与军民们见面对话，安抚他们的情绪。

就在这个时候，有一个叫蒋宣的禁军将领，在祥曦殿见到了钦宗。他带了几个护卫。他就跟钦宗说，皇上，现在正是一个机会，现在城里城外都非常乱，趁这个乱的时候，我们突围出去是有可能的。我已经组织了一班弟兄，如果皇上愿意听我的话，跟我走的话，咱们马上就突出去。

钦宗听了一愣。他非常吃惊，他本来根本没有这个想法。为什么？因为这时候金军不打了，而且说是要派使者来议和。金军已经跟城门上说了，请宋朝准备好迎接我们的使者，我们要谈判。他想金军要谈判了，那么我现在要突围，要跑，那金军当然会认为我没有诚意，不想谈，那他们把我捉住杀了怎么办？他觉得很危险，就在犹豫。说突围出去咱们到哪儿去？蒋宣说，没想好，现在到哪儿去我也不知道，总之我们先突出汴京再说，只能走一步说一步。钦宗一听他也是没有什么规划，没有计划好到哪儿去，更不敢跟他去了。于是就跟大臣们商量。大臣们也觉得突围太冒险。现在金人既然停止用兵了，不打了，要求谈了，咱们就坐这儿乖乖地谈就是了，干吗还要再突围呢？因而钦宗就没有同意。很可惜，这个机会被丢掉了。

令人愤慨的是，钦宗不想突围就不突围算了，他居然还不许蒋宣突围。因为他生怕蒋宣一突围，惹怒了金人。因此他做了一个决定。什么决定？这个宋钦宗，说起来比他爹更不仗义，他居然命人把蒋宣抓住，斩了。罪名是什么？是意图劫驾。他生怕蒋宣给他闯祸，就把这个想救他的将领给杀害了。同时自己也就失去了这个可能脱身的机会。

宋徽宗也曾有过一个脱身机会，是在靖康二年的二月六日之夜。二月六日，是宋钦宗在金营被废的日子。金军要求徽宗次日带着皇室成员出城，说是要与他谈谈，谈过以后，我们连钦宗带你都一块儿放掉。

就在二月六日这一天的晚上，张叔夜对宋徽宗说，上皇，皇上已经被扣在金营了，如果你到金营里去也被扣的话，我们大宋可就真正完了。现在趁着金人还没有防备，没有想到你敢突围，我保着你突出去怎么样？我张叔夜手里现在还有一支精兵，如果上皇想要突围的话，我们马上就走。徽宗问他，有把握吗？张叔夜说，十分的把握谁都不敢说，但是，只要有我张叔夜的命在，就有上皇在。宋徽宗就反复地琢磨，走还是不走？结果琢磨到第二天，他也没做出决定。

第二天他想走也不行了，金人已经来请了，请他出城去谈谈，走不了了。他只能抱着侥幸的心理，跟着金人，带着皇室成员出了南熏门。可是一出南熏门他就后悔了。因为出了南熏门之后，去的方向根本就不是金人原来说去的那个方向，而是相反的方向。相反的方向是哪儿？是金军的军营。这时候宋徽宗是又气又恼又悔，冲动之下就想拔卫士的佩刀自尽。但是一拔才知道，卫士的佩刀早被金人给夺去了。他现在是想走走不了，想死也死不成，只能去当俘虏。就这样他也失去了这次机会。本来是能够设法脱身的，虽然不一定能成功，但起码来说可以一试，他没有敢，因此就没有能够逃脱。

徽、钦二帝没有抓住时机逃脱，但有许多宋军的将领还是千方百计地想去营救这两个皇帝。为什么？不是说这些宋军的将领对皇帝有多么忠诚，多么忠心，而是因为这两个皇帝是国家的象征，只要能抢得一个出来，大宋王朝就算没有亡。就是为了这一点，一些将领就算牺牲自己的性命也要去劫营，要去抢二帝。后来又有过三次这样的营救行动。这三次营救行动是这样的：

第一次营救行动的指挥者，是宋军统制吴革。吴革原来的官称是宣赞舍人，这是在朝廷中任职的一个低级武职。后来由于金军攻城，钦宗才把他派到部队里担任统制。他在宋徽宗被扣之后，就开始组织人员进行活动，企图举行暴动，然后突袭金营，劫出二帝。但是由于谋事不密，这件事被范琼知道了。范琼原来也是一个宋将，后来见事不妙投靠了金军。事情被他探知后，他派兵包围了吴革的军队，对其全数歼灭。吴革在战斗中壮烈殉国。这一次营救失败了。

第二次营救的指挥者，是宋军河北兵马副元帅宗泽。这个人在北宋历史上是赫赫有名的抗金英雄。当时他被任命为兵马副元帅，他的上司是谁？就是康王赵构。康王赵构不敢带兵去增援汴京，是由宗泽带着他的本部兵马一路打来，打了不少胜仗。可惜由于兵马太少，没等打到汴京，汴京就失陷了。于是他就想在黄河岸边设伏劫回二帝。不料这时候有情报传来，说是徽、钦二帝已经被金军秘密地押送回国，他只好撤销了这个计划。可惜他没想到这是金军故意透露出来的假情报，就是怕有人在黄河岸边劫持二帝，所以放了这个风。而宗泽从各方面得来的情报都是这个情报，结果中了金人的计策。这一次营救计划又失败了。

第三次营救行动的指挥者，是宋军从义郎赵不尤。从义郎这个职位不高，但是赵不尤其人的身份有点特殊，他是赵氏的一个宗亲。这次营救行动和上两次营救行动，有点不一样的地方，就是上两次行动都是指挥者有意识地来营救徽、钦二帝，他这一次不是有意识的，是个歪打正着的行动。

那是怎么回事？就是赵不尤在带兵营救太原失败之后，就回到了河北地区，带领着一支军队在这个地方袭扰敌军。这一天，他们看到一支金军押着战俘从这里路过，就想打他一下。他们并不知道，宋徽宗就在这一批金军队伍之中。他们就对这支金军发动了袭击。发动袭击之后，押送战俘的这些金军忙着迎敌，队伍就乱了。这一乱，就有很多人趁机逃跑。

如果徽宗趁着这个时候跑的话，能够跑掉也就跑掉了。有一个宋朝王子就是在这次袭击中跑掉的，他就是信王赵榛。后来信王上了五马山，成为了五马山抗击义军的首领。可是这时候宋徽宗又犹豫了，他想我跑如果跑不掉怎么办？本来金军对我还没有怎么太虐待，拿着我还当个宋朝的太上皇，还跟别的俘虏待遇还不太一样，还有点客气。假如我这么一跑，惹怒了金军，再对我进行处罚怎么办？他就很犹豫，这一犹豫就坏了。因为赵不尤的部队人数不多，只有三千多人，他是不可能与金军长时间作战的，只是袭扰了一下，金军一反击他就撤了。宋军一撤，金军回来便把俘虏又圈起来了，这个时候徽宗想跑也跑不了了。所以这一次他又没得以脱身。

从此之后，直到他们病故为止，徽、钦二帝就再也没有任何脱身的机会了。

汴京的陷落，二帝的被俘，标志着中国历史上一个时代的终结。北宋立国 160 多年，居然被一个刚刚崛起的女真金国一下子就摧毁了，这是为什么？千百年来，很多人都在探讨，都在思索北宋亡国的原因，这里面的教训是十分深刻的。究竟有哪些因素导致这样一个泱泱大国一朝覆亡？在下一章里，我们就来探讨一下这个问题。

在这一章里，我们要探讨一下北宋王朝的覆亡原因。

金国灭掉辽朝用了10多年时间，而灭掉宋朝只用了一年多的时间，这是为什么？对于北宋的灭亡，宋徽宗又该承担什么责任？北宋这样一个泱泱大国，在一年多的时间里，就被刚崛起的女真金国摧枯拉朽一般地捣毁了，这个教训是很深刻的，所以很多史学家多年来一直都在探讨这个问题。这个问题是一个大课题，如果详细地说起来，那是要有很多的专著来论述的，牵涉到的问题十分繁复。我们在这里只能择要而论之。

关于北宋的灭亡，我们在前面曾经提到过，有一个说法，说是联金灭辽导致了北宋的灭亡。是不是这样呢？不可否认，联金灭辽是在一定程度上影响了北宋政权的维持，它确实是加速了北宋的灭亡。但是，如果我们从根本上来研究、来观察的话，它还不是最根本的原因。最根本的原因并不在于宋朝当时采取的是不是联金灭辽的政策，而是在于采取了这个政策之后，他们能不能抵御金人的进攻。假如抵御不住，宋朝即便不采取这个政策，有朝一日金人进攻它，它照样还是要灭亡。

所以说问题的关键就在于金人打过来宋朝能不能顶得住，也就是它的军事力量是不是足够强大。

那么当时宋朝的情况是什么样呢？当时宋朝的情况是，它的军事力量不足以抵挡金军的进攻，宋朝当时的整个国力，也不足以能够使它建立起强大的国防体系。北宋的灭亡，根本原因就是在这一点上，它的力量不足，军力、国力都不足。在史学界，对此有一个很著名的说法，叫作积弱积贫。

积弱积贫确实是导致北宋灭亡的一个深层原因。而这个积弱积贫是怎么来的？

它又与宋徽宗有什么关系呢？我们就得一步一步地来解说了。

积弱积贫的起因不在宋徽宗身上，因为产生了积弱积贫这个现象，甚至当这一现象逐渐发展到了相当程度的时候，宋徽宗还没生出来。但是，宋徽宗后来的一些做法，与这个积弱积贫是有关系的，其后果与宋徽宗也有关系。所以这件事情我们要从头谈起，是宋徽宗的责任，我们就说明是他的责任；哪些不是他的责任，也要说清楚。

现在先得从宋朝的整个国力谈起，才能把情况说明白。先得让各位读者知道，当时宋朝的真实情况是怎么一个样子。

考察宋朝的国力，就应当对它进行一个全面的观察和了解。这样一全面地了解，我们首先会发现什么？会发现一个十分矛盾的现象。什么矛盾？一方面，当时的宋朝是既不可谓弱，又不可谓贫，它其实应当说是十分富足、十分昌盛，甚至应当是十分强大的一个国家。而另一方面，却又不能否认，它确实是深深地陷入了积弱积贫的泥潭。

这样一说，可能有些读者就有点糊涂了，那到底是怎样一种情形呢？现在我来具体说明和解释一下这个矛盾现象。

先说问题的第一方面，北宋时期的富足和强盛。

这里有一个数据。数据一般都是枯燥的，但是它很能说明问题。北宋时期，其国民总产值占世界的 75%，通商国多达欧亚 58 国，科技水平居世界前茅，全国兵力达 125 万以上。这是北宋时期的一个经济和军事力量的概况，下面我来做些补充说明。

北宋时期其国民总产值占世界的 75%，这是当代学者们在综合研究史料的基础上作出的推断。而当时北宋的人口是多少？是占世界的 15%。也就是说，不到五分之一。75% 是将近五分之四。以占世界上将近五分之一的人口，而拥有将近五分之四的财富，仅此一个对比，我们就可以看出当时宋朝是不是穷国，那肯定不是。这样一个人口和财富的比例，现在有哪个国家能够达到？当时西方的欧洲，伦敦、威尼斯这些城市，在欧洲算是大城市，他们的人口是多少？伦敦的人口和威尼斯的人口，当时都不到 10 万。那已经了不得了，算是很大的城市了。可是在北宋的时候，像这样规模的城市它发展到了多少？发展到了 40 多个。人口 10 万多的城市在北宋时期它不算什么，很普遍的。人口超过百万的城市，在中国当时已经有五个了，除了开封之外，还有现在的西安，当时叫长安，洛阳、杭州、南京，这些城市人口都超过百万了。当时是人口众多意味着繁荣，是国家繁荣的体现。

北宋与各国的通商也是十分繁荣。那个时候北宋的经济不是仅靠着农副产品的生产，还可凭借一些手工业产品来获取，商业方面占的比例很大。当时的通商除了陆路之外，还开辟了航道。当然这里面有一个原因，我们的丝绸之路在宋朝的时候被堵塞了，因为西域那边有其他民族国家独立了。丝绸之路被堵塞之后，宋朝就从海上来运输，通商欧亚，甚至到达非洲。

当时宋朝出口的是些什么东西？换回来的是些什么东西？我们现在一听都十分羡慕。宋朝出口的主要是一些瓷器、茶叶、纺织品等，这些东西在我们的国家，那实际上是取之不尽用之不竭的。比如说瓷器，就是一些土，一些泥巴，我们把它烧了烧往外卖，卖给外国人，外国人感觉那东西很好，太棒了。而我们国家能够烧瓷器的土是取之不尽的，只不过我们给予了它一定的技术含量，就能卖钱。卖土就赚钱，你说那个钱能赚多少吧。茶叶是什么？树叶子。我们国家适合于种茶树的区域，那是非常辽阔，茶树太多了。我们把树叶子焙制一下，炒一下，也赚钱。纺织品是棉花、蚕丝，这些东西在宋朝都是很富裕的，产量很高。而宋朝换回来的是什么东西？除了生活必需品和必要的生产资料，还换回来了大量的珍宝，如珍珠、玛瑙、琥珀、翡翠、象牙等。我们从欧亚、非洲那些地方可以换回来那么多珠宝。这些东西不能吃不能喝，但是它能升值，能保值，因此就给国家积累了很大的一笔财富。现在我们再想换回来这么多珍宝换不回来了，没有了。这是通商，是经济方面的情况。

再说科技方面，宋朝的科技水平也是遥遥领先于世界的。不可否认，后来我们国家在科技方面是逐渐地产生了落后状况，可是在宋朝的时候它不落后。不仅不落后，它还是相当领先的，世界上有很多还没有被发明、发现的技术，宋朝已经有了。举世闻名的四大发明，除去造纸之外，另外的三项，活字印刷、火药、指南针，都是在宋朝最终研究完成，并且投入了实践正式启用的。现在有的国家想把活字印刷术说成是它们发明的，如果没有确凿的证据，这个发明权它们夺不走。因为有许多史料已经证明，已经为世所公认，活字印刷是发明于中国。

除了四大发明之外，宋朝在其他方面照样是领先的，比如机械工业、冶炼工业。当时中国的机械部件已经发展得非常复杂，中国的冶炼技术也是世界第一，铜铁铅锡产量全是世界第一，长期保持着第一地位。还有，当西方国家还不知道水银是个什么东西，从哪个地方可以提取出来的时候，宋朝人已经学会了用水银制造保温桶、保温瓶了。所以那个时候我们的科技力量并不弱。科技力量既然不弱，兵器制造得也是不错的。冷兵器时代，冶炼技术好，兵器当然也不会差。

说到军事，就要说到兵力。不是说像现在的高科技时代，不拼兵力对比了，拼科技手段了。当时，兵员的多寡与战斗力、与军事力量的强弱，是有着比较大的关系的。冷兵器嘛，就靠着人上阵厮杀。宋朝的兵力至徽宗时期之前，早已发展到了125万。相比较来说，其他国家是一种什么情况？在与宋朝接壤的大国中，辽国曾是对宋朝构成压力最大的一个国家，据某些研究者推算，它兵力最多的时候是70万。另外一个对宋朝构成威胁的大国西夏，它兵力最多的时候是50万。① 那么也就是说，西夏与辽朝两国的兵力相加，差不多才能顶得上宋朝的总兵力。而后来的女真金国，在进攻汴京的时候，两次围困汴京，所动用的兵力都不超过15万。它们全国的总兵力也就20多万。所以如果单纯从兵力的对比上来讲，不能说宋朝的军事力量多么虚弱。它看上去是个庞然大物。

正由于此，宋朝在各个方面都显示出了富足和强盛，所以使得当时世界上的很多国家对宋朝非常敬仰，觉得这个国家太值得尊重了。它们敬仰到什么程度？有些事情我们觉得都有点不可思议了。

比如说，当时有一个国家叫作高丽，在宋朝的东边。它们的国王生病了，要求找一个好医生给国王治病。这个好医生它们不在高丽找，却要跑到北宋来找，请求宋徽宗给它们派医生去诊病。宋徽宗就派了两个御医到了高丽国，给国王治病。这一治治得非常神速，很快便治好了。国王很满意，他就要求宋徽宗，说能不能请这两个医生给我们培训一下？徽宗同意了。于是，给高丽国王治病的医生又在高丽给它们办了培训班，给他们的医务人员培训医术。所以这个高丽国的医学院，等于是北宋王朝替它建立的。

还有那个辽朝。辽朝建国以后，需要建立一些庙宇，祭奉圣人，引导着国民有一个信仰，要朝拜。朝拜谁呢？它们没有去立自己本国的圣人，反而选择了一个中原的圣人，叫作孔子。我们知道，孔子是中华民族伟大的教育家、思想家，儒家学派的创始人。那个辽太祖决定建庙。先建孔庙。为什么会这样选择？就是体现了他对中原文化的推崇。

还有比这两件事情更为令人不可思议的事情。那事说起来我们现在可能不会太相信，但这确实是史料所载。有一些邻国居然想借用北宋人给他们改善人种基因。当时在北宋的东北方有一个岛国叫作倭国，倭国人就觉得自己的人种基因很不理

---

① 对于辽与西夏兵力的估算，研究者的结论各有不同。但辽与西夏的兵员数量皆远不及北宋，这是无争议的。

想。怎么不理想呢？他们认为他们的人长得不好看，个子也偏矮，还是罗圈腿。怎么看怎么不满意。你看人家宋朝人，仪表堂堂，魁梧伟岸，那出去多精神，又聪明。他们想咱们要是生出个孩子能像人家宋朝人该多好。所以当时倭国的一些年轻妇女就想了一个办法，她们就坐着船漂洋过海到宋朝来了。想干什么？想献身于宋朝的男子，找长得英俊、潇洒、魁梧的男子，献身于这些男子，然后把这个基因带回去，带到她们国家去。当时这种事情不止一次地发生过。献身之后，这些倭国的妇女还得一个劲儿地对宋朝的男子表示“啊里嘎托”（日语：谢谢，感谢，非常感谢），让您这样辛苦，真是不好意思呀。

无独有偶，当时在宋朝的西北方也有那么一个政权，是由一个游牧民族建立的。这个民族现在已经不存在了，它被分化融合到若干其他民族之中去了。这个民族叫作回鹘，又称回纥。回纥也有一个习俗，与倭国的那种看法相同，就是希望改善基因。他们认为，他们民族的大姑娘在出嫁之前，如果能与宋朝的男子同居过，是最好不过。假如同居的宋朝男子不是一个，而是两个、三个，那就很光荣了。如果不仅同居过，而且已经怀孕了，那就太光荣了。说媒的人到男方去一说，你看有某个姑娘，现在是这么一个情况，正大着肚子呢。男方那边就赶紧地说，你赶快把她给介绍到我们家来，这么优秀的姑娘，我们不娶谁娶？如果不是宋朝那么富足，那么强盛，这种事可能出现吗？那是绝对不可能的。

从这些方面来看，我们应当说，宋朝当时确实是既富足又强盛，在世界各国人们的心目当中，确实是一个皇皇天朝、泱泱大国。

照这么说，宋朝并不积弱积贫了？说它积弱积贫是个错误了？不，那也没说错。这就是问题的另一方面。问题的另一方面就是，宋朝确实深陷积弱积贫的泥潭。

宋朝的积弱，是指的什么意思？是宋军的战斗力每况愈下。宋朝的积贫，指的是宋朝的财政状况日益吃紧。

宋军的战斗力每况愈下是怎么回事？是表现在自从宋朝开国以来，军队的作战能力是一年不如一年。本来宋军的底子是比较好的，宋军原来的基本班底是什么？是后周的部队。后周世宗柴荣是一个很能打的皇帝，当年他打辽朝，辽朝进犯他反击，一个反击就打到了涿州。如果不是因为他病重，停止了进攻，那很可能就把燕京给拿回来了。而宋太祖赵匡胤，当时就是后周部队的大将，他的一帮兄弟，石守信那一帮将领，也都是后周部队的将领。在这样一帮人的统率下，当时宋军的实力是不弱的，很快就扫平了江南。

但是，后来宋军的力量就一年不如一年了，这与宋军的兵力增长成反比，宋军的兵力越来越多，但打仗是越来越不行。后来宋太宗征辽，两次伐辽两次失败，被辽军打得屁滚尿流。到了真宗时期，后来一直到神宗时期、徽宗时期，是一代不如一代，虽然是兵员增多了。按照我们前面的说法，冷兵器时代，兵员多了应该是战斗力强了，但是不然，它呈现了一个反向的变化。这个原因我们下面再说。所谓积弱就是这样积弱的，别看你兵多，但是你不能打。

积贫是怎么来的？为什么财政状况日益吃紧？当北宋到了仁宗朝的时候，国库已经有些吃紧，社会矛盾已经有些突出了。越到后面，朝代越延续，这个状况就越严重。这是怎么回事呢？有资料显示，在整个有宋以来，国家的财政收入，收支平衡或者是支大于收的年份，远远地多于收大于支的年份。这个积贫就是这么来的。也就是说，宋朝的国库收入总是不够花，而且越来越不够花。有时候只能持平，就是收多少，花多少，再没有节余了。而更多的情况，是收上来的不够花了，不够花了怎么办？只有从国库里拿出来填补。屡次地不够，屡次地填补，国库就越来越空虚。这样积攒下来，那就是积弱积贫。

这个积弱积贫就是这么一个情况。也就是说，在宋朝那种表面上的繁荣、昌盛、富足、强大的现象背后，隐藏着深刻的经济政治社会危机。否则，也不会有历次的像庆历新政、熙宁变法这样一些运动。为什么会产生这些运动？为什么有些官员强烈要求变法，就是因为他们看到了这个现象如果再持续下去，对国家是十分危险的。所有的变法提出来的目标，要解决的问题，是什么？就是四个字，富国强兵。富国强兵就是针对这个积弱积贫来的。

那么我们要问了，既然宋朝那么富足，那么强盛，为什么又会隐藏着这样的严重危机，为什么就会弱就会贫？军队这么多，就是不能打，钱这么多，就是不够花？这是怎么回事？这个原因说起来非常复杂，其中牵扯的问题太多了。但是要概括也可以高度概括，因为它的主要原因，它的根源是很集中的。下面我们就高度概括地讲一讲。

积弱的原因：崇文抑武，虚外实内。宋朝的军队从30多万发展到60多万，又发展到125万，兵员是越来越多，但是战斗力却越来越下降，为什么？这个原因如果概括地说，就在这八个字上。这崇文抑武，虚外实内是什么意思？就是从宋太祖开始，就提倡提高文人的待遇，把文人的权力给加强，而把武将的权力给削弱。对武将的地位、待遇都削弱。虚外实内，就是提倡对外的防御可以稍微地放松一些，但是对内的防备一定要高度重视，高度警惕。这是从宋太祖建国以后就确立的国策。

由此这个国策就延续下来了。为什么会这样呢？这是由于：第一，宋太祖吸取了前朝的教训。第二，他又从自身的经历当中总结了经验。前朝有什么教训？前朝是唐朝，唐朝就是由于各地的权力越来越大，尤其是各地的节度使拥有的兵权越来越重，就造成了君权的削弱，以致能够造成一个节度使就可以造反。所以宋太祖觉得武将如果掌握了很大的权力，对中央政府不利，不能形成强有力的中央政府统治，所以不能给武将很大的权力。

那么对于文人，权力大一点没什么。文人造反，十年不成，它不怕。过去有人说宋朝是重文轻武，现在改说法了，说崇文抑武了，就是感到重文轻武这个说法不是太准确，它并不轻武。而正因为它重武，它害怕武人掌握权力，所以才要压制。压制到什么程度？压制到使武将感觉到自己没有前途。甚至有的武将由于地位的降低，俸禄的降低，连生活都发生过困难，这种例子都有。比如有一个随宋太祖南征北战过的大将叫曹翰，他写过一首诗，其中有这么两句："曾因国难披金甲，耻为家贫卖宝刀。"① 就是说过去我跟着太祖南征北战，为国家立下过赫赫战功。可是现在，我为了生存，为了果腹，要把我的宝刀卖了去换钱。这就说明了当时武将的地位。在这种情况下，有什么人肯于为保卫国家效力？这还只是这种政策的后果之一，其他的连锁后果还很多。

另外，宋太祖自己作为一个武将，从内部造反获得了政权这个事例上，也得到了一个结论，认为内部的反抗、内部的谋反太可怕了。我能谋反，别人也能谋反。而边境的作战，充其量是外国侵犯一点领土而已，它动摇不了根本。所以他要虚外实内，对外边防守住就行了，大不了我割地赔款，损失一点利益而已。重点是防止内部谋反。这个政策、这个思想就是这样贯串下来的。

这样一来，就造成了对军队战斗力巨大的影响。宋太祖为了限制武将的权力，不许一个武将长期指挥一支部队，要经常地更换。这支部队中的这个武将待长了，把这支部队调到另外一个地方去，另外换一支部队来给你，兵将双方都不熟悉，这样一来战斗力怎么加强？还有，部队到了前线，他有一个叫作将从中御的管理办法，什么意思？就是作战的计划，不能说你是个统帅在前线设计好了，你就指挥作战。而是你设计好了以后，要报到朝廷来，由朝廷批准，由皇上批准，然后你才能够执行作战方案。作战哪儿能这样做？等朝廷批准敌人早就攻上来了。指挥员一点

① 《宋史·曹翰传》。

自主权都没有，这样的部队怎么能打胜仗？武将到了这个地步，谁还有信心，谁还有报国的热情呢？凡此种种，我们就不再一一细说了。这就造成了宋军战斗力的逐年下降。

积贫的原因：朝廷腐败，开支庞大。原因固然很多，也是八个字可以概括。开支怎么庞大？研究过《宋史》的人都知道，当时就有人提出过，在宋朝有三冗，叫作冗兵、冗官、冗费。这三冗对宋朝财政的影响那是太大了。

冗兵上面我们说了，宋朝的军队，从开国的二三十万，后来一直发展到了 120 多万。发展了这么多兵，就得付给他兵饷。这些兵其实并没有起到应尽的作用。宋朝每年财政的十之七八都用于养兵了，可是养了这么多兵，这些兵真正能够顶用的不足一半。为什么？因为北宋又设立了一个制度，叫募兵制。就是说把这兵募来之后，就等于他参加工作了。参加工作以后，一般到 60 多岁才退休，这一辈子他就是个兵。可是一个兵真正能作战的年龄是 20 ~ 30 岁，30 岁以后，这后 30 年就是发兵饷养着他了。这样的兵多有什么用？

而且不仅是养这些兵，这个兵他还有家属。你想他 20 多岁就来了，30 岁、40 岁、50 岁，他结婚不结婚啊？结婚。结了婚他还是个兵，他有了家属，还要多花一笔钱。所以宋军里有很多兵实际上不是作战的，是生产的，否则的话他没法养家。宋军就是这么一个情况，是由募兵制带来的，冗兵，花钱很多。

冗官是什么意思？这也是宋朝的皇帝为了集中君权强干弱枝，所设立的一个制度。宋朝的职官制度那是太混乱了，它是历代以来官职设置最复杂的一个朝代。为什么会那样？它就是要把权力分散开。比如说这一件事情可以一个部门管的，它不这样，它设计三四个部门同时都管，一个部门只管一部分，这样的话不就不能专权了吗？每一个官员的权力不就小了吗？但是这样就带来了弊病，官员的数目便成倍地增加了。这一成倍地增加，官俸也要成倍地增加了。这些官员上班没多少事，可是你得发给他钱。冗官，这又是一笔大费用。

再有，冗费。什么叫冗费？其实冗费已经包括了上边两项，但是还不仅是那些，还有一些其他的不必要的花销，而且花销巨大。比如说真宗时期，搞了一次封禅活动。那次封禅活动花费了几千万贯，有什么必要？后来不断地有一些类似的活动，节庆活动，庆典活动等，都是花费巨大。到了徽宗时期，发展到征收花石纲，造艮岳，还有建九鼎，扩建延福宫等工程，这些花费，都是冗费。这些花费本来是完全不必要的，那它就要花，就要从国库里要。这样挥霍，国库不贫穷不亏空，那就见了鬼了。所以说这个冗兵、冗官、冗费，就导致了积贫，而且是越积越贫。

虽然宋朝是幅员辽阔，物产富足，生产生活资料产量都很高，但是再富足的家底也经不住这么折腾。折腾来折腾去，就把这点家底折腾光了。这就是宋朝当时的真实国情，它的两个方面非常矛盾。

下面我们就要谈到，宋徽宗对于积弱积贫应当承担什么责任了。关于积弱积贫，我们上面说了，有很多的原因，其实是从宋太祖开国之初就埋下了根源。比如说积弱，由于他定立的若干条制度，就导致了军队的战斗力日益下降。这些措施在开国之初，对于巩固宋朝的政权，是起过积极作用的。但是随着朝代的推移，情况变了，他没能与时俱进，就造成了严重弊病。这个根源不是宋徽宗造成的。但是，宋徽宗对于北宋王朝最后的覆亡有没有责任呢？有，而且责任十分重大。为什么这么说？就是因为，虽然这个积弱积贫不是由于宋徽宗所导致的，他不是一个始作俑者，但是，他是一个雪上加霜者。就是由于他的种种雪上加霜的作为，加速了北宋王朝的崩溃。

宋徽宗是如何作为的？如何雪上加霜的？一方面，由于他的执政能力不足，致使国政屡屡失误。我们不能说宋徽宗就是想把国家搞坏。作为一个皇帝，没有哪个人想把国家搞坏，他也是想搞好。他上台以来，也是采取了种种的改革措施。但是他的执政能力的确是严重的不足。

再一方面，他没有调查研究，根本就不了解国情。所以他采取的很多改革措施，诸如币制改革、盐制改革，茶叶免税制度改革等，是越改越糟，越改弊病越大，就没有能够起到越改越好，缓解经济矛盾的作用。而且他所用大臣私欲又太重，严重地危害国计民生。他所重用的那些蔡京、童贯、王黼、梁师成、李邦彦等人，这些大臣不是说一点能力都没有，但是这些大臣首要的一点，他们想的是什么？首先想的是怎么样来满足他们自身的利益，他们家族的利益。制定任何政策，都先想到这一点。这样的话，就不是说对国家有利的，对老百姓有利的政策他推行，对国家、百姓不利的便不推行了。而宋徽宗对于他们的这种做法，是根本没有任何制约的，就放任他们去做。

第三方面，宋徽宗是只顾贪欢享乐，不能居安思危。在宋徽宗时期，实际上宋朝的危机已经到了很严重的时刻了，比前朝的任何时代都严重。但是从表面上看起来是一片繁华。我们从《东京梦华录》中就可以看到，当时表面上的繁华遮盖了内在的矛盾，遮盖了幕后的危机。而宋徽宗作为皇帝，丝毫没有看到那个危机，还是只顾自己享乐，而且享乐的程度比起前朝皇帝是变本加厉，以至于把通过历次变法所积累起来的财富又挥霍一空。本来经过庆历新政、王安石变法，宋朝已经使亏空的国库又逐渐地增盈起来，已经有了一些积累，可是经过他这么一折腾，又没了。以致到后来对金作战，要拿军费都拿不出来。

还有一方面，宋徽宗平时不能采纳忠言，关键时刻惶然无策。在徽宗执政的二十五年中，不是没有有见解的大臣给他提意见，给他进行提醒，给他提出应该怎么去做，应该怎么样去杜绝即将面临的危机，是有的。但是，除了在刚刚开始执政的那一段时间，他还能够听进去一点，后来他就完全不听了，就是一意孤行，自己想怎么做就怎么做了。那么你想怎么做就怎么做，到了危机时刻，你可挺身而出，你可力挽狂澜啊。可偏偏到了这种时刻，他又惶然无策了，什么主意都没了，就把一个烂摊子交给了那个一点执政经验都没有的宋钦宗了。由此而导致了北宋政权在第二年就被金军一触即溃。

由于宋徽宗的这些作为，就致使宋朝的积弱积贫是越来越严重。如果他是一个有为的君主，是一个明君的话，尽管他不能从根本上来扭转积弱积贫的现象，但是他可以通过一些措施来减缓它的危害，以便为下一代、下两代逐步扭转积弱积贫的状态打下基础。这一点他应该是能够做得到的。可是他不仅没有这样做，反而恰恰相反，他做的事情是推波助澜，使得积弱积贫的现象发展到了不可复加的地步，从而导致了北宋王朝的一朝覆亡。

所以，尽管积弱积贫不是由于宋徽宗所产生的，而且最后亡国的时候宋徽宗也不再是皇帝了，可是，如果我们说是宋徽宗把宋朝搞亡了，宋朝就是亡在他的手里，那对他也并不冤枉。

综上所述，如果要用一句话来概括宋朝覆亡的原因的话，可以这样说，就是由于统治者极度的私欲和腐败，导致了北宋王朝的覆灭。如果再精练一点，可以简化为六个字，这六个字就是，腐败导致亡国。

从一个高高在上享乐无边的皇上，沦落到惶惶然如丧家之犬的囚徒，这个反差是太大了。从宋徽宗沦入金营开始，到他病故为止，又过了将近十年的光阴。在这十年的囚徒生活中，这个以往的皇上和太上皇是怎么度过的，在他身上又发生过一些什么事情？请看下一章。

囚徒岁月之谜

QIU TU SUI YUE ZHI MI

第十六章

宣和七年，金军的铁蹄把宋徽宗从皇帝的宝座上赶了下来。第二年，金军卷土重来，攻陷汴京，徽、钦二帝都沦为了战俘。宋徽宗从曾经的皇上、太上皇，沦为金军的阶下囚，这个变化是非常之大的，无异于直接从天堂堕入了地狱。那么这个曾经的皇上、太上皇，他的囚徒生活是怎么度过呢的？我们下面就讲一讲他生命当中最后这将近十年的情形。

宋徽宗的囚徒生活，大致可以分为三个阶段。下面分阶段来讲。

第一个阶段，是被扣青城。

金军攻陷了汴京之后，宋徽宗本来是有一定的机会可以冒险突围的，在前面的章节中讲过这个事情，张叔夜曾经想带领精兵掩护他冲出敌人的重围，但是他没有敢。后来宋徽宗又按照金人的要求，自己进入了金营，从此就陷入了囚徒的境遇。

他为什么不敢冒险突围？为什么他要乖乖地按照金人的要求去做？其中的一个重要原因，就是他自始至终对金人抱有幻想。幻想什么？幻想金人还可以同他讲理。就是因为抱有这个幻想，他不想激怒金人。到了金营之后，他还是抱着这个幻想，希望可以通过讲理，来把问题解决了。

所以他到了金营，见到了金帅宗望宗翰，就开始讲自己的道理。说你们指责我赵佶不讲信义，背信弃义，毁坏盟约，那你们看看，我跟你们太祖是怎么定的这个盟约，我是怎么遵守的，你们是怎么不遵守的。我们说好有事情要好好商量嘛，为什么非得要动刀兵呢？现在你们打我们来了，那到底是谁不遵守信用不讲信义？金人的统帅见他说这些，感到非常可笑，根本就不理。他说了很长时间，没人理他。

宋徽宗觉得不行了，就转为请求。他讲理的这一招不灵了，只好转为请求。请求什么？请求金人跟他坐下来好好谈，你们有什么要求我就满足你们什么要求，要签什么协议，我们就跟你们签什么协议，行不行？签了之后，你们把我们放走，不让我们当皇帝，我们不当了，我们到南方一个偏僻的地方去，我们去当一介平民，行不行？金人还是不理。

请求不行变为恳求，恳求不行变为哀求。哀求还是不行，没人理他。到了这个时候，他才逐渐地明白了、绝望了，知道了自己现在是个什么身份，是个什么境遇了。这时他才什么都不说了，就听凭金人的摆布，让他干什么他就干什么了。这时候他才明白过来，我这是当了俘虏了，是跑不了的了，跟金人说什么都没用了，软的硬的都不吃了。直到这时候，他才放弃了他的幻想。金人让我怎么办，我就逆来顺受吧。这时金人要让宋徽宗干什么？在这个阶段里面，主要的就是让他干两件事：

一件事，是要求他配合庆祝胜利。金军打下了汴京后，各个军营都要大肆地举行宴会、酒宴，来庆祝自己的胜利。这个狂欢要由宋徽宗、宋钦宗及其大臣们作陪，不去不行，要助兴。助兴的时候，不光是徽、钦二帝和这些大臣们要陪着金人取乐，而且连宋徽宗、宋钦宗的嫔妃们也必须在场。干什么？换上歌伎的衣服，在宴席前面跳舞唱歌。金人喝酒喝到兴头上，看上了哪个嫔妃，当场可以调戏。如果调戏还不过瘾，可以拉到旁边的帐篷里当场进行奸污。

宋徽宗尽管是个很懦弱的人，面对这种情况，他也是实在是忍不下去，就面红耳赤地站起来抗议，说你们金人怎么能这样呢？你们还顾不顾一点人伦道德、礼义廉耻啊？结果他的抗议不仅无效，而且还惹怒了金军将领。金军将领见他再三地站起来抗议，很不耐烦，就揪着他脖领子把他给推到帐篷外面去了，喝斥道：你说什么？嚷嚷什么？在这里老实待着。过一会儿又把他给拎回来，让他仍旧在里面陪着。他再陪着就不敢说什么了。金军多次举行宴会，他都得经受这样的折磨。这是金人让他在此阶段配合办的一件事。

再一件事，是让他配合把善后工作做好。所谓的善后工作，就是当金人撤走后，汴京地区的管理、统治。当时以金人的力量和能力，不足以直接统治这个地区，所以他们占领了这个地方之后，要把善后工作做好，还要撤回去。全国 80% 的军队都放在汴京这个地方，金朝的国内就不安全了。

开始的时候，他们打算派一个大将在这里驻守，就想把这个事委派给萧庆，这是金军的一员大将。萧庆不敢接，金军统帅又委派给刘彦宗，刘彦宗也不敢接。派一个大将在这个地方镇守，没有人敢接这个活，都知道这事不好干。于是他们只好要求宋朝推选一个官员，在这个地方当个伪皇帝，代替他们来统治这个地区。

建立这个伪政权有一个前提，就是赵家宗室必须没有能够再在这个地方来继续继承皇位的人了。如果有，他们前脚走，后脚宋朝的人把那个人给推举出来了，怎么办？可是现在就有一个赵氏宗室还在城里。这个人是谁？就是钦宗的太子赵谌。金人意识到了这一点，这是个后患。就要求宋钦宗写了一封信，再让宋徽宗在边上加上批注，配合他们把太子送到金营来。此前钦宗先被扣，徽宗又被扣，这两个人是没问题了，控制住了。可是太子在城里，如果有大臣拥戴太子为帝，就很麻烦。所以就要求他们两个写信，让城里的大臣们把太子送过来。

本来在城里的大臣，有一些比较正直，是想把太子保护在城里，甚至是想把太子秘密转移出城的。可惜种种的办法还没有实施，还没敢贸然去办，徽、钦二帝的亲笔信就来了。而且来者，也就是那个送信的金使说，太子你们送也得送，不送也得送。假如你们不送，敢玩儿花招，那么你们的太上皇和皇上的生命就堪忧了。在这种情况下，城里的大臣就不得不乖乖地按照金人的嘱咐，把太子送出了城。

这下子行了，随后在城里上演了拥立张邦昌为伪楚皇帝的一场闹剧。这个善后工作做完之后，金军把汴京周边的，就是城郊的房子全部焚毁，然后便开始分批撤离。

这是宋徽宗、宋钦宗沦为战俘之后的第一个阶段。这个阶段时间比较短，有多长时间？大约是一个半月左右。这段时间可以说是他们沦为战俘后的岁月的序幕。战俘生活的序幕。这个序幕让徽宗知道了，自己的身份从此就是一个囚徒了，完全明白过来了。

下面是第二阶段。在这个阶段，徽宗受的苦难可就更大了。这个阶段就是被迫北徙的阶段。这个阶段的特点是什么？就是不断地被金人转移来转移去，迁来迁去，就跟撵狗似的，在这个地方住不长，又转到那个地方去，在那个地方住不长，又转到另外一个地方去。

在此期间，宋徽宗究竟被转移了哪些地方？大致是这些地方：靖康二年三月底，金军押宋俘陆续北徙。五月，宋徽宗被押至燕京。七月迁中京。次年七月迁上京。继之迁韩州。两年后再迁五国城。下面稍微详细一点地把这个过程说一说。

靖康二年的三月底，金人完成了善后工作，就分七批把宋俘陆续往他们国家进行押运。为什么分了这么多批？因为这些俘虏加上他们掠夺的北宋朝廷的物资太多了。光俘虏就有一万多人，还有大量的宫廷物资。这样一支队伍，作为一个俘虏队往回押送，太庞大了，目标也太明显了，很容易遭到伏击。所以金军就决定把所有的俘虏分为七批，从不同的道路上押运回国，钦宗和徽宗不安排在一批里面。这样的话，即便遭受到伏击，损失也较小。这七批队伍是陆续开拔的，相隔几天走一批，最后要到燕京会合。

而且为了避免遭受宋军的伏击，金军押着俘虏是专走小路，专走难走的路。有大道有现成的道路不走，专走那些人烟罕至的山林、河流，山谷等。走这些路，对于能征善战的金军将士来讲，也不算什么，难走就难走点，他们习以为常了。可是对于这些战俘来说，尤其是一些一直生活在宫廷里的人来说，那个罪可就遭大了。因为他们从来没有受过这个苦，那跋山涉水的，日常生活当中哪有这事？而且，这些战俘还吃不饱。金军北还的时候是带着一些粮食的，但是带着的这些粮草首先要供应金军的需要，而不是供应给俘虏，因此分到俘虏那里，能吃的东西就很少了。宋俘都吃不饱。吃不饱又要走这么远的路，这么难走的路，很多人就都病倒了。有一些人在这个途中就给累死了或者饿死了。

徽宗的亲弟弟燕王赵俣，就是死在北徙的途中的，连第一站没到他就死了，一个月之内他就被累死了。妇女俘虏在这个行进的过程中随时随地要遭到金人的侮辱，没有办法避免和抗拒。宋徽宗由于身份特殊，有个牛车可以坐。即便同样是俘虏，但他毕竟是太上皇，在待遇上还是有区别的，金军就给了他一辆牛车。有几头牛拉着他颠簸着往前走，虽然不舒服，但毕竟不用自己下腿跑了，能省点体力。可是在精神上所受的苦痛，他丝毫也不比其他的战俘小，或者说比其他的战俘还要深重，因为他的境遇变化实在太大了。

金人不仅是押着宋徽宗往回走，途中还要不时地拿着他取乐。怎么取乐？比如说，金军行军疲劳了，要宿营了，宿营之后，要有娱乐。怎么娱乐呢？他们的娱乐，就有那个游牧民族的特点了，要围猎，打野兔、野狐狸、野鸡等。围猎时宋徽宗就得陪着去看去助兴。凡是金人要高兴的时候，他必须去助兴。他非常累，但是得去。

助兴还不要算完，还要奚落他。比如说有一次，宗望把他带去看围猎。围猎的时候就说，哎呀太上皇啊，那边有一个人，是你的熟人，你看看认得不认得？宋徽宗说，老拙眼神不好，再说我这个地方也没什么熟人，我不认得那人。宗望说不会吧，我把他叫过来你看看。把那人叫过来一看，是谁啊？原来是叛将郭药师。这个郭药师也不知道宗望叫他来干什么，到了近前看见是宋徽宗在面前，两个人极其尴尬。金军们则感觉非常高兴，看了个热闹。

下面金军还要进一步地取笑他。宗望说，你看你这个太上皇啊，好像对郭将军很不满意，是吧？为什么不满意？郭将军有错吗？如果说有错的话，首先错也在你啊，是不是？宋徽宗冷冷地说，你这是什么意思？宗望说这是什么意思还不懂吗？他给我们帮了这么大忙，是因为你重用他。你要是不重用他，他能有什么作用呢？可是你为什么要重用他呢？你想一想，他既然不忠于辽朝，难道能忠于宋朝吗？

听到这样的奚落，徽宗气得脸都白了。本来他是不敢顶撞金帅的，这是实在生气了，就冷冷地又回了一句，说是啊是啊，他不会忠于我宋朝，这个事我是后悔极了。可是，他既然不忠于我宋朝，他难道会忠于你金朝吗？宗望说，嗯，觉悟了，说得好，这句话说得好。我知道，他肯定不会忠于我们金朝，但是，我们不怕。为什么不怕？你想一想，他不忠于你宋朝，可以投降我金朝，他不忠于我金朝，难道还会再投降你宋朝吗？周围的金军将士听罢此言是哈哈大笑。宋徽宗无言以对，只能忍气吞声地垂首受辱。

再比如有一次，金军又娱乐了。干什么呢？打马球。宋徽宗也得陪着。陪着到中间又有事了。一个金将走过来说，咱打马球得有人助兴才好。听说你这个宋朝太上皇是个马球高手，而且还很会作诗，正好这两者结合起来，现在我们打马球，你作首诗来给我们听听吧。那宋徽宗哪有心情作诗啊，但是又不敢说个不字，就只好乖乖地在那个地方构思，写了一首诗，还怕金人嫌写得不好，小心翼翼地呈上去。结果金人一看都齐声叫好，叫道写得不错，这太上皇还真有文采，宋徽宗这才放了心。

在这个北徙的路上，他得时刻陪着金人寻开心，精神上的痛苦可想而知。这样走了一路，挨到燕京，宋俘们以为就会在这个地方住下来了。谁知道还早呢，这仅仅是第一站，以后的迁徙还多着呢。

到了燕京，时间不长，因为这个地方离宋朝的边境比较近，这时候宋朝的军队已经开始集结了，金军怕出事，怕有人再来劫驾，就又把宋徽宗和这批战俘迁往中京。

这个中京，在现今的内蒙古境内。迁到中京之后，住的时间也不长。由于河北的义军活动比较频繁，金军又让他们迁徙。这回是迁到上京。金朝曾经有两个上京，当时这个上京，是他们利用的辽朝原上京的地址，这个地址也在现今的内蒙古境内。后来金朝的上京迁往会宁府，就在现今的黑龙江境内了。这个时候宋俘是被迁往第一个上京。

在上京这个地方，宋徽宗及其一行，又遭到了一场极大的侮辱。什么侮辱呢？就是到了这里之后，金军把这些宋俘作为战利品，要献给他们的皇上金太宗。要举行献俘礼。来炫耀自己的胜利。

这个献俘礼怎么举行？它是要求战俘们把上衣都脱掉，披上一块羊皮，鱼贯而行，先拜太庙，再拜太宗。这有一个称呼，叫作牵羊礼。这是他们的习俗，献俘时的仪式。

这个习俗实际上也是来源于中原的农耕民族。最早可以追溯到战国时期，就曾经出现过这样牵羊礼。那是在楚国和郑国交战的时候。郑国是个很小的国家，打败了。郑国的国王为了避免生灵涂炭，就说不要再打下去了，我们愿意认输。

他就把自己的上衣给脱了，然后牵着一只羊，到了楚国的国王的殿下去觐见，去表示我愿意服输，请你们不要再打了，我们不要再交战了。为什么要把上衣脱掉？是为了表示诚恳之意，坦诚之意。为什么要牵一只羊？因为羊是属于恭顺之物，那就表示我们是顺从了。这个牵羊礼便是这样来的。不过以后中原民族就不使用这样一种仪式了，但是金人学去以后还保留了。当初的牵羊礼，是郑国的国王自己主动去这样做的，而金人的牵羊礼是强迫战俘做的，而且是不论男女老少，一律都得脱光上衣，这就是极大的侮辱了。

宋徽宗和宋钦宗因为是皇帝身份，金人稍微给他们留了一点面子，允许他俩可以贴身穿一件小褂。但是其他人，包括十七八岁的大姑娘，也得全部脱光上衣。

这个侮辱还不是到此为止，下一步还有。金太宗在举行过牵羊礼后，还要给宋徽宗、宋钦宗加以侮辱性的封号。他封给了宋徽宗一个什么名号？叫作昏德公，意思是你是个昏庸无德的皇上。封宋钦宗为什么称号呢？叫重昏侯，意思是你父亲是个昏庸不堪的家伙，你接替了他的皇位，你接着昏。这又是侮辱。但是这样一种侮辱性的做法，金人也是跟中原学的，而且就是跟宋朝学的。跟谁学的？跟宋太祖。这个方法的来源是这样：宋太祖当年打下了南唐，把南唐后主李煜擒到汴京之后，由于怪罪李煜不听招呼，就给了他一个封号，叫违命侯，以此来侮辱他。金人把这一招学去，反过来又用在宋朝皇帝的身上了。

下一步是分配战俘。男女战俘各自被分配到各个军营、各个宗室、各个部门去做苦力。女性战俘除了沦为苦力之外，其实同时也就沦为了性奴隶。

在这个时候，有一个人就坚决不肯受辱，这人是谁？宋钦宗的皇后朱皇后。这个朱皇后当年才二十六七岁，她长得非常漂亮，北徙的一路之上就有很多金人企图侮辱她，调戏她，由于她拼命反抗，总算是保住了自己的贞节。但是在这个时候，一分配下去，俘虏们就分散了，就不在一起了。她知道，在这时她再想继续保持自己的清白很难了，于是在献俘礼之后，她毅然选择了自尽。她曾经自尽过三次，撞墙没死成，被人救下，又想上吊死，结果又被人救下，最后投水自尽。金太宗听说之后，叹息说这个女人比那两个皇帝强，就给了她一个封号。这不是侮辱性的封号，是个表示尊敬的封号，叫靖康郡贞节夫人。

献俘结束，俘虏也分配完了，总算是可以在这里安顿下来了吧？不行，金人并没有打算让俘虏们长住在他们的上京，还要再迁徙。所以住了几个月之后，就又让他们迁走了。往哪儿去了呢？迁往韩州。韩州就在现今的辽宁省境内了。

战俘们在韩州住的时间稍微长了一些，将近两年。但是生活得很艰苦。就在这个阶段中，又有大批的人病饿而死，其中就包括宋徽宗最喜欢的那个儿子郓王赵楷。

在韩州待了两年，由于金朝在中原又要立一个伪皇帝刘豫，怕徽宗和钦宗在韩州这个地方与宋朝还会有联系，距离还是太近，就又要把他们往北迁。

这一回迁的就远了，迁到了现今的黑龙江境内的一个小镇，这个小镇当时叫五国城。据史载，迁到五国城后，宋徽宗就没有继续被迁徙。有的野史上说，在宋徽宗临死的前一年，还曾经被迁到一个地方去，那个地方叫均州。均州在哪儿？现在的考证不太确切，而且这个说法不是特别普遍。所以按照一般的说法，五国城就是宋徽宗生命的最后一站。这个到处迁徙的阶段大约历时将近四年。在这一阶段中，宋徽宗是漂泊万里，吃尽了苦头。这是他被俘后的第二个阶段。

宋徽宗被俘后的第三个阶段，就是五国城岁月。在五国城，宋俘总算是比较稳定地安顿下来了。金人给了他们一部分土地，让他们自己耕种，种粮食，种其他的农作物，自己织布，自己养活自己。那个生活状态就属于流放状态，不是在监狱里待着了，但是要受到监视。

宋徽宗由于他是太上皇嘛，年纪也大了，这时他可以不劳动，他可以自己读点书，写点字，写点诗，搞点这类事情还是可以的。当然，精神上依然是十分苦闷。

在这个五国城岁月之中，曾经发生过几件大事。

首先一件大事，是在建炎四年九月五日，郑皇后去世。郑皇后是在宋徽宗迁到五国城之后的第三天就去世了。郑皇后过去曾是侍候向太后的押班，后来接替王皇后的位置当了宋徽宗的皇后。这个郑皇后，从总体上来讲，还是非常贤惠，非常懂事的。第一，她从不干政。第二，她从不允许自己家里的亲属借用她的身份来谋取私利。另外，在关键时刻，她还能够帮衬宋徽宗一把。比如说在宋徽宗逃难的时候，宋徽宗被俘之后，这个郑皇后就一直陪伴在宋徽宗的身边。所以说，就在这最后的岁月当中，她一方面是徽宗最亲密的伙伴；另一方面，实际上也在无形中就成了支持徽宗生活下去的精神支柱。所以郑皇后的去世，对徽宗的刺激非常之大。

第二件事，在绍兴元年，也就是次年，宋徽宗受到了金太宗的赏赐。这算什么大事呢？对宋徽宗来说，这事不小。为什么呢？因为这事能够改善他的生活境遇。宋徽宗为什么受到金太宗的赏赐？是因为在上京，不是有很多的战俘都被分配到各处了吗？其中包括宋徽宗的子女。他的有些女儿被分配到金朝的宗室，这些女儿现在都生孩子了，都给金人的宗室传宗接代了。换句话说，就是宋徽宗现在已经成了金人后代的姥爷了。金太宗觉得宋徽宗这个人对金朝还挺有贡献的，你看他的子女还能给我们生孩子。一高兴，他就传令赏赐了宋徽宗一些布匹、食物等。宋徽宗在这个时候，在那种艰难困苦的境遇下，能得到金太宗的赏赐，那真是感激涕零，连续写信上表，用他那个著名的瘦金体一遍一遍地写，那话都写得肉麻。为了什么？就是为了换取自己更好一点的生活境遇。从此之后，徽宗的境遇确实就得到了一定的改善，这对徽宗来说，那是求之不得的。

但是好景不长，接下来又发生了第三件事。绍兴三年六月，沂王赵㮙、驸马都尉刘文彦诬告宋徽宗谋反。赵㮙是徽宗的第十五子，驸马都尉刘文彦是宋徽宗第七个女儿的丈夫，当时都是20多岁。他们为什么要诬告宋徽宗谋反？就是因为虽然宋徽宗的生活条件改善了，但是他们改善不了。而且他们觉得，我们还年轻啊，我们才20多岁，我们不能一辈子就当俘虏，就当囚犯啊，我们必须设法改善自己的境遇，必须要做正常人，必须要做自由人。

可是怎么办才行？只有立功。可上哪儿立功去啊？没功可立，那就只有制造立功的机会。他俩人想来想去，就琢磨出这么一招来，告发宋徽宗谋反，这可是大功一件。居然他们就想出了这么个馊主意，就实施了，他们就捏造说宋徽宗要谋反，聚集人要暴动，在五国城暴动。金人一听就害怕了，宁可信其有，不可信其无，马上调动重兵把五国城给围了。结果一调查，没有的事。最后查证来查证去，根本没有这个事。金人没有把宋徽宗怎么样，而是把赵㮙和驸马都尉刘文彦处斩了。

宋徽宗因为这件事又大受刺激，甚至受的刺激比郑皇后逝世还要严重。一个是自己的女婿，一个是自己的亲儿子，居然为了改善自己的处境，就想把他的老爹置于死地，这个人性怎么会扭曲成这个样子？他就感到伤心，非常伤心。同时，金人把这两个孩子给处斩了，他又很痛心，所以他的脑子受得刺激太大。从此以后，他就不大说话，沉默寡言了。有时候说话就是自己在念念叨叨，别人也听不出来他是说的什么。从这时候起，他的脑子就不行了。

最后一件事，绍兴五年韦贤妃至五国城，同年，宋徽宗去世。韦贤妃至五国城，对于韦贤妃来讲，对于徽宗来讲，都是一件值得欣慰的事。当时在上京的时候，韦贤妃是被分配到一个金军将领的名下，所以没有能够跟着宋徽宗到五国城去。据说，韦贤妃是嫁给了那个金将，或者说是被那个金军将领所霸占。还有的传闻说，她实际上先是被迫到妓院里去接客，沦为了一个军妓。这个记载不知道是否确切，说她曾经一天接客150人之多。后来这个韦贤妃，因为她的亲生儿子当了皇帝，就是南宋的第一任皇帝宋高宗，于是她被金朝送还回了宋朝。可是上述一段经历如果传出去的话，那可是很大的丑闻，对她很不光彩。而她到了五国城，便把前边那一段经历全部抹煞了，不承认了。没有那一段，我就是一直陪伴着太上皇来着。她回南宋后就是这样说的。而宋徽宗自从郑皇后去世之后，他身边的亲近的人是越来越少，这时候看到韦贤妃来了，感到很欣慰，所以这对两个人都是件很欣慰的事。

但是也是好景不长，宋徽宗的身体由于受到精神和肉体上的双重折磨，这时候已经很虚弱了。两个月后，宋徽宗就去世了。

关于宋徽宗的去世，他是怎么死的，曾经有过种种的说法。比如说，有一种传说，说宋徽宗是跟金太宗同归于尽的。他觉得自己快不行了，找了个理由说要面见金太宗，结果见面的时候就把金太宗杀死，他自己也自杀了。这个说法的根据是什么？是宋徽宗跟金太宗死在同一年。其实这个说法是站不住脚的，宋徽宗如果有那样的刚烈的性格的话，他也不会沦为战俘了。再说别看着那个金太宗是61岁了，要是打宋徽宗他是没有问题的，论动手宋徽宗根本就不行。宋徽宗画画行，他想杀个人可真不行。所以这个传说是不靠谱的。另外，金太宗死的时候是当年的正月，而徽宗死的时候是当年的四月，时间也对不上。

还有一个说法，说宋徽宗是死在了西藏。为什么死在西藏了呢？说是当年他是被金人秘密转移到西藏出了家，后来就是在那儿死的。这个传说在西藏也有，当地也有这个传说，说宋徽宗出家的寺庙叫萨迦寺。不过可惜，至今还没有找到支持这个传说的有力的证据。

所以这些都是不太准确的传说，是后人编的。比较准确的说法是什么呢？是他就是病死在五国城的。这个说法我们觉得比较可信。

宋徽宗死了以后，关于宋徽宗的谜团还并没有终结。随着宋徽宗的死，居然还又产生出了一些谜团。下面就再说说宋徽宗身后的谜团。

还有什么谜团？比如有人说，宋徽宗死了以后，是被金人熬了灯油了，他的遗体在池子里被熬成灯油用了。这是一个。

还有的人说，宋徽宗的遗骨是被某人偷去了。又有人说他的遗骨是被送还给南宋了。可是那遗骨送还给南宋以后，在南方并没找着。这是怎么回事？如果说没送还，那南宋那边有个永佑陵，那个永佑陵据说是就是徽宗的陵墓，那么那底下埋的是谁？

下边我简单地解释一下这些谜团。

关于他被熬油，是这么回事。宋徽宗死了以后，据记载，金人是挖了一个大坑，坑里放上水，然后把徽宗的尸体架起来烧。在烧得半焦，还没烧透的时候，用水浇灭，拿棍子给杵到坑里去。然后再把尸体捞出来，用生绢缠上埋掉。因此就有传说，说把宋徽宗的尸体杵到水里以后，这个水金人要熬灯油的。

其实参阅一些文献来看，不是那么回事。金人并没有那么残忍，虐待宋徽宗的尸体虐待到了这个地步。那么是怎么回事？其实金人的殡葬是火葬和土葬相结合的，就是先烧，烧完了浸灭之后，再缠上布埋掉。这是正常的做法，并不奇怪，没有熬灯油这一说。不信你弄个什么动物尸体烧一烧放到水里，你把那个水点一点，能当灯油用吗？不能当。所以这个传说不确切，那其实就是一种殡葬方法。

宋徽宗的遗骨下落到底是怎么回事？它是这么回事。

当时宋徽宗死的时候，南宋并不知道。高宗什么时候知道的？两年之后。宋高宗知道后，给徽宗上了一个谥号，一个庙号。那谥号和庙号是怎么上的？那是在绍兴七年，公元 1137 年，宋高宗谥赵佶为圣文仁德显孝皇帝，庙号徽宗。

这里要说明一下，这个圣文仁德显孝皇帝是宋徽宗的谥号，什么叫谥号？就是某个皇上死了以后，为了总结他这一生的功德，给他一个美化他的称号。构成谥号的这些字，就是来总结他的一生的功德的。实际上这些总结全都是虚伪的。比如宋徽宗的谥号，这里面这个“文”字，对于宋徽宗来说还算是名副其实。可是圣，他圣明吗？仁，他仁义吗？德，他有道德吗？都没有。这些都是一些溢美之词。所有的皇帝都是这样，都要用一大堆溢美之词给他一个谥号。

庙号又是什么呢？就是皇上死了以后都要建立一个庙，要祭奠他、祭祀他。或者在太庙里要给他供一个牌位，这个牌位上要有一个名称。而这个名称，不能用字这么多这么长，要简练一点，这就叫庙号。我们现在对皇帝的称呼，称呼的就是他的庙号，因为庙号比较简洁。

这些称号全都是在某个皇帝去世之后才会有，不可能在其生前他就自己知道。曾经有一部电视剧，有个著名演员，张嘴就是我孝庄如何，那是滑天下之大稽。为什么呢？那个孝庄也是谥号，她生前不可能知道自己后来被叫作孝庄。谥号和庙号都是人死了后才能有的。

所以至此，当宋徽宗死了两年之后，我们才会知道，这个皇帝原来在历史上应该叫作宋徽宗。

又过了若干年，六七年左右，宋金两国打成平局，签订了一个绍兴和议。这个绍兴和议中有一条，说是要把徽宗的灵柩，也就是他的遗骨，以及韦贤妃送归南宋。这个协议从总体上来讲，它的实质内容就是金朝得实惠，宋朝得面子。于是金人就把韦贤妃，也就是当时的太后了，送还了南宋。同时把徽宗的遗骨用很精美的棺材盛着，也送还了南宋。

灵柩送归南宋后，高宗下旨，就在绍兴的东南一带入葬。当时的南宋在那里又建了一个皇陵。原来北宋的皇陵在河南的巩县，北宋的这个地盘已经是金朝的地盘了，宋徽宗不能在那个地方埋葬了，只能把他放在了南宋的这个皇陵。这个皇陵叫永固陵，后来叫永佑陵，这就是徽宗的灵柩埋葬地。

这事本来就完了，就没什么事了。但是不料百年之后，这个事又出现了新发现。元朝在攻打南宋的时候，有一帮西域的僧人武装盗墓，趁火打劫。因为皇帝的陵墓里都有很多的珠宝，元军打过来，他不盗那元军就给掘去了。因此他要抢先盗墓。这一盗墓就盗出来一个秘密。什么秘密呢？原来宋徽宗的灵柩里边没东西。也不能说没东西，而是有个怪东西。什么怪东西？当时他们都不知道。因为在宋理宗的陵墓里挖出很多的珠宝，他们以为徽宗的墓里肯定也埋了不少好东西。结果挖开一看，里边没有啊，骨头是没有的。但是有个东西，就使劲往外拖，弄出来才看清楚，是一截破木头。再往里看，什么也没了。闹了半天，金朝送回来的不是宋徽宗的遗骨，是弄了半截木头来糊弄宋朝的。金人的用心是何其毒也。这个秘密后来就传出来了，说宋朝是上了当了，金人真不是东西，很阴险，糊弄宋朝，而且用这种十分卑鄙的方法。这个事的真相究竟如何？是不是金人欺骗了宋朝？

这个事说是金人欺骗了宋朝，没有假，确实是欺骗了，他们确实没有放进去宋徽宗的骨头，而是往灵柩里放进去了一截木头，100 多年以后成了烂木头。那他们这样做是什么目的？其实说穿了，没什么目的，当时他们就是出于迫不得已才这么做的。

其实金人当时是想把宋徽宗的遗骨放进灵柩去的，可是签订了协议，答应了宋朝的条件后，回头一想，办不到。为什么？因为此前把宋徽宗的遗骨裹了生绢埋了之后，没留标记。这个没留标记并不是金朝的错误，是因为那时他们的丧葬习惯就是墓而不坟。而这个墓而不坟也是中原传过去的一个习俗。中原最早的时候，埋下去棺木就是没有坟头，也没有碑。后来中原文明发展了，就立了碑立了坟。但是在当时，金朝还没有发展到这一步。再说宋徽宗也不是他们的皇帝，他们觉得没有必要立坟立碑，就给那样随便埋了。后来想着再找徽宗的骨头运回去，上哪儿找啊？哪一个是啊？忘了，找不着了。

怎么办呢？金朝也没拿着这个事当个事。因为他们知道，两国签订这个协议送还这送还那，其实无非都是一种政治上的需要。只要是弄个棺材，名义上是送回去了，那就是送回去了，政治上就达到目的了。至于里面装的是个骨头还是个什么别的东西，无关紧要。如果他们真拿着当回事的话，他弄个别人的骨头塞进去，你还能做个 DNA 鉴定吗？所以说没有必要，就塞个木头进去，里面有个分量就行了，就这么着运到南宋了。

运到南宋后，果然南宋根本就没验棺。曾经有一些比较较真的大臣建议，咱们是不是开棺看一看？宋高宗说无此必要，开棺看什么啊？对先帝不敬。因为他也知道，如果金朝找不到遗骨了，为了政治的需要用别的东西代替了，你一开棺，看到假如说有问题的话，这协议是签还是不签？他当然还得签，所以他找那个麻烦干什么？这个事情就是这么回事，双方都心照不宣，就把这个棺材和那根木头给埋葬了，说这就是先帝的灵柩。这个谜底就是这样的。

所以说，宋徽宗的遗骨，最终还是被埋在了黑龙江那边的偏远地区的土地上了，他并没有能够再回到中原的土地上来。

时隔千年之后，对于宋徽宗来说，他的遗骨埋在哪儿了，这个问题并不重要。有些皇帝还故意地要把自己的遗骨埋在一个别人不知道的地方。元朝的皇帝忽必烈、成吉思汗都是这样，现在没有人知道他们的坟墓、他们的遗骨埋在什么地方。

对于宋徽宗来说，更重要的问题是什么？应当是后人对他的评价。由于他的所作所为，亡国之君这顶帽子他是摆脱不掉的。但历史毕竟是公允的，历史对于宋徽宗应当享有的声誉也并没有抹煞。除了亡国之君这个称号之外，他还有一个称号流传至今，那是什么？是著名的艺术家。这个称号对他来说也是名副其实，因为他的艺术成就，尤其是他的书画艺术成就，那是非常之高的，是举世公认的。他的书画艺术成就到底是达到了什么程度？现在我们还能看到他的哪些作品？我们将在下一章为大家介绍一下这方面的情况。

除了“亡国之君”之外，宋徽宗还有一个举世公认的称号，那就是著名的书画艺术家。他的书画艺术作品流传至今，已经成为世界上的艺术珍品。宋徽宗到底创作过哪些书画作品？现在我们扼要地介绍一下。

先说说他的书法。

宋徽宗的书法是很有名的，他楷、行、草都行，有很深的功底。他的行书草书飘逸潇洒，楷书架构严谨。我们知道写毛笔字都要先临帖，先有一个模板。宋徽宗先临的是谁？先临的是一个著名的大书法家，当时苏黄米蔡当中的黄，就是黄庭坚。他先学习了黄庭坚的书法，然后学习了二薛，一个叫薛稷，一个叫薛曜，这两个人的书法。后来他又学习了褚遂良的书法，博采众家之长，最后自创了一体。他的才华就体现在这个地方，他不是简单地模仿，他有创造性。他自创了一体，什么体？就是现在人们所熟知的瘦金体。这个瘦金体的特点，在他的楷书中体现得最为全面，最为典型。

这个瘦金体看上去很简单，很好写，好像是小学生临帖的时候，最早采用的那种笔体，一笔一划，一丝不苟。实际上这样一种字体写起来，要写好是非常难的。为什么？就因为它这个瘦，不仅是瘦，它刚劲，是瘦挺秀丽。为什么叫瘦金体？就是因为它有曲金断铁之美，是很难写的。尤其是在间架结构上，写这种字体需要很深的功力。这就好像我们穿衣服，如果穿得很臃肿，是看不出身材来的。但是我们穿了一个紧身衣，甚至穿了一个比基尼，身材的每一段的长短，哪一个部位比例不合适，那是一目了然的。所以这个字体是很难写的。由于他这个字体的特点是非常秀丽，所以后来在很多地方被加以演变运用。我们现在的印刷体仿宋体，就是由宋徽宗的瘦金体逐渐演变而来的。

再说一下他的草书。他的草书代表作有《草书千字文》等。他的草书也有瘦金体的神韵，但不是那么规整，是笔走龙蛇，非常地潇洒，体现出了他在书法艺术上的全面造诣。

由于宋徽宗的书法造诣非常之高，在当时他就很有声誉，名声就很大。大到什么程度？大到不仅是宋朝的人崇拜，说他写得好，其他的国家、邻国的人也说好。而且这个邻国还不是跟宋朝友好的国家，是把宋朝灭了的那个国家，金朝。金朝的人见到宋徽宗的书法，也是五体投地。而且那还不是金朝的一般的人。是什么人？金朝的皇帝。

金朝有一个皇帝金章宗，叫完颜璟，他是出奇地爱好宋徽宗的书法。他并没有因为宋徽宗是个亡国之君就瞧不起他，而是对宋徽宗的书法研读非常深，深到他要亲自摹写出来。宋徽宗能写到什么程度，他也要能写到那个程度才行，于是他就学习宋徽宗的书法，最后学到可以乱真。你想他得下多大的工夫？这个金章宗的书法流传至今，我们也能看得到的。据说有的金章宗的书法，在人们看来，就认为是宋徽宗写的。只有经过行家的认真鉴定，还得找到根据，才能说，这一幅字还真不是宋徽宗的，是金章宗写的，到了这种程度。而这个金章宗，实际上他是很害怕女真文化被汉文化同化的，他曾经下过多次诏令，要求女真人保持自己的民族文化，不要把自己民族风格都丢掉了，不能全盘接受汉文化。可是就是这样一个皇帝，他自己能对宋徽宗的书法痴迷到这种程度，可见宋徽宗书法的魅力之大。

下面要重点说说宋徽宗的绘画艺术了。

如果说宋徽宗的书法在历代的皇帝中还不能算是独一无二的，因为皇帝总要写字的，书法好的还不止这一个皇帝。但是在绘画方面，能与宋徽宗匹敌的皇帝，那可以说是再也找不到了。因为在这一方面，那是需要有专门的技巧训练的。

宋徽宗都画过些什么画？他最擅长画的是花鸟。有一幅画，叫作《芙蓉锦鸡图》，是宋徽宗的代表作之一。那画的是一只锦鸡站在芙蓉之上，扭头遥望空中，空中飞舞着蝴蝶。画面上的锦鸡神态十分生动，整个作品设色华丽，体现了一种雍容大度之气。此画现藏中国北京的故宫博物院。

再介绍一幅《柳鸦芦雁图》。这个《柳鸦芦雁图》的全幅画面很长，是一个横幅长卷。这幅画的特点是什么？除了栖鸦、芦雁的神态画得生动之外，此画最大的特点是在它的构图上，此画构图上的疏密和黑白对比非常成功，很大胆。这幅画现藏中国的上海博物馆。

再说一幅《瑞鹤图》，这幅画就更加有名。它画的是汴京城里的皇城正门宣德门之上，飞舞着18只瑞鹤，另外还有两只是站在殿宇之上。殿宇上的那两个装饰物叫作鸱吻。据说这是在政和二年上元节的次日，宋徽宗看到了这一个情景之后，凭着记忆画下来的，表现了当时国泰民安的景象。这件作品现收藏于中国的辽宁博物馆。

通过上面几幅画我们可以看出，宋徽宗的画风是用笔细腻，逼真传神。它体现了当时的一种画风，我们称之为宣和画风，就是宋徽宗所提倡的写实主义的花鸟画风。这是宋徽宗最擅长的一种画。

除此之外，他还能画别的。作为一个皇帝，应该说宋徽宗是一个业余画家，但是他的画路非常之宽广。他还能画什么？比如人物、山水、墨竹等杂画，他都能画。

我们再来看一下他的人物画。《听琴图》是他的人物画的代表作之一。我们在讲到蔡京的时候，曾经给大家介绍过这幅画。这幅画是一个上下很长的长卷，宋徽宗背后的那个松树是很高的，有兴趣的观众可以自己去网上看一下这幅画的全貌。在这幅画的顶端还有蔡京题的诗。这是宋徽宗的人物画代表作之一。还有一幅《文会图》，也是很有名的。

宋徽宗的山水画的代表作，我们介绍一幅横卷，叫作《雪江归棹图》。这幅画比较长，是一个很长的横卷。我们中国画的透视，它都是散点透视。这和西洋画不一样，西洋画是焦点透视，就是作画人的视点是固定的。中国画的这种构图方法散点透视又叫移动视点透视，就是有点像电影中的摇镜头，可以从这个地方逐渐地看到那个地方。这幅画的构图是气势雄浑，格调苍茫，体现了一种雄浑、悲凉的画风，体现了宋徽宗画风的多样性。所以说，宋徽宗的画路是非常宽广的，他能够画的东西很多，都很传神。他的画作也是与他的书法一样，在当时就很被公众所看重。因此还传出了不少的传说，说宋徽宗的画画得多么多么地好，多么多么地出神入化。

在这里我介绍一则传说，说的就是宋徽宗的画显灵的故事。

这个传说是记载在清朝的王士祯的一本书里，这本书叫作《池北偶记》。这书里就记载了一则有关宋徽宗的画的故事。

这个传说说的是，在湖北的武昌，有一家人家，姓张。张家的媳妇长得很漂亮。这个漂亮媳妇被狐狸精知道了，这个狐狸精就经常趁着张家没人，钻到张家媳妇——咱们就简称张夫人，张夫人的屋子里来调戏她、轻薄她。当然了，一般的狐狸精都是调戏男人、勾引男人，蛊惑男人的，这个狐狸精它去调戏张夫人，可见这个狐狸精是个公的。这个公狐狸精就经常地去进行性骚扰。张夫人也没办法，无论怎样呵斥它、骂它、赶它，它还来，怎么赶也断绝不了。

有一天，张家请客，请的这个客人比较尊贵，作家就把一幅画给挂出来，挂到前厅了。这幅画也很贵重，非有贵客来的时候才挂出来，平时得收藏着。这是什么画？就是宋徽宗画的画。画的是什么东西？画的是一只雄鹰，脚上拴着一个铁链子，振翅欲飞，怒目圆睁，非常传神。就是这么一幅画，那雄鹰像真的一样，就挂出来了。

那客人来了，进入正堂，入宴。这个张夫人呢，过去妇女都不陪着一块儿入席的，所以忙活完了她就回到后屋，回到卧室了。刚回到卧室，狐狸精就钻进来了。它表现得鬼头鬼脑的，而且还有点惊慌，说娘子啊，我今天来见你这一面可真不容易，几乎把命都丢了。张夫人不理他。它说你怎么也不问问为什么，你不问我也得告诉你。刚才我一进去的时候，你们那个挂出来的画上有个鹰，那个鹰见了我就想扑我，要不是它腿上有个链子拴着，我就让它给咬死了。你知道吗？娘子啊，我为了见你，我都冒着生命危险了，你对我好点行不行？狐狸精轻薄一番，调戏一番，满足了，走了。

过一会儿，客人走了，张夫人的丈夫回后房来了。张夫人就对他说，刚才那个狐狸精又来了，说怎么怎么样。丈夫听了，说，既然这样的话，咱们能不能想办法，让这鹰把它给除了？张夫人说，怎么除啊？丈夫说，它不是说那鹰拴着链子，下不来吗？这样，咱们拿白粉把链子给它涂掉，这不等于把那鹰给解放了吗，它就能下来了。夫人说，那不把画给毁了吗？丈夫说，为了把这个妖精给除了，毁了画也在所不惜。再者说了，咱们就把铁链子给涂了，那鹰没事啊，将来没了这个铁链子，那个鹰更精神啊，是不是？夫人说，试试吧，到底有没有这个效果？他们就把画上鹰腿上的铁链子涂掉了，第二天又挂出来。

结果这一整天没事。到了傍晚的时候，忽然听见前厅扑楞扑楞扑楞地有声响，接着就有一声惨叫。众人跑到前厅那儿一看，就看着那幅画挂在墙上，那个鹰振翅欲飞，怒目圆睁，在画幅前的地面上，躺着一只死狐狸。

当然这个故事是编的了，不可能有。那怎么可能有呢？画就是画，它怎么能变成真的鹰呢？但是人们为什么编出这个故事来，就说明了人们对于宋徽宗所画的画的认可，这是对他的一种盛赞。

可是这里面就有问题了。宋徽宗他是一个皇帝，他又不是个专业画家。要是专业画家，画到这个程度那是理所当然的了。但是他是一个皇帝，他怎么就能够把画画得这么好？前面我们说了，写字写得好，由于当皇帝整天批写奏章，可以整天练。画画他怎么能画得这么好？

这确实是要有条件的。要成为一个优秀的画家，是需要具备这么几个因素的，而这些因素宋徽宗确实都具备了。那应当是些什么因素呢？起码有这四项：天赋、熏陶、优越条件、自身努力。下面我们一项一项地讲解一下。

最重要的就是天赋，我为什么把天赋摆在第一位？因为搞艺术的人必须有天赋。没有天赋你搞不了艺术，你可能能够成为一个艺匠，但成不了艺术家。现在有一些家长，为了给孩子争取一个好前途，就拼命地让孩子都要去学弹琴、学表演、学舞蹈，等等。不行的，如果他没有这个天赋，你再逼他都没有用，他都成不了气候。而宋徽宗的这个天赋，是天生自己具有的，不仅具有，而且是非常强烈的，别人比不了。关于这方面，也有一个传说。现在说给大家听听。

这个传说是说的是什么事？说的是一个窑厂的事。钧窑厂，在河南禹州。大家都知道，在北宋有五大名窑，官、哥、汝、定、钧，五大名窑，钧窑是其中之一。这个事就发生在这钧窑厂里头。

烧窑它到了一定的火候，一定的温度，它必须开窑，出窑，否则就烧过了。这个火候是多少？1280 度。这事说的就是这一天窑厂烧了一窑的瓷器，准备出窑了。这瓷器很贵重啊，现在我们再想烧出北宋时候那个瓷器来，烧不出来了。为什么呢？配方失传了。现在电脑科学鉴定再复制那配方，复制出来都不是那个样了，很贵重的。这时要出窑。不巧，这会儿天忽然变了，下起了大雨。不光是下大雨，还刮大风。雨丝就顺着风飘进了那个窑厂。这时候这个窑开了门要出窑了，雨就飘进来了。关上窑门也不行，因为火候已经到了。开也不是，关也不是，怎么办？就任凭着雨丝进去了。窑厂主和这些窑工们一看，完喽，坏喽，这一窑瓷器毁了。

结果果不其然，等着这一阵风雨过后，窑里的温度降下来，把这瓷器拿出来一看，上面全是裂纹，一片裂纹。窑厂主懊丧地说这怎么办啊？人家都有定货的，这就得给人家货主说明，说你看吧，出了这么个意外情况，这批瓷器有点问题了，咱们可以打点折，你们要不要？那边货主也不看，一听说出了这个事，就说打折我们也不要了，我们就退货了，烧坏了的东西我们还要什么。这个也不要，那个也不要，怎么办呢？先放在一个库里存起来吧，将来看什么时候有人愿意要，折价卖出去算了。只能这样了，自认倒霉了。

这个事后来就传到宋徽宗耳朵里了。禹州那个地方离汴京也不远。宋徽宗一听说这事，就派了一个太监，说你到那个钧窑厂去，给我拿两件那天烧坏的那个东西，那个瓷瓶，我来看看，烧成什么样了。太监就去了，要了两件来看。宋徽宗一看，说你赶紧再去，带车去，他那一窑瓷器有多少要多少，你赶紧全给我拉回宫来，我买了，收购了。太监问，咱是打五折还是打三折还是打一折？徽宗说，不打折，就按原价收购，咱就赚大发了，就很便宜了。

这是为什么？因为宋徽宗一看，那天由于那场突降的大雨，雨丝飘进，令温度发生变化，使得这一窑的瓷器出现了异常之美。那个裂纹密密麻麻的，就像冰花一样，太美了。这是造化使然，人力所不能为也。你真正想有意地去烧，未必能烧出这个样来。这就是那天赶上了，这东西不可多得，得赶紧收藏。只有宋徽宗敏锐地意识到了这一点。那太监就带着车带着人要那窑瓷器去了。窑厂主很惊异，问这宫里还真喜欢这个东西？皇上是怎么说的？太监说，皇上说这是无价之宝。窑厂主这才知道，我是有眼无珠了，闹了半天我没烧坏，这是烧出宝物了，不是废物是宝物啊。哎哟，现在宫里来要，我再提价也不敢了，要是早知道，我提十倍百倍的价钱都行啊。眼睁睁地看着宫里就按原价把一窑瓷器拉走了，那些货主也都后悔了，当时哪怕要一件都好，干什么退货啊？

这种瓷器后来再烧，按照当天那个条件再烧，就不一定能成功了，就十窑九不成了。为什么呢？因为没有这么凑巧的，温度、湿度，各方面的火候、条件都完全一样，你想掌握不容易了，所以烧出来的就很少了。这个品种，就是流传至今很珍贵的、很稀有的一个宋窑品种，叫作冰裂纹。

其实这个故事里边有很多的漏洞。什么漏洞？比如说，既然出窑的时候条件那么重要，是一点影响都不能有，那就没有防护的设备吗？就能让那个雨飘进来吗？是不是？那不可能。再者说了，那个雨真要是那么飘到窑里，直接打到瓷器上，早就炸了瓷了，还能给你出冰裂纹？另外，主要出产冰裂纹的地方也不是钧窑，而是后来南宋的官窑和哥窑。所以这里边的漏洞很多。但是我们听这个传说，就不要计较这些了。这个传说的主旨是说明什么？说明宋徽宗的艺术天赋。别人想不到的他想到了，他当时一听这个事就知道，这个窑有可能烧坏，但也有可能烧成绝品。这就是他的天赋。

再说艺术熏陶。艺术熏陶也是很重要的，中国有一句古话，叫近朱者赤，近墨者黑，指的就是这个熏陶问题。一个人经常接触什么样的人，他就能够耳濡目染，他在某一方面就会有所提高。赵佶在当端王的时候，就跟王诜、赵大年，这些都是很有名的书法家、书画家，过从甚密。后来又跟米芾等人有密切交往。当了皇帝之后，他与书画家们来往得更亲近。米芾这些书画家见了皇上，比大臣还要随便，宋徽宗与书画家的关系到了哥们儿的程度。这些人对他的熏陶是很重要的。

第三是优越条件。这里指的优越条件是什么？就是作为一个书画家来讲，他需要见多识广，他首先要能够经常接触到一些很好的、很优秀的作品，能够看到一些著名的书画家亲自作画的步骤和方法，他才能够进步得快。而这个条件，宋徽宗就比其他任何人都优越。他想看什么画，只要是在他的国家能够找到的，他都能搜罗来。他想找哪个画家请教、探讨、切磋，哪个画家就得到宫廷里去。这种条件哪一个人能办到，上美术学院也办不到。所以说在这一方面，他的条件十分优越。

再一点，自身努力。这一点更为重要。如果一个人天赋、熏陶、优越条件这些因素都具备了，就是自己不努力，自己不亲手去实践，照样不行，那些都白废。

绘画这门艺术是一个实践性很强的东西，它必须经过长期的、艰苦的磨炼才能够有所成就。宋徽宗不是一个光能说不能做的人，那就成了一个纯粹的鉴赏家了。现在有一个电视评论员，经常穿梭在各个节目各个栏目上，他什么都能点评，唱歌的他也能够指点，跳舞的他也能指点，演曲艺的他也能指点，演小品的也能指点。说得还真不错，头头是道，说明他见得很多，见多识广。可惜他就是光能说不能练，你让他唱一支歌也好，跳一曲舞也好，都不行。你让他演个小品，他能演吗？演不了，这就是光能说不能做。这样的人做个评论员倒也可以，但只不过是个空头评论家。

宋徽宗不是这样，宋徽宗是既能评论，又能亲自操作，所以宋徽宗的艺术评论和一般的空头评论家的评论，还真是不一样的，因为他有切身的体会。他的自身努力达到了什么程度？他自己就说过，“朕万几余暇，别无他好，唯好画耳。”① 那意思就是说，我在理政之余什么爱好都没有，就是喜欢画画。当然这话是夸张了，在万几之余，他的兴趣多了去了。他这样说，就是突出绘画在他心目中的地位。他在绘画方面花的时间、下的苦功太多了，因此他才能达到那样的高度。作为一个艺术家，作为一个书法家，他对艺术这样地痴迷，是很值得称道的。而作为一个皇帝，当然那就另当别论了。所以我们一直在说，宋徽宗的人生是很令人惋惜的一生。但我们不能否认，宋徽宗的绘画创作、书法创作是对中国书画艺术的重要贡献，他留下了很多珍品。

宋徽宗的贡献还不止于此。除了他自己本身的艺术创作之外，他还有其他一些

---

① 《画继·卷一》。

贡献。那是一些什么贡献？归纳起来有这三个方面：重教育、选人才、存杰作。他在这三方面的贡献都很大。在这些方面，宋徽宗这个皇帝的身份倒是真起了作用，如果不是他有皇帝身份，这几项他还真是很难做到。我们一项项地来说。

重教育。这个重教育，指的是他做了哪些事情？首先是他重视画院的建设。画院就是宫廷设置的一个宣传机构。这个宣传机构自隋唐以前它就有，也养了一些画家，但是画家的地位普遍不高。此前由于搞艺术而当了官的人地位就不高，甚至在佩戴的饰品上都有区别，有些东西不让佩戴。宋徽宗当了皇帝之后，就提高了画家的地位和待遇，很重视画院的建设，使得画家在这个地方供职有了一种荣誉感。

宋徽宗还亲自创办了两种学校，一个叫作书学，一个叫作画学，指的就是培养书法人才的专科学校和培养绘画人才的专科学校。建立了这种专科学校之后，他不是说我就给你们批一笔经费，你们办学去吧，而是亲自到那个地方制定教学大纲去了。一个皇帝能够这样，那真是很少见的。他亲自到了那个书学、画学里去说，咱们应该开几门课，哪一门是专业课，哪一门是基础课，哪一门是公共课。这些他都要亲自过问。所以，如果说宋徽宗是中国第一任中央美术学院院长的话，应该是名副其实的。他真要是这一辈子就干这项工作，那肯定是能够干得很好的。

还有，他既然重视艺术教育，就要把绘画纳入科考，也就相当于我们要求在高考里必须考绘画这门课。他给规定了，参加高考必须要考绘画，那谁能不重视？因此，通过这些方面就提高了绘画的地位。当然这样提高是不是有点过分了，咱们另当别论，但对绘画艺术来说，这的确是个福音。

选人才，这一点尤其重要，太重要了。选人才得慧眼识珠才行。现在我们有的时候选人才选的是不当的，尤其是艺术方面。本人就是搞艺术教育的，对这一方面深有体会。有什么样的导师才有什么样的学生，如果导师的眼光不行，那个学生选上来也是个笨蛋，或者是个偏才。这样的例子不少。

宋徽宗为了选拔真正的人才，他就亲自定考官。宋子房就是他认可的一个很有水平的考官。然后他亲自定考题，这一点很了不起，他定的考题非常有艺术性，有创造性。宋徽宗有一个理论，他认为，绘画不是光画得好不好的问题，还有什么？还有构思。就是说，你必须有良好的构思，你这个画技才能够施展。否则的话，光画得好是没有用的，当然画得好是最基本的，可是那不是创作。为了能够选拔出确实具有创作能力的画家，他设计了一种非常好的考试方法，就是要考诗情画意。宋徽宗出的考题，比我们当代有些艺术院校出的考题强多了。他是怎么出的？他是选取前人诗篇里的一些诗句作为考题，然后让考生把这个诗句的诗意给画出来。这样一考，在构思能力上就有很明显的高下之分了。

比如说，有一句诗，他出了，叫作“竹锁桥边卖酒家”。① 应当怎么画？交上来卷子一看，很多考生画的是一个酒家矗立在小河边，河边有小桥，酒家房子的周围和后面有竹林，画得都不错。大部分是这样画的。但是宋徽宗觉得不满意。这句“竹锁桥边卖酒家”，“我”要考的是什么？要考的是这个“锁”字。你这竹林也画了，小桥也画了，河水也画了，酒家也画了，都画了，这是任何一个人都知道画的，但是就是没给我画出这个“锁”字，这个意境没有，不行。最后他选出一张来，中意的，是怎么画的呢？画的是小桥流水，小桥竹林等都画了，没有画酒家。但是在竹林之中，挑出一旗酒杆，就是酒家前面那个幌子。也就是说，这个酒家是在竹林的掩映之中。宋徽宗说，这个好，这虽然没有画酒家，但是意味着酒家有了。酒家我看不见在哪儿，但是我看见他的酒旗了。锁，锁住了。有意境，这个好。

再比如，有一幅画，出的题，叫“乱山藏古寺”，② 这也是一句诗。乱山，那当然是石头很嶙峋，很多，这个大家都会画。藏古寺，怎么藏？那就是露出一个屋角，一个寺庙的一个角来吧？这意思有点像“竹锁桥边”，有的考生是画山石后面有一个庙，前头有幡杆。宋徽宗看了，他说有的画是画出来这个藏了，有这个意思，但是未免跟竹锁有点重，能不能有更好一点构思的作品？咱们看一看。也就是说，希望能够有出其不意的。你说这个藏，大家都用藏在山石后头来，露出一角来，露出一个旗来，这看来也不是太难想到。有没有更出奇制胜的？

结果呢，果然有了。后来徽宗拿出一幅画来，说，你们看，这个好。大家一看，不禁拍案叫绝。这幅画是怎么画的呢？原来他是画了山了，但是并没有画任何一点能够说或者暗示有庙宇的物体，比如说是房间了，房墙了，院墙了，幡杆了等，都没画。他画的是什么呢？是在乱山当中有一条小路，在小路尽头是溪水，在溪水边上，有一个小和尚在打水。那么，这就给人以充分的联想了。有小和尚在打水呢，打了水到哪儿去呢，回到他的住处。他住在哪儿呢？住在古寺里，深山古寺里。古寺在哪儿呢？没见着，在那个小径的深处。为什么没见着呢？藏，藏起来了。大家一看，说皇上真是有眼力，这个构思确实是绝妙。

---

① 《萤雪丛说》。
② 《画继》。

再比如有一幅，“踏花归去马蹄香”。[1] 这个题目很有诗意，但是非常难画，难在什么地方？难就难在它要画的，不是画家很随便的就能体现出来的一种东西。什么东西呢？嗅觉。因为我们知道，绘画是视觉艺术，踏花归来，这个可以画。可是马蹄香，香是什么？香是嗅觉。视觉艺术怎么能体现出嗅觉来？这不是让人为难吗？很难体现。所以很多考生绞尽脑汁，无非也就是画一个美女，骑在马上飞驰，马蹄下边踏着一些飞扬的花瓣，或者是美女手上再拿着一支花等。就这样画。这样画的毛病在哪儿呢？就是踏花归来有了，但是马蹄香没表现出来。那怎么表现呢？有一个考生就表现出来了。这个考生后来成为一个大画家了，叫李唐，是南宋大画家。他就在飞驰的马蹄的周边，画了一些追逐着马蹄的蝴蝶。虽然这个香味我们闻不到，但是蝴蝶闻到了。蝴蝶追马蹄干什么？那就是因为马蹄踏花的时间长了，它沾染了花的香味，所以蝴蝶是逐香而去的。李唐就是用这样一种形象化的、视觉化的手法，来表现了嗅觉，这个构思也十分独到。

再介绍一幅画，有一个考题，叫“野水无人渡，孤舟尽日横”。[2] 这个题目很有意境。野渡无人舟自横，乍一看倒是也不难画，就是画一个渡口，很偏僻，有一条小船在那个地方停泊着，这不就是野渡无人舟自横了吗？为了表现这个地方的寂静，有的考生画了一只鸟在船头上站着，或者翘起一只腿来，这不就行了吗？但是宋徽宗说，这个谁都会画，我随便一画也就是这样的，但是它没有什么新意。哪个考生画得有新意呢？找。找来找去，哎，宋徽宗说这个有新意。大家一看，他怎么有新意？他的画面上画人了。考题不是要求无人吗？他画人了，皇上，画了人，不对了。徽宗说，你们仔细看看，他是画人了，但是他画的人是谁？众人仔细一琢磨，才觉得这幅画确实好。

这幅画他确实画了人。野渡无人舟自横，这考生为什么画了人，还得到了宋徽宗的称赞？就因为他画的这个人是艄公，是划船的，他是在这里靠摆渡为生的。这个人在干什么呢？在睡觉，在船尾上睡觉。睡觉的时候，他身边还放着一根竹笛。这是什么意思？就是说这一整天了，没有人来摆渡，没有生意，他很无聊，就坐在这儿吹笛子打发时光。结果吹着吹着都困了，不知不觉地把笛子扔在身边他就睡着了，还是没人来。这就充分地体现了这个野渡的寂寥。所以徽宗说这幅画好。野渡无人，指的不是没有一个人，是没有旅者，没有要求摆渡的人。你不画这个艄公还

---

① 《萤雪丛说》。

② 《画继》。

体现不出来这一点，画了这个艄公，这个摆渡者，便越发地体现出了这个地方的空旷和寂寥。这么一说，大家都觉得，这个构思确为上成。

由于宋徽宗这种慧眼识珠的认识水平，当时就培养了一大批的画家，真正有水平的画家。这里面最值得一提的是谁？是一个来自山东的名不见经传的画家。当初没有人知道他是谁，也没有人知道他有多大本事，但是宋徽宗支持他，关注他，最终使这个人创作出了传世名画。这幅画非常有名，它就是《清明上河图》，此画的作者叫张择端。这个《清明上河图》的创作，是在宋徽宗的亲自关怀和支持下完成的。有的研究者认为，可能宋徽宗还参与了此画的构思。

存杰作，这一点也是宋徽宗为中华民族文化事业做出的很大的贡献。他采取有效措施，保存了大量名画。过去我们没有什么胶版印刷，那时候还没产生，只有活字印刷。更没有现在的电脑等这样一些复制设备。那么有一些名画，就此一幅，如果损坏了那就没有了。宋徽宗在做皇帝的时候办了两件事，对保护这些名画起了很大的作用。一件事是，他组织一批宫廷画家，把前朝的一些好画临摹了一遍，做了一个副本。这临摹的画也可能在水平上有一些差异，但毕竟是使人们在得不到原本的时候还能看到一些原画的风貌。再一个是，宋徽宗命令宫廷的官员编纂了《宣和书谱》、《宣和画谱》等书画集。在这些书画集中，不仅收录了上千幅作品，而且有对画家、艺术家的简介和对作品的艺术评论，可以说这就是编写了一部完整的绘画艺术史。宋徽宗的这样一些做法，对保护中华民族的文化确实是功不可没的。

但是遗憾的是，宋徽宗保存了很多前朝的书画作品，他自己的书画作品被保留下来的反倒不太多。宋徽宗这一生他创作了多少书画作品？据有关材料记载，是一万多幅书画作品。当然了，这个数目有夸张的成分，可能有一些画作不一定是徽宗自己亲笔画的。所以在这个地方要说明一个概念，主要是针对宋徽宗的绘画作品，在书法作品中这种情况还不多。

需要说明什么概念？宋徽宗的绘画作品，在后世的研究者那里分御笔画和御题画两种。什么叫御笔画，就是这幅画从头到尾，上面的每一笔，包括绘画和书法题诗，都是宋徽宗的亲笔，这叫御笔画。如果说这幅画不见得是宋徽宗作的，是有画家秉承他的画意作的，但由宋徽宗题字签押，这种画就叫作御题画。那么御题画就不是他亲笔画的。现在流传下来的一些宋徽宗画，有学者认为，有的就可能不是他亲笔作的，是御题画，但是没有可靠的证据。在没有确凿证据之下，我们现在还不能贸然断定，说哪一幅画流传下来说是宋徽宗的作品就不是他画的了。当然这一万多作品当中，肯定有一批是这样的作品。那么就剔除这些作品，剔除夸大成分，宋徽宗这一生所作的书画作品，有个几千幅应当是没有问题的。在这一方面他确实很勤奋。可是现在流传下来的，我们能够看到的有多少？也就几十幅，据说是不超过30幅了。

那么流传下来的这几十幅作品，现在都在哪儿呢？除了我们介绍过的，保存在中国国内博物馆的馆藏作品之外，还有一些是流落在民间了。流落在民间的到底有多少件？多少幅？精确的数字没人知道。人们所见到的，是曾经在历次的拍卖会上亮过相的一些作品。有的作品如果是没有人拿出来示众，那就现在还无人得知。在历次拍卖会上亮过相的有哪些作品？我们选择几幅介绍。

《桃竹黄莺卷》，这幅画是在2005年的一次拍卖会上亮过相的。当时的拍卖价加上佣金，是6000多万人民币。

《临唐怀素圣母帖》，这件书法作品是在2008年的一次拍卖会上亮过相的。这个拍卖会在香港，所以用的是港元。它拍出了什么价钱？当年的拍卖价是1.28亿港元。这个拍卖价是截止到那个时候的中国书画作品拍卖价格的最高价。

《写生珍禽图》，这一幅画我们在本书的开篇就介绍过，现在重温一下。这个《写生珍禽图》是在2009年的一次拍卖会上亮过相的，当时的成交价也是6000多万人民币。如今它的价格会是多少，那是难于估量的。

除此之外，还有若干宋徽宗的作品流落在海外和中国台北等地。流落在中国台北的有一部分，在海外若干国家的一些博物院、博物馆里也有收藏。比如说在美国的艺术博物馆、日本的艺术博物馆里都有，都能见到宋徽宗的遗作，当然都是被视为很宝贵的艺术珍品。

作为一个亡国之君，宋徽宗在他生命的最后十年当中是受尽了屈辱。然而，在时隔将近千年之后，他居然会以一个著名的艺术家的名声享誉全球，这恐怕是他自己做梦也想不到的事情。所以宋徽宗的这种人生的错位，实在是不能不令人扼腕叹息。

宋徽宗的才华还不仅仅是表现在书画方面，当年他就被人称之为“百艺之王”。也就是说，他除了书画艺术之外，在其他方面还有很多的才华。那么宋徽宗在其他方面还有哪些值得称道的才华呢？请看下一章的介绍。

第十八章

宋徽宗多才多艺，素有“百艺之王”的称号。除了书画艺术之外，他还在多方面都有才华。他的才艺涉及琴棋、花石、饮食、茶酒、骑射、蹴鞠，乃至古玩收藏等多个方面。在这些方面，他不仅仅是爱好，而且还很有造诣，很有研究。

比如说，他就亲自写过一本关于茶叶的专著，叫《大观茶论》，从茶叶的采制一直到品尝，都有很详细的论述。

宋徽宗对医学还有研究。他还写过一本书叫《圣济经》，是专门写饮食医疗保健的，写得很专业。直到现在，医疗界的人士看了这本书，还说宋徽宗的这部医疗保健专著值得借鉴。

宋徽宗的才艺涉及各个方面。而在这些才艺之中，他还是有一个主次之分、轻重之分的。那么，排在书画艺术之后的，他的才华排在第二位的，是什么？就是文学。

宋徽宗的文学造诣，是可以和南唐后主李煜相提并论的。所以有个传说，说宋徽宗就是南唐后主李煜的转世。甚至还传说得很具体，说在宋徽宗出生之前，他的父亲神宗曾经到秘书省去看书，就看见了南唐后主的画像，觉得很俨雅，也就是说很端庄，很优雅的样子。当天晚上回去，神宗就梦见那个李后主在梦里拜见，说了些什么，记不清了，大意就是拜托之意。当他醒来的时候，就有宫人来报，说陈娘娘生了，生的那个男孩就是赵佶。

这个传说表达了一个什么意思？就是表达了在南唐后主李煜与宋徽宗之间有极其惊人的相似之处。这个相似之处表现在他们的命运遭遇，以及他们的才华、才情上。这个才华、才情，宋徽宗能与南唐后主李煜相提并论者，就是文学。因为李煜的主要造诣就在文学上。现在我们就谈一谈宋徽宗的文学创作。

宋徽宗的文学创作都有哪些作品流传下来了？据说宋徽宗写过的文体很多，写的文章也很多，但是流传下来的却不是太多。因为经过靖康之变，以及后来的南宋被元军所剿灭，大量的文献散失了。所以如今我们所能看见的，主要就是宋徽宗流传下来的一些文学作品，也就是诗词作品。现在我们就来谈一谈他的诗词创作。

诗词如今是一个词汇，但是实际上诗是诗，词是词，诗和词是两种不同的文学样式。现在我们先谈诗，后谈词。

宋徽宗所写的诗是什么诗？是格律诗。格律诗是我国的文学发展到一定阶段产生的一种文学样式，又叫近体诗。为什么叫近体诗呢？是相对古体诗而言的。因为这个诗歌，在中国最先出现的是民谣，后来到四言诗，到五言诗，到七言诗，是这样逐步地发展起来，一直发展到格律诗的。它总的发展趋向，是对于声韵、平仄、对仗等的要求越来越严格。这效果是什么呢？就是诗歌的形式美感越来越强。所以，到了写格律诗的时候，也就是到写近体诗的时候，需要有严格的训练过程。

据说，古人在训练学生写诗的时候，往往是先拿一篇散文作为底本。当然，是要先讲清楚格律的要求。然后拿一篇比较好的散文作为范本，要求学生先把这篇文章改写成古风，因为古风的限制比较少。改写成古风之后，再由这个古风改写成七律，然后再由这个七律改写成七绝。而经过这一遍一遍的改写，这篇文章原来的主要意思不能变，主题和意境必须最后还保留。这就要求有极大的文字的概括性、凝练性。通过这样一遍一遍的训练，才能写出好诗。宋徽宗写诗是不是用这种方法训练的，我们不得而知，但是肯定是经过了很严格的训练。所以他的诗在规则和技巧上是没有问题的。

可是他的诗不是都出色的，是有写得好的，也有写得不好的。那么原因在什么地方？那就还有生活和思想等方面的因素，所以他流传下来的诗，水平是不一致的。下面我们把他流传下来的诗分为四类，加以介绍。

他的诗，第一类可以叫宫廷诗，也就是通常所说的宫词。从这个名称上就可以看出来，这类诗写的就是日常的宫廷生活。在皇宫生活里的一些情景，他用诗歌的形式反映出来了。

比如有一首诗，是描写宫女们忙完了一天的事，到了晚上，宫门闭了，她们休闲下来了，就在灯前月下相互依偎着看书的情形，是这样写的："梨花如雪照庭隅，魄月沦精上海初。禁鼓方传宫漏闭，嫔嫱相拉夜看书。"① 写得很清新。

① 《二家宫词·宋徽宗宫词三百首》。

又比如有一首诗，是写宋徽宗自己处理完朝政，退朝之后，看到了古人的字帖，引起浓厚的兴趣，持笔来学习书法的："羲献真踪胜古初，搜求方得到皇居。退朝彝鼎燃沈水，因染霜毫更学书。"①

这种诗他写了很多，可以说随口就吟来，不太费事的，因为格律他都很熟了，写的又是他熟悉的生活情景，一天吟诵个七八首，十来首都是有可能的。这些诗大都写得很清新，表现了一定的生活情趣，可读，但是主题分量不重。本来他描写的就是宫中的轻松愉快的生活嘛，在思想性上没有更多的可以说的地方。

不过其中有一首宫词，大家认为不大一样，值得特别一提。这首诗叫《咏金芝》："道德方今喜造兴，万邦从化本天成。定知金帝来为主，不待春风便发生。"②

为什么要专门提及这首诗？就是因为有人认为，从这首诗里预示了北宋的灭亡。这个《咏金芝》的产生过程是这样，是有人看到某地秋天开出了金色的灵芝，认为是个吉祥之兆，请宋徽宗去观看，皇帝去了一看，很高兴，当场赋诗一首。"道德方今喜造兴，万邦从化本天成。"这两句说的是国泰民安，万众归心，因此有祥瑞出现，这没有问题。问题在后两句，"定知金帝来为主，不待春风便发生。"这个金帝指的是什么？是秋神。因为秋天的叶子都变金黄了嘛，所以主宰秋天的神叫金帝，这本来也没什么问题。但是从另一个角度理解，又可以理解为金朝的皇帝，这就问题大了。金帝来为主，到中原来作主，还不待春风便发生，用不着春天来，秋冬季节他就打过来了。后来果然应验了，金军是秋冬季节打过来的，把宋朝给灭了。所以有人说这是个不祥之兆。

是不是这么回事呢？实际上，这只是人们的一种联想。如果我们这样联想的话，生活当中有很多事情，我们说过的一句话，办过的一件事，与后来的事联系起来了，一想，那是个预兆。这种情况大家回想一下，在每个人的生活当中都有。所以说这只是人们的一种联想。而且退一步说，假如真是预兆的话，当我们意识到它是个预兆的时候，事情已经发生了，也就没有预兆的意义了。但是历史上对这首诗有这么一说，应该给大家交代出来。

第二类诗，是题画诗。所谓题画诗，就是宋徽宗看到有人画了一幅画，觉得不错，兴致所至，题上一首诗，把这个画的主要的画意表现出来。比如说有这么一首诗是《题修竹仕女图》："瑶台无信托青鸾，一寸芳心思万端。莫向东风倚修竹，

① 《二家宫词·宋徽宗宫词三百首》。

② 《宋人轶事汇编·卷二》。

翠衫经得几多寒。"① 就是把站在竹林前边的一个女子遥望远方思念情人的情景，用诗句表现出来了。这样的诗他也写了不少，也都是清新可读的。这首诗写得很俏丽，但是从思想性上来说，也是一般，我们没有必要更多地介绍这样的诗。在这里把这首诗单独拿出来介绍，是要说明一件事情，就是关于这首诗的平仄问题，需要在这里顺便说明一下。这是我们读古代格律诗时应当了解的一个问题。

这首诗里有一个字，是严重地违反了平仄规则的。哪一个字？就是"莫向东风倚修竹"的"竹"。在诗里竹字这个位置应该是仄声，但是这个竹却是平声。其实倚修竹这三个字的平仄都有问题，但是倚和修两个字可以互救，可以变通。但是竹字在这个位置上不能变通。为什么宋徽宗会用错平仄？其实这是有原因的。这个原因是什么？这个原因在其他的地方你找不到，因为目前这是我的一家之言。

宋徽宗不了解诗韵，不了解平仄吗？不可能，他故意违反规则，不按照平仄做诗吗？也不可能。排除了这两种不可能，剩下的就只有一种可能，就是他认为他写得没错，是对的。为什么他会这样认为？原因在于口音。也就是说，按照宋徽宗读字的规律来说，那个竹字他应该是读仄声。有没有根据？直接的根据我没有，我不可能把宋徽宗从 900 多年以前再拉回来跟他聊天、询问，但是，间接的证据现在有。现在在河南、山东等地，有一些地方的方言依然保留了这种痕迹，它就读仄声。比如说，势如破竹，在山东、河南等地的方言当中，那个竹字他读成主人的主这个音，就成了仄声了。主是上声，上声属于仄声系统。为什么我要特地说这件事情，是因为这种情况在我们读古诗词的时候经常遇到，你如果不了解的话，你就会大惑不解。

我再举一个例子，不仅仅是平仄，你读古时的诗词时，连声韵有时候也感觉会有问题的。比如说大家都知道的一首诗，是花蕊夫人作的，后蜀花蕊夫人的亡国诗："君王城上竖降旗，妾在深宫哪得知。十四万人齐解甲，宁无一个是男儿。"② 这押的是什么韵？一点都不押韵啊，这花蕊夫人会不会做格律诗？其实她会。按她的口音来说，那就是押韵的。怎么押的？这就牵涉到刚才说的那个情况了，她有口音问题。这个口音跟韵书上是不一样的。"妾在深宫哪得知"，"知"，有的地方它是不念 zhī 的，在花蕊夫人她的口音当中念什么？念 jī，现在在某些地方还保留着这种口音。你知道不知道？他说你鸡道不鸡道。而那个"宁无一个是男儿"，"儿"

① 《宋诗纪事 · 卷一》。

② 《全唐诗》。

字其实还有一个读音，念 ní，倪萍的倪。在做倪读音的时候，其中有一个意思的解释是孩子的意思，男儿和男倪，都是男子汉的意思。

如果按照这个思路一研究，这首诗完全押韵，就通了。“君王城上竖降旗，妾在深宫哪得知。十四万人齐解甲，宁无一个是男儿。”声韵、平仄都没有问题了。所以读古诗的时候要考虑到这种情况。关于我的这个观点，如果大家有不同见解，欢迎探讨。

言归正传，我们还是说宋徽宗的诗。

宋徽宗的诗，第三类是赐臣诗，就是赐给手下的大臣的。宫廷中有宴会了，有庆典了，以及聚会活动了等，他高兴了，喜欢写诗，写起来也不费劲，就随手写一首送给大臣。主要是赐给谁的呢？就是给蔡京的，赐给他的最多。这种诗一般都是粉饰太平的应景之作，没有什么可取之处，读起来也很乏味，这里就不做具体介绍了。

第四类诗，就是宋徽宗沦为囚徒之后的悲痛之作了，这是宋徽宗诗作中的精品。下面介绍两首宋徽宗这样的作品。

第一首叫《在北题壁》：“彻夜西风撼破扉，萧条孤馆一灯微。家山回首三千里，目断山南无雁飞。”① 这首诗的词句很平易，但是感情极为浓烈。拿这首诗和我们前面介绍的宫廷诗和题画诗相比，它们的分量之不同那是非常明显的。

我们再看一首《燕山僧寺题壁诗》：“九叶鸿基一旦休，猖狂不听直臣谋。甘心万里为降虏，故国悲凉玉殿秋。”② 这首诗是现存宋徽宗诗作当中写得最好的一首，因为它概括的内容太深刻太丰富了。

“九叶鸿基”，从宋太祖传下来到宋钦宗，九个皇帝，九代，“一旦休”，一朝覆亡。“猖狂不听直臣谋”，当宋徽宗在位期间，有多少个人，多少正直的大臣给他提出过多少有益的建议，他不听，听不进去。对自己用“猖狂”二字，用得是非常之重的，充满了悔恨和自责。这种悔恨和自责，不同于此前他下的罪己诏。那个罪己诏是虚伪的，是为了政治上的需要，骗人的。这个悔恨是发自内心的。“甘心万里为降虏”，“为降虏”就很悲催了，“万里为降虏”那就更悲催。但是这一句，它的分量最重的还不在这几个字上，在哪个字？在前边那两个字，“甘心”。他甘心吗？他能甘心吗？他岂能甘心？不甘心而说“甘心万里为降虏”，这里面是包含了

---

① 《宋诗纪事 · 卷一》。

② 《鸡肋编 · 卷中》。

多少的无奈、多少的绝望！“故国悲凉玉殿秋”，那故国的宫阙，那故园的秋色，还能不能再回去，还能不能再见到？不可能了，永远地不可能了。短短的28个字，写尽了一个国破家亡的君主的悲怆、悲痛之情，可以说是字字看来皆是血，此恨绵绵无绝期。拿宋徽宗的这些诗，放到盛唐时代的名家的作品里相比较，那是毫不逊色。

其实，宋徽宗像这样的水平的诗作应该是还有不少。我们得知，在他被俘之后还写了大量的诗歌，据说有千余首之多。可惜的是，那些诗我们现在见不到了，都没有留存下来。因为当时他的写作条件是很差的，上面我们介绍的那两首诗都是题壁诗。什么叫题壁诗？他当时写的时候没有纸啊，就随便找了一支毛笔，看哪个地方能写，墙上能写就给写下来，写到墙上去了。这是后人抄下来，才流传下来的。要不是后人为他保存，这两首诗也没了。

而后来，他在北国写的一些诗，有一些是自己亲自焚毁的。为什么亲自焚毁？不是前边我们讲到过，他有一个儿子叫赵偲，有个女婿叫刘文彦，诬告他谋反吗？这个事过去之后，尽管是查清了，他也很警惕，他也如惊弓之鸟了，他写得很多诗，都是写亡国心情的，他怕这些诗招祸。那个南唐后主李煜，就是写《虞美人》——“春花秋月何时了，往事知多少。”招了祸了，让宋太宗给毒死了。宋徽宗怕招祸，他就把自己写的大量的诗作，都给付之一炬了。所以我们今天不能看到他更多的杰作了。

这是关于宋徽宗的诗歌的大体情况。

下面再说一下他的词作。词和诗是两种文学样式，它们之间的区别有很多。因为现在不是专门讲词的创作，所以一些更为专业性的区别我们就不细讲了。现在只讲两点比较明显的区别，诗和词的明显的区别。

一个明显的区别是，词和诗的起源是不同的。诗是从民谣一步一步发展起来的，它是从一种独立的文学样式的道路走过来的。而词不是，词起先是依附于乐曲的，它是伴随着音乐的发展而发展的，是开始先有乐曲的需要才产生的，逐渐地发展出来这么一种样式的。词又叫曲子词，就是因为它的这种渊源。我们写诗叫作作诗，写词叫作填词，就是这个原由。

再一个明显的区别是，诗的每一句的字数，一般来说它是规整的，比如七律每句都是七个字，五律都是五个字。而词不是，词的句子它是长长短短，有的时候一句可能只有一个字，而长的句子则可能有10几个字。为什么会这样？就是因为乐句的需要，音乐的需要，所以它又叫长短句。因其这个特点，就在创作形式上有了更大的灵活性，当然同时也会具有了很多其他的限制。所以说词的写法和诗还是不太一样的。

宋徽宗对于音乐并不陌生，所以对作词他也是得心应手。他的词我们也可以分为四类：

第一类是他的宫阙词。所谓宫阙词是什么词？就是描写帝王生活的，宫殿里的各类活动，纸醉金迷的生活场景的，主要是这样一些作品。这些词尽管他写的是辞藻华丽、金碧辉煌，但是都是些粉饰太平之作，没有什么深刻或感人的内容。

有一首流传下来的宫阙词叫作《探春令》，① 是写早春情景的，大家认为还比较好。其中有一句“杏花笑吐香犹浅，又还是、春将半。”词家们认为这是一个佳句。这类词中其他受到称赞的佳句不多，全首受到称赞的就更不多了。这是宋徽宗的一类词，这类词写得还不是太少。因为读起来比较乏味，就不做专门的例证介绍了。

第二类，艳词。这个艳词是怎么回事？艳词就是指描写男女关系的词，是描写男女之间的交往，乃至于肌肤之亲的情景的词作。我们现在能看到的宋徽宗的这样的词作，有一首叫作《笑春风》。当然有的人指出这可能是伪作，说宋徽宗怎么能写这样的词呢？他作为一个皇帝怎么能那么下流。其实宋徽宗写这样的词也不奇怪，因为在当时，用词来表现男女关系这种内容的，并不止宋徽宗一个，而且是一种风尚，是文人一种风流生活的表现。

当时比如张先、欧阳修、周邦彦等这些大词人，都曾写过艳词，而且有的词还很有名。像欧阳修的那个《望江南》，“江南柳，叶小未成阴。”那写的是既暧昧又露骨，既露骨又暧昧，你读了以后可以浮想联翩。这在当时是一种风尚。宋徽宗在风流这一方面是丝毫不输于这些文人的，所以他写这种词，不足为怪。那首《笑春风》是不是他写的，我们可以探讨，可以考据，但是他写过这样一类的诗词是毋庸置疑的。这一点是我们了解这个风流皇帝生活的一个侧面，不必回避。当然，那首词写得比欧阳修的《望江南》更为露骨，格调确实不高，在这里就不做具体介绍了。

宋徽宗的第三类词是悼亡之作，也就是追悼某人的词作。这种词宋徽宗做了肯定不止一首，但是我们如今只能看到一首。这是悼念谁的？是悼念明节皇后的。当然这个明节皇后的称号是后封的了，明达、明节都是后封的，因为在徽宗的生活

---

① 本书所选述宋徽宗词作均见《全宋词》，下不一一加注。

中，在活着的时候被封为皇后的女人只有两个人，一个是王皇后，一个是郑皇后。这个明节皇后，实际上在活着的时候她不是皇后，明节的称号是追封的。这个人是谁？是小刘妃。为什么叫小刘妃？难道说还有一个大刘妃吗？还真有。

这是怎么回事呢？这大小刘妃是什么关系？下面我先把这两个人物讲清楚，再来说这首词。

在宋徽宗的生活中，曾经出现过两个姓刘的妃子，这两个人物不重叠，出现的时间有先后。先到徽宗身边的是大刘妃。大刘妃深得宋徽宗的喜爱，很受宠。但是这个大刘妃的身体不太好，而且还多愁善感。她曾经在庭院当中亲手种过芭蕉树，有一天她就对着刚种下的芭蕉树潸然泪下，很伤感地说，等到这个芭蕉长大的时候，可能我就不在了。宫女听着这话很不吉利，就赶紧劝说娘娘何出此言。然后就把娘娘这话报告了徽宗。徽宗当时不以为意，就说她就那样，她就是整天多愁善感的那个心绪，就那性格。没在意。但是实际上，这是因为大刘妃知道自己的病是比较严重的。她患的是什么病，历史上没记载。随后大刘妃很快就去世了。宋徽宗对此感到非常伤心，就写了词，让宫里的乐师按谱传唱。但这首词没流传下来，现在我们见不到。

小刘妃又是怎么来的？就是因为那个大刘妃去世之后，宋徽宗是终日闷闷不乐，沉默寡言，心情很低落。有一个很会拍马屁的宦官叫杨戬，他看出了徽宗的心思，是在怀念刘妃，不能自拔，就想能不能找一个人接替这个刘妃。后来他终于找到一个，就赶紧地给徽宗报告去了，说皇上有这么一个人，一个姑娘，非常好，恰巧也姓刘，我们想让她来伺候皇上，您看怎么样？宋徽宗很没有心绪地说，朕不想见，谁也不想见，不管她姓什么，都不想见。杨戬说，皇上你先见一见，觉得不好咱们再送回去，也不耽误您的工夫，好不好？我看着这个姑娘很好，希望皇上莫要错过。徽宗说，你既然这么推荐，那就见一见再说吧。

没想到，那个姑娘，宋徽宗一见之下是惊为天人，太漂亮了。不光是漂亮，连身材带声音带举止，宋徽宗一看就喜欢上了。其实那时候这个姑娘已经二十四五岁，年龄并不算小了。但是宋徽宗一看就喜欢上了，她确实是各个方面都动人。动人到什么程度？动人到连宫里的那些嫔妃们全都觉得她美。这个姑娘就是小刘妃。据说是这个小刘妃进了宫以后，她喜欢自己画样子裁剪衣服，自己设计服装穿，而每当她设计出一种服饰来之后，穿上没两天，其他的那嫔妃们便都纷纷地来要样子，也要制作这种衣服。所以她到了宫里以后，首先一件事，就成了领导后宫服装的新潮流。可想而知，她的美丽是多么能够吸引人，连女人都吸引了。

因此宋徽宗得到这个小刘妃之后，情绪就扭转过来了。这小刘妃于是也备受恩宠。

可惜的是，天妒红颜，红颜薄命，这个小刘妃也没能活得长久。她陪伴了徽宗不到十年，在她34岁的时候，也是染病去世了。宋徽宗的心情这个悲痛啊，一个姓刘的妃子，朕非常喜爱的，没有陪朕走到头，去了。第二个来了，陪朕走了一半又去了。他非常悲痛，就在宫里举行盛大的追悼会，命令所有的宫里的人员，不论地位高低，必须参加。不光是一般性的参加，还必须心情悲痛。你不悲痛不行，你凭什么不悲痛？朕这么悲痛，你凭什么不悲痛，你什么立场什么态度。于是乎大家就都悲痛，很悲痛地参加追悼会。

但是其中有一个贵妃姓崔，她表现得不够悲痛。其实别人内心里未必就比她更悲痛，但别人表面上比她悲痛。她却没有这样，她就是漠然，表情冷漠地参加了追悼会。徽宗在边上审视，一看这个人是崔贵妃，她为什么不像别人那样悲痛？大怒，命人当场就把她拿下，剥夺了贵妃的称号，贬为庶人，让她跟最下等的宫女一起干粗活去了。同时还有一个人也受到了严重的处罚。那是当时北宋很著名的一个御医叫曹孝忠，现在我们还可以看到这个人所主编的一些医学著作，他当时应该算是医疗圣手了。他是奉命给小刘妃治病的，但是他治得了病治不了命，尽管他是用尽了办法，到底还是没能治好小刘妃的病。宋徽宗就迁怒于他，说你凭什么不给她治好，凭什么不挽救她的性命，把他也治了重罪。可见宋徽宗对于小刘妃的感情之深。

这一首悼亡词，就是在小刘妃去世后的第二年上元节的时候，宋徽宗写的。宋徽宗曾经在头一年的上元节，跟小刘妃一起去观赏景龙门的灯会。这一年又到了上元节的前夕了，他在大臣们的陪同下去检查景龙门前灯会的布置情况，就忽然想起来，去年的时候，是由小刘妃陪同的，今年这个人没有了，宋徽宗悲从中来，于是回去就写了这么一首词。

这首词是这样写的。《醉落魄·预赏景龙门追悼明节皇后》："无言哽噎，看灯记得年时节。行行指月行行说，愿月常圆，休要暂时缺。今年华市灯罗列，好灯争奈人心别。人前不敢分明说。不忍抬头，羞见旧时月。"

这首词的上阙，是回忆去年他和小刘妃来看灯的时候，两个人一边走一边说笑的情景。他们指着天上的月亮说，我们愿意我们两个人就像这十五的月亮一样，永远不要缺，永远要圆。可是言犹在耳，人已经不在了。所以下阙说"今年华市灯罗列，好灯争奈人心别。"今年的花灯是一样的，都很美丽，和去年一样美丽，可是人的心情不一样了，亲爱的人不在了。“人前不敢分明说”。因为在这个场合，在这个有很多大臣簇拥的时候，我还不能自己表现得悲悲切切，“不忍抬头，羞见旧时月”，这个羞字用得非常有学问。在这里这个羞字并不是害羞的意思，是什么？是回避，不愿意抬头。抬头看月，就会引起自己的锥心之痛。所以说他的炼字非常讲究。

这一首词写得是情真意切，哀婉动人，虽然没有用典。在这里还要说明一句，就是过去写词的人，经常喜欢用典。什么叫用典呢？就是采用一些前朝的故事作为典故，放在词里，以便扩大词的信息量和表现力。但是这样在读起来的时候有一点麻烦，如果读词的人不知道这个典故的出处和用意的话，便会读不懂这首词。而宋徽宗的词里边一般来说没有这个毛病，他都是写得很明白，但是其感染力也是很强的。这首词在他的悼亡之作里面是属于比较好的，所以流传下来了。

我们再看他的最后一类，第四类词，这第四类词是他退位之后，以及被俘之后的词作。

与宋徽宗的诗一样，他退位之后和被俘之后的词作，基本上都是上品，都是杰作了。被后人普遍称道的是他在被俘之后的一首词，叫《燕山亭》。人们认为这首词可以作为他被俘之后的代表作。其中“问院落凄凉，几番春暮?,“天遥地远，万水千山，知他故宫何处。”都是为后代词家所很赞赏的名句。这首词收录在《宋词300首》中，在那里面它是第一首。

需要说明一下，《宋词300首》有两个选本，一个选本是朱祖谋的选本；另一个是况周颐的，现在流传比较多的是朱祖谋的选本。这两个人都是晚清的四大词人之一。宋徽宗的这首《燕山亭·北行见杏花》，是收在朱祖谋《宋词300首》选本中的篇首的，有兴趣的观众可以去参阅。

在这里还应说明一点的是，这个《燕山亭》在不同的宋词选本当中是都被收录过的。但是，词牌《燕山亭》中的“燕”，有的写作是宴会的“宴”，有的写作是燕子的“燕”，那么究竟哪一个对，哪一个错？答案是都没错，都是对的。为什么？是因为在说到宴请、宴乐的时候，当时燕子的燕可以和宴会的宴通用。所以在见到这种情况时大家就不要觉得奇怪了，这两个字当时是可以通用的。

下面对宋徽宗退位之后的词作和被俘之后的词作，各全文介绍一首，供大家欣赏。

请先看这首《临江仙》：“过水穿山前去也，吟诗约句千余。淮波寒重雨疏疏。烟笼滩上鹭，人买就船鱼。古寺幽房权且住，夜深宿在僧居。梦魂惊起转嗟吁。愁牵心上虑，和泪写回书。”

这首词是宋徽宗退位之后做的。这首词也是写得明白如话，写他退位之后在南逃过程中的感受。他不是曾经有一段时间南逃避难去了吗？这首词就是在这个避难途中的写的，记叙了途中的所见所闻所感。

这首词很形象地把当时的情景给描述出来了，其中已经是充满了凄凉。但是此时他的词中所表现出来的还仅仅是凄凉，还没有悲怆。因为在这个时候他仅仅是退位了，还没有做俘虏。

下一首词就截然不同了。

这首词是《眼儿媚》。这是宋徽宗被俘之后囚禁在北国的时候写的：“玉京曾忆昔繁华，万里帝王家。琼林玉殿，朝喧弦管，暮列笙琶。花城人去今萧索，春梦绕胡沙。家山何处，忍听羌笛，吹彻梅花。”

这一首词显然与他仅仅是退位之后所写的那一首的情绪很不一样了。这首词是宋徽宗在失去自由后写的，全词使用对比手法。上阙写的是他对昔日纸醉金迷尊贵无比的帝王生活的追忆，终日笙歌满耳。但是现在在耳朵里传过来的是什么？在北国的荒凉之地，耳朵里所能听到的，只是异族的乐器演奏的异族的乐曲。这时候要想回家乡，再回到汴京皇城，只有在梦里了。在这首词中充满了被俘之后的悲凄痛苦之情，是宋徽宗诗词中比较出色的作品。

拿刚才介绍的宋徽宗退位之后和被俘之后所做的词来看，如果与李煜的词作相比较的话，在才情上，在艺术水平上是毫不逊色的。“春花秋月何时了，往事知多少。”拿宋徽宗的优秀词作与这样的一些词作放在一起对比，是完全能够相提并论、能够比肩的。所以我们说，宋徽宗的才情不输于南唐后主李煜。

但是这里有一个问题，在文学史上，在诗词史上，李煜的名声显然是远远高于宋徽宗的。这是什么原因？这是因为两个原因：

一个原因，是因为宋徽宗的书画成就太大了，书画名声太高了，就把他诗词创作的名声给掩盖了。这种情况不光是在宋徽宗身上有，在别人身上也有。

比如大家都知道，有一个著名的山水诗人叫作王维，唐代的，山水诗写得好。但是，他其实也是一个大画家，他的山水画画得也极其出色。他的作品是诗中有画，画中有诗。但是我们一般说起他，就知道是诗人，不说他是画家，就是因为他的诗名盖过了画名。

在国外也有这种情况，比如说在意大利的文艺复兴时期，有一个著名的美术家叫作达芬奇。这个达芬奇在美术界那当然是享有盛誉，没问题。但其实他的成就不仅仅限于艺术界，还扩展到了自然科学界。他在自然科学界也很有造诣。可是由于他在绘画界名声太大，所以我们一提达芬奇，就认为他是一个画家。

再一个原因就是上面说过的，宋徽宗的许多的杰作，后期的作品，都没有能够保留下来。这很遗憾。而在保留下来的作品当中，其水平也是参差不齐的。而李煜呢，尽管有些作品也流失了，但是相对来讲保留的比宋徽宗多一些，而且水平也是比较整齐的。

所以从客观情况上看，大家认为宋徽宗在诗词方面的成就不如李煜。

那么宋徽宗诗词的水平参差不齐，是不是就说明他的艺术功力还是不太行呢？并不是这个原因，而是因为生活基础的缘故。宋徽宗退位之前，有一些作品显得水平不高，是与那时候他那个纸醉金迷的无聊生活比较多有关。而李煜，尽管在当皇帝的时候也有纸醉金迷的情况，但是，毕竟他在当皇帝的 15 年中，也是经常处于忧患之中。他的人生压力一直很沉重，他的作品也就自然而然地比宋徽宗要深沉的多。

这么一说又来了一个问题，是不是只有生活不顺利，非得不幸才能写出好诗词来呢？话不能绝对这么说，但确实是生活中的磨难坎坷，对诗词创作是有一定影响的，是有一定的养分供给的。关于这一点，我们通过宋徽宗自己的书画作品和诗词作品的比较，也能看得出来。

宋徽宗书画作品的杰作产生于什么时候？主要地是产生于他当皇帝的时候，他养尊处优的时候。而他的诗词作品中的杰作产生于什么时候？主要地是产生于他退位或者被俘的时候。这就很鲜明了。为什么会这样？就是因为搞诗词创作和搞书画创作所需要的条件是有所不同的。搞书画创作，相对来讲需要一个安定的环境，甚至是一个安逸的环境。而搞诗词创作，除了需要技巧之外，他更需要生活，更需要思想，因此他就需要生活的丰富性，阅历的丰富性，和对于人生思考的深刻性。而动荡的生活、沧桑磨难，这些经历恰恰是提供给诗词作者丰富生活滋养和思想滋养的很重要的因素。对于这一点，清朝有一个文人叫赵翼的，有两句诗概括得非常中肯精到，这两句诗是："国家不幸诗家幸，赋到沧桑句便工。"①

宋徽宗的亡国遭遇，中断了他的书画创作，但是成全了他的诗词创作。宋徽宗诗词创作中的杰作，是他历尽人生沧桑之后的真实的生活和思想写照，也是他留给后世的一份宝贵的文化遗产。

---

① 《赵翼全集·题遗山诗》。

说到这里，这个关于宋徽宗的系列讲座就要结束了，唐太宗云：“夫以铜为镜可以正衣冠，以古为镜可以知兴替，以人为镜可以明得失。”① 希望大家能够从宋徽宗这个奇特的历史人物身上，得到有益的感悟和启迪。

① 《旧唐书·魏征传》。《资治通鉴》及《新唐书》录此语时各有出入。

后记

尝闻人问，历史有何用？我的体会和认识是，对于当代人，就物质生活方面而言，有无历史无关紧要；就精神生活方面而言，历史则是一种很重要的文化消费资源。而精神生活，无疑是人生的重要组成部分。这就是历史学科的存在意义与价值，或者说是其意义与价值之一。

我的专业是文学，不是史学。由于创作历史题材的文学作品，才使得我逐步踏入了史学领域，也才产生了到中央电视台百家讲坛栏目开设历史讲座的契机。然因我于史学方面，毕竟不是科班出身，而史学又是极为讲究严谨性的，这就对我构成了很大的压力，也就逼迫着我不得不再认真进行一番大量的史册研读。通过这番迫不得已的史册研读，我感到自己无论在学识范围上，还是在治学方法上，确实都颇有收获。而且是越研读越感到学海无涯，学无止境，于是也便越来越清楚，自己真正是才疏学浅，张狂不得。所以我认为，这次开设讲座，对我来说，其意义首先是使我得到了一次极为有益和有效的学习及自省机会。

本书是根据我在百家讲坛的讲座录音记录稿整理而成。百家讲坛的宗旨，是学术性与大众性相结合。这就要求讲得深入浅出，通俗易懂，并且富有趣味。在讲座中我是尽力地向此要求作了靠拢的。由于本书的性质是大众读本，因而在文稿整理中亦是遵循上述原则，保留了通晓平易的口语风貌，而未去刻意进行语言上的书面化处理。

还应着重提及的一点是，我能登上央视的百家讲坛，悉赖崔杨先生的辛勤策划、禹远东先生的积极促进、迮方乐导演的具体指导，以及有关领导的大力支持。在节目的后期制作中又有兰培胜导演加盟。若无他们的鼎力相助，仅凭我一人之力，很难顺利完成此事。在此，我谨向各位朋友致以深切的谢意。

丁牧

2015 年秋

主要参考典籍

脱脱《宋史》
陈邦瞻《宋史纪事本末》
李埴《皇宋十朝纲要》
徐松《宋会要辑稿》
陈均《九朝编年备要》
李焘《续资治通鉴长编》
杨仲良《皇宋通鉴长编纪事本末》
毕沅《续资治通鉴》
徐梦莘《三朝北盟会编》
曾布《曾公遗录》
马端临《文献通考》
王明清《挥麈录》
孟元老《东京梦华录》
丁传靖《宋人逸事汇编》
蔡絛《铁围山丛谈》
何薳《春渚纪闻》
周辉《清波杂志》
张邦基《墨庄漫录》
庄绰《鸡肋编》
张端义《贵耳集》
无名氏《大宋宣和遗事》

洪迈《夷坚志》
无名氏《靖康要录》
丁特起《靖康纪闻》
李纲《靖康传信录》
确庵、耐庵《靖康稗史笺证》
曹勋《北狩见闻录》
蔡鞗《北狩行录》
厉鹗《宋诗纪闻》
邓椿《画继》
无名氏《宣和画谱》
唐圭璋《全宋词》